# 幼儿园早期阅读教育活动设计

主 编 周 兢
副主编 张明红 高晓妹

教育科学出版社
·北 京·

选题策划　白爱宝
责任编辑　赵建明
版式设计　杨玲玲
责任校对　贾静芳
责任印制　叶小峰
绘　图　包群

**图书在版编目（CIP）数据**

幼儿园早期阅读教育活动设计／周兢主编．—北京：
教育科学出版社，2010.11（2021.6重印）
ISBN 978-7-5041-5089-9

Ⅰ.①幼… Ⅱ.①周… Ⅲ.①语文课－阅读教学－课
程设计－学前教育－教学参考资料 Ⅳ.①G613.2

中国版本图书馆 CIP 数据核字（2010）第 107624 号

| | | | | |
|---|---|---|---|---|
| 出版发行 | **教育科学出版社** | | | |
| 社　　址 | 北京·朝阳区安慧北里安园甲 9 号 | 市场部电话 | 010－64989009 | |
| 邮　　编 | 100101 | 编辑部电话 | 010－64989365 | |
| 传　　真 | 010－64891796 | 网　　址 | http://www.esph.com.cn | |
| 经　　销 | 各地新华书店 | | | |
| 制　　作 | 北京金奥都图文制作中心 | | | |
| 印　　刷 | 保定市中画美凯印刷有限公司 | | | |
| 开　　本 | 787 毫米×1092 毫米　1/16 | 版　　次 | 2010 年 11 月第 1 版 | |
| 印　　张 | 24.25 | 印　　次 | 2021 年 6 月第 2 次印刷 | |
| 字　　数 | 433 千 | 定　　价 | 65.00 元 | |

如有印装质量问题，请到所购图书销售部门联系调换。

# 前　言

　　《幼儿园早期阅读教育活动设计》是一本来自中国学前教育研究会"第四届全国幼儿语言教育学术研讨会"的文集，也是体现我国学前教育工作者有关早期阅读教育活动研究集体智慧的活动成果，同时还以潜在方式记录了一段特殊时期我国学前教育工作者共同奋斗的历史佳话。

　　为提高我国幼儿园早期阅读教育水平，加快我国幼儿园语言教育的改革发展，中国学前教育研究会幼儿园课程与教学专业委员会原定于 2008 年 9 月 26—28 日在四川省成都市举办"第四届全国幼儿语言教育学术研讨会"。由于 2008 年 5 月 12 日汶川地震的发生，四川省许多地区的幼儿园受到不同程度损伤，更有一批灾区的幼儿园严重损毁。因此，中国学前教育研究会在 2008 年夏天组织了"流动幼儿园"项目，为重灾区居住在板房中的儿童提供有利于他们心理康复和全面发展的学习、阅读和游戏活动，同时也为四川省灾区学前教育重建工作提供咨询和培训支持。当然，这个原定的会议就有了推迟和移师他地的打算。

　　时隔一年，在全国幼儿教育工作者的强烈要求下，"第四届全国幼儿园语言教育学术研讨会"仍然以成都为会议地点，在 2009 年 6 月 19—21 日举行。重灾之后的四川成都迎来了学前教育界期盼已久的第一次盛会，来自全国各地的 700 多名幼教工作人员带着"关心灾后重建的四川幼教"的心情参加会议。会议以研讨早期阅读教育为中心，对幼儿园阅读教育的目标、内容、方法等进行深入探讨，期间邀请中外专家作有关幼儿园早期阅读教育的专题报告，邀请特级教师作幼儿园早期阅读教育活动教学展示，也邀请来自各地和四川本地的 27 位教师组织现场教学活动，反映出我国幼教界团结祥和的积极氛围。研讨会会前征集评选幼儿园早期阅读教育活动设计与组织方案，收到来自全国各地幼儿园教师踊跃提交的活动设计上千份。大会组委会本着"公平竞争、择优录用"的基本原则，组织专家小组对幼儿园早期阅读教育活动设计进行三轮严肃认真的评选，最后选出一等奖 10 名，二等奖 20 名，三等奖 30 名，入围奖 32 名，并在大会上颁发了优秀教育活动设计奖的证书。本书即是这些获奖的幼儿园早期阅读教育活动设计的文集。

应当说，最近几年来，早期阅读教育已经成为我国幼教界一个非常热门的话题。认识到早期阅读对儿童终身学习和发展的特别价值，认识到早期阅读教育已经成为幼儿园教育不可或缺的组成部分，我国幼儿教育工作者面临着一系列新的研究课题。在中国文化情境中，幼儿园的早期阅读教育应当如何进行？这个问题成为我国幼儿教育工作者必须回答的重要问题。中国幼儿园早期阅读教育活动，是有计划、有目的地培养幼儿书面语言意识和行为的萌发与成长的教育活动，所以我们对此关注的中心问题是，在幼儿园班级集体教育范围内，怎样促使幼儿生动活泼地参与早期阅读学习。本书收纳的 92 篇早期阅读教育活动设计，就是我国幼儿教育工作者对上述问题探讨的初步答案。

在这些幼儿园早期阅读教育活动设计中，我们可以看到，中国幼儿园的集体教学情境，使得我们在开展早期阅读教育时有别于其他文化情境中的早期阅读教育，特别有着不同于西方国家有关早期阅读个别化或小组化的学习要求。立足于集体教学情境需要，我们在设计指导幼儿学习阅读时，充分考虑在集体教学状态下如何组织幼儿学习阅读，注意提升不同年龄儿童的阅读能力，注意根据不同水平幼儿学习阅读的需要开展活动。这些活动设计来自中国幼儿教育实践，也符合中国幼儿园早期阅读教育现场需要，因此可能对幼儿园早期阅读教育工作实际产生现实意义。

在这些幼儿园早期阅读教育活动设计中，我们还可以看到，幼儿园教师以优美精良的图画书为载体，开展幼儿园的早期阅读教育活动。研究已经证明，图画书阅读是幼儿园早期阅读教育活动的主要内容，是专门的早期阅读教育活动的重要载体。因此，选择高质量的幼儿园早期阅读图画书，为幼儿提供与图画书书面语言信息进行充分互动的环境，使他们有机会对在日常生活中获得的零碎阅读经验进行提炼和深化，产生对汉语书面语言信息的敏感性，并对书面语言规则获得逐步理解，就是幼儿园专门的早期阅读教育的主要内容。我们非常高兴地看到，教师在为幼儿提供丰富而充分的口头语言发展机会的同时，引导幼儿接触书面语言信息，养成良好的阅读习惯，获得书面语言意识和行为的萌发与成长。在幼儿园一日活动中，幼儿可以在图画书中学习阅读，在游戏活动中学习阅读，在生活中学习阅读，早期阅读开始逐步融入到幼儿课程学习的各个环节。

令人欣慰的是，我们还可以看到，我国幼儿教育工作者在研究幼儿园早期阅读教育活动中，开始关注集体教学情境下如何促使幼儿生动活泼地参与早期阅读学习的组织策略。围绕着一本图画书的阅读学习，教师不是一次照本宣科地读书，而是冷静思考孩子阅读的重点，以儿童图画书为主要教育内容开展一系列教育活动，帮助幼儿更好地理解图画书的内容。教师应当采用适当的活动方式组织孩子逐层深入地学习探索，让幼儿有更多的机会学习建立好的阅读行为，获得更多的感知汉语文字的经验，并且能够创意的进行前书写，自始至终保持着早期阅读教育活动的有效性。

　　一本书的出版，往往代表的是前一阶段的研究水平。在《幼儿园早期阅读教育活动设计》出版的时候，我们可以预期的是，我国幼儿园早期阅读教育的研究已经在向纵深发展。殷切希望更多的中国幼教工作者加入我们的行列，经过大家长期不断的探索研究，形成更多更好的适应中国文化情境需要的汉语早期阅读教育成果。

**周兢**
**2010 年 9 月**

# 目录

## 一等奖

## 二等奖

# 三等奖

## 入围奖

# 一等奖

# 螃蟹小裁缝

## 教学班级

大班

## 活动背景

《幼儿园教育指导纲要（试行）》"语言领域"明确指出：利用图书、绘画和其他多种方式，引发幼儿对书籍、阅读和书写的兴趣，培养前阅读和前书写技能。根据这项要求，前期我们为幼儿创设良好的阅读环境，投放了相应的阅读材料，有目的地开展了一些阅读活动，但在阅读中也发现本班幼儿关注画面细节、围绕故事线索推测故事、进行独立阅读的能力有待提高。图画书《螃蟹小裁缝》具有丰富的阅读线索，为教师引导幼儿细致观察、想象与理解人物的心理活动提供了宽阔的教学空间。幼儿通过猜测跌宕起伏的故事情节，提高推理、判断能力。这本书还蕴涵丰富的教育元素，如感知时间、丰富动物常识、体验友情的温暖……这是一本促进幼儿多方面发展的有益图书，非常适合大班幼儿阅读，同时也符合大班幼儿的现状和发展需要。

# （一）

## 活动目标

1. 依据画面提供的细节，大胆推理和猜测故事内容。
2. 初步理解故事的主要内容。
3. 愿意与同伴分享自己的想法。

## 活动准备

1. 参观裁缝店，对裁缝的职业有一定了解。
2. 图画书《螃蟹小裁缝》人手一册。
3. 图画书《螃蟹小裁缝》教学大书。

## 活动过程

### 1. 幼儿自主阅读图画书。

\* 幼儿阅读图画书《螃蟹小裁缝》，教师观察并简单记录幼儿的阅读情况，如幼儿认识的汉字、幼儿阅读过程中出现的困难和不当阅读行为等。

**2. 引导幼儿观察图画书封面和扉页，猜想书中的故事内容。**

❋ 教师：这是在什么地方？小螃蟹是干什么的？从什么地方看出来它是裁缝？裁缝是干什么的？

❋ 教师：会有谁来找螃蟹小裁缝做衣服呢？他们之间会发生什么故事呢？

**3. 和幼儿一起逐页阅读图画书，讨论每一页画面上的故事内容。**

❋ 根据画面提出相关问题，鼓励幼儿讲述自己对故事的理解。例如：在第 3 页，提问：这一天，发生什么事了？谁来找螃蟹小裁缝？抱着什么东西？来到裁缝店干什么？它们可能在说什么呢？你是怎么看出来的呢？

❋ 阅读每一页时，请幼儿提出看不懂的地方，鼓励其他幼儿参与讨论和问题解答。如幼儿之间意见不同，可引导幼儿观察前后画面，进行判断。

❋ 根据幼儿的阅读难点或图书中的重点提出问题，引导幼儿进行推测，如：小螃蟹贴出告示后，会发生什么事情呢？小螃蟹为大象做衣服用了多少天呢？你是怎么看出来的？

❋ 鼓励幼儿从后面画面的内容验证对前页内容的猜测。

**4. 与幼儿一起完整阅读图书。**

❋ 边带幼儿逐页观察、阅读画面，边阅读文字。

❋ 鼓励幼儿学说故事中部分人物的语言，如："没问题，交给我吧""那可没办法""这……送给你，为了感谢你给我做了这么好的……"等。

**5. 组织幼儿讨论，鼓励幼儿对情节发展进行比较和预测。**

❋ 教师：螃蟹小裁缝贴出告示后发生了哪些不一样的事情？为什么？

❋ 教师：螃蟹小裁缝撕下告示后，如果他想再写一张告示，他会写什么内容呢？

## 活动建议

**活动延伸** （1）鼓励幼儿将自己在最后一个环节的设想，用图夹文的形式表达出来，给小螃蟹设计第二张告示。（2）引导幼儿通过比较为不同动物制作衣服的时间，学习时间的概念，如星期等。（3）开展主题活动"服装服饰博览会"，帮助幼儿了解特殊职业服装，以及服装服饰的样式、质地、颜色与人们生活的密切关系，学会按季节变化、颜色等合理搭配服装。（4）设置区域游戏"制衣坊"，请幼儿大胆设计服装，并运用多种材料尝试制作，在此过程中学会对称、排序、晕染等多种美术表现方法。

**重点提示** （1）第一次带幼儿阅读时，教师应该鼓励幼儿大胆猜测故事内容，并从画面和后面情节的发展判断猜测的正确性，而不要直接给幼儿念画面上的文字。如有幼儿特别难以理解的画面，教师可念上面的文字或进行简单讲解，帮助幼儿理解画面内容，并为理解后面的画面奠定基础。（2）第二遍阅读时，应鼓励幼儿比较自己的猜测与图书内容的异同。（3）本书的告示是全书的关键点，也是情节发展的转折点。可请识字的幼儿为大家念一遍告示，教师进行完善或补充，以帮助幼儿理解告示内容并根据告示预测后面的情节发展。

# （二）

## 活动目标

1. 了解故事中主要人物的情绪变化过程。
2. 学会观察画面中的细节，进行画面之间的比较和对比。
3. 大胆想象，创编一个故事情节，并尝试将其画出来。

## 活动准备

1. 图画书《螃蟹小裁缝》教学大书。
2. 幼儿在自由活动时间里多次阅读图书，熟悉图书中的故事内容。
3. 纸和彩笔，数量与班上幼儿人数相同。

## 活动过程

**1. 利用大书与幼儿一起再次阅读图画书，复述故事内容。**

✲ 鼓励幼儿讲述故事内容，带幼儿阅读图画书中的文字。
✲ 鼓励幼儿表演故事中的不同小动物，并用不同的语气和声调表现故事中人物的情绪变化。

**2. 引导幼儿观察画面细节，理解角色的情感变化过程。**

✲ 教师：螃蟹小裁缝有时高兴有时不高兴，他什么时候高兴？什么时候不高兴？为什么？
✲ 教师：螃蟹小裁缝高兴的时候，别的小动物高兴吗？他不高兴的时候，别的小动物的心情怎么样？
✲ 教师：为什么螃蟹小裁缝最后说"帮助朋友才是最快乐的"？

**3. 引导幼儿通过合理想象，编构一个新的故事情节。**

✲ 教师：螃蟹小裁缝贴出告示后，除了小甲虫和蜈蚣觉得做不起衣服和裤子了，还会有哪些小动物这么认为呢？
✲ 教师：螃蟹小裁缝贴出告示后，除了大象和蟒蛇，还会有哪些小动物来找他做衣服和裤子呢？
✲ 鼓励幼儿将自己的想象用绘画的形式表现出来，并讲述给其他幼儿听。

## 活动建议

**活动延伸** （1）将幼儿画的新的图画书情节装订成册，放在阅读区，供幼儿阅读讨论。（2）引导幼儿通过在画面文字中寻找具有共同特点的汉字，如"虫"字旁的汉字，感受汉字的构词特点，认读部分大家都感兴趣的汉字。（3）引导幼儿通过比较图书中不同动物的典型特征，学习按照不同的标准给自己熟悉的小动物分类，如按照体形大小、腿的多少进行分类。

**重点提示** （1）在第二个环节，教师应当重点引导幼儿理解伴随故事情节发展的角色的情感变化线索,使幼儿在理解故事内容的同时,丰富情感体验。(2)在最后一个环节,也可以以小组为单位,每一组讨论设计贴出告示后的新故事情节,包括画面和人物的语言等。

## 活动材料

冰波/文,李全华、李莉/图,《螃蟹小裁缝》,教育科学出版社,2009。

## 活动分析

在第一次阅读中,教师通过引导幼儿观察画面提供的细节,灵活运用提示、追问、设问、层层跟进式提问等方法,激发幼儿与教师、与同伴、与图书材料有效的互动,同时帮助幼儿加深对作品的体验和理解。

在第二次阅读时,教师围绕主要人物情绪情感和心理活动变化,引导幼儿进行深度阅读。幼儿通过前后对比体验理解螃蟹小裁缝的情绪情感、心理变化以及与其他人物间的情感联系,帮助幼儿深刻感悟故事人物丰富的情感,理解故事内涵,在此过程中提高幼儿推理、判断、对比、概括、归纳的能力。

同时,我还注重挖掘图书中的教育资源,从不同领域加以拓展,促进幼儿多方面发展,如:学习时间的概念、数学的概念;学习图夹文的表达方式;了解外形特征不同的动物,不仅丰富了幼儿的动物知识,还为续编故事情节储备感知经验。另外,我还依据幼儿兴趣陆续开展主题活动"服装服饰博览会"、区域游戏"制衣坊"、故事表演、新编故事图书制作等自主活动,将阅读内容整合延伸至幼儿一日生活和游戏中。

作　　者:董欣
工作单位:北京市东城区东华门幼儿园

# 啊哈！幼儿园

### 教学班级

大班

### 活动背景

大班幼儿即将毕业进入小学，我们可以通过《啊哈！幼儿园》这个早期阅读活动帮助幼儿、教师共同回顾三年来幼儿园的学习和生活，并通过愉快阅读图画书，感受蕴涵其中的夸张和幽默。故事用对比手法，让幼儿大胆、夸张地想象世界是多么的奇妙迷人，而现实世界又是多么的温馨甜蜜。两者相辅相成，建构起他们丰富多彩的童年。

我们班的幼儿喜欢阅读图书、爱听故事并有阅读愿望，具有较好的阅读习惯和常规，有较强的阅读能力、讲述能力，可进行看图讲述和续编故事，并能用较复杂的语言续编、仿编，也能根据自己的已有经验用照片、绘画、粘贴等方式自制图书。

基于以上分析，我将设计三个活动进行早期阅读活动《啊哈！幼儿园》，同时以《幼儿园教育指导纲要（试行）》为指导思想，结合大班幼儿年龄特点和本班幼儿实际情况，将系列活动的总体目标设定为：

1. 通过阅读图画书，引导幼儿了解幻想世界的奇妙、现实世界的温馨，感受图画书文字的夸张和幽默。

2. 鼓励幼儿能用语言清楚地表达自己的愿望。

3. 发展幼儿动手操作能力和探索欲望。

4. 引导幼儿抒发对幼儿园依依不舍的离别之情，激发幼儿对小学生活的向往与憧憬。

## （一）

### 活动目标

1. 理解故事内容，用对比的方法理解想象与现实的差别。

2. 愉快地阅读图画书，感受画面的夸张和幽默。

### 活动准备

1. 自制图画书《啊哈！幼儿园》幻灯片。

2. 图画书《啊哈！幼儿园》人手一本。

## 活动过程

### 1. 活动导入。

✳ 出示幻灯片，引导幼儿欣赏"天上下巧克力暴雨"的图片。

✳ 教师：你们有过这样的想法吗？这样的想法实现了吗？

✳ 教师：今天，老师带来了一本好看的图画书，这本图画书很特别！让我们一起快来看看吧！

### 2. 阅读图画书。

✳ 出示图画书封面，引导幼儿观察，请幼儿想一想。

✳ 教师：这本书说的是什么？在幼儿充分讨论后，告之书名，使幼儿对图画书产生阅读的兴趣。

✳ 引导幼儿阅读并观察图画的单页部分，感受文字和画面的夸张与幽默。

✳ 幼儿人手一本图画书独立阅读。

✳ 教师：小男孩分别和这些动物做了什么事情？小男孩又是怎么想象暴雨、龙卷风、大水和暴雪的？

✳ 教师：小男孩还想象了哪些奇妙的东西呢？

✳ 教师：小朋友在现实中每天又是怎样度过的呢？

## 活动建议

**活动延伸** 在语言区放置故事大书《啊哈！幼儿园》，幼儿可以自主阅读或者和同伴互相读一读、听一听。

8

## （二）

## 活动目标

1. 用语言清楚表达自己的想法。
2. 通过分工合作，与他人快乐地制作图画书。

## 活动准备

1. 图画书《啊哈！幼儿园》人手一本。
2. 图画纸、画笔、订书机等工具。

## 活动过程

### 1. 活动导入。

✳ 教师：小朋友，老师在上次活动中带来的那本图画书，还有谁记得叫什么名字吗？

### 2. 阅读图画书。

✳ 幼儿分成两组，分别朗读想象和现实两个部分，帮助幼儿加深对故事的印象，进一步理解故事。

✳ 鼓励幼儿大胆想象，并能用语言清楚表达自己的想法。

✳ 教师：你们心目中的幼儿园是什么样子的呢？请小朋友讲一讲。

### 3. 制作图画书。

✳ 将幼儿分成小组，讨论如何制作"我喜欢的幼儿园"的图书。

✳ 引导幼儿充分发挥想象，将喜欢的幼儿园用自己的方式绘画下来，并与好友共同进行后期制作、装订。

✳ 教师巡回指导，帮忙完成最后的装订工作。

### 活动建议

**活动延伸** （1）在美工区鼓励幼儿用绘画的方式继续完成"我喜欢的幼儿园"小书。（2）在语言区将自制的故事小书《我喜欢的幼儿园》放入图书角，请其他幼儿阅读，并向同伴讲述图画中的"我喜欢的幼儿园"。

# （三）

### 活动目标

1. 通过实地参观，感受小学与幼儿园的异同。
2. 尝试创作自己的图画书。

### 活动准备

1. 图画书《啊哈！幼儿园》人手一本。
2. 联系好附近将要参观的小学。

### 活动过程

#### 1. 开始部分。

✳ 和幼儿共同阅读图画书第 23 页。

✳ 教师：请你说一说图画书中是怎样想象小学的位置、小学的样子、小学老师以及同学的样子呢？

✳ 请幼儿将自己的已有经验讲出来与同伴分享。

#### 2. 基本部分。

✳ 教师：你这样想过吗？现实中的小学在什么地方？它们是什么样子的？小学的一日生活和幼儿园一样吗？

✳ 组织幼儿外出参观小学，请幼儿带着自己的问题看一看小学的实际情况，还可请小学负责人向幼儿介绍小学的日常学习、生活情况。

✳ 回到幼儿园后，大家一起讨论现实中的小学和我们想象中的小学有什么异同以及它和幼儿园有什么异同，帮助幼儿建立对上小学的期待。

✳ 鼓励幼儿创作自己的图画书《啊哈！小学》。

9

## 活动建议

**活动延伸** 在美工区鼓励幼儿用绘画方式记录参观小学的过程。

## 活动材料

周兢/文，张蕾/图，《啊哈！幼儿园》，南京师范大学出版社，2004。

## 活动分析

《啊哈！幼儿园》用对比的手法告诉幼儿：想象的世界是奇妙的，现实的世界是温馨的，两者的相辅相成，才构建了丰富多彩的童年，同时也帮助幼儿跨越想象和现实之间的鸿沟。根据大班幼儿的年龄特点，结合我们班幼儿的现有情况，我将活动分为三个课时进行，并从情感、能力、认知等方面制定本次的活动目标。

第一课时，在理解故事内容的基础之上，让幼儿进行想象和现实的对比，愉快地阅读图画书，感受蕴涵其中的夸张和幽默。

第二课时，幼儿大胆、夸张地进行想象，并用语言清楚表达自己的想法，再分工、合作，以小组合作的形式，让幼儿将自己的想象内容制作成小书并记录下来。

第三课时，是延续前两课时递进而来的。三年的幼儿园生活即将结束，那么我们将要去的小学又会是什么样的？那里的生活会像幼儿园一样精彩吗？一个个问题在幼儿的头脑里浮现，对小学进行充分地想象，再通过实地参观，感受小学与幼儿园的异同。

作　　者：王璐
工作单位：陕西省西安市高新国际幼儿园

# 一座房子和一块砖

## 教学班级

大班

## 活动背景

大班孩子面临着适应书面语言的学习任务，他们在入小学前能否做好与书面语言学习相关的知识、行为、技能和态度等的准备，直接关系到入学后的适应程度。早期阅读是学前儿童开始接触书面语言的最佳途径，因此，在幼儿园大班一系列入学准备教育活动中，早期阅读应是不可或缺的关键环节。

图画书《一座房子和一块砖》讲述了富有的大熊买了一座漂亮的新房子，贫穷的小老鼠只买得起一块砖；大熊很懒惰，整天大吃大喝；小老鼠勤劳而自信，每天努力劳动；终于，大熊花光了钱，向小老鼠卖房子上的砖，直到将整座新房子卖给小老鼠……妙趣横生的故事背后，悄然传达着深刻的哲理：生活就是不断努力，有了人生的第一块砖，未来就会充满希望。故事的结尾充满温情，并能引发无限遐想：大熊的将来会怎么样呢？小老鼠有了一座新房子后为什么还要辛勤劳动？这样一个开放的结尾，留给幼儿们无限想象的空间。凭借想象的翅膀，新的故事将在每个幼儿的心中诞生。

文与图的对应好比一架飞机的两翼。本书的画家出色地配合着作家的奇思妙想，用自己丰富的想象力调遣着视觉中的对比、象征、色调、造型等美术语言，完成了这样一本精彩的图画书。图与文比翼双飞，使读者也仿佛乘上想象的翅膀，体验了一次神奇的飞行。

## （一）

## 活动目标

1. 初步感受生动的画面和幽默有趣的情节。
2. 自主观察画面内容，大胆猜测故事内容。
3. 基本理解故事内容，尝试简单讲述故事大意。

## 活动准备

1. 幼儿认识砖和房子，知道砖和房子的关系。
2. 图画书《一座房子和一块砖》人手一本。
3. 图画书《一座房子和一块砖》教学大书。

## 活动过程

**1. 出示教学大书，引导幼儿了解书名，猜测书的内容。**

❋ 教师：仔细看看书的封面，猜猜书的名字叫什么？

❋ 教师：书的封面上除了书的名字，还有什么？看到这些你想到了什么？

❋ 教师：请小朋友猜一猜，一座房子和一块砖之间会有什么故事？

❋ 教师：这本书就把一座房子和一块砖之间的故事记录下来了，我们来看看一座房子和一块砖之间到底发生了什么故事。

**2. 幼儿自主阅读，教师巡回观察、指导。**

❋ 教师在阅读前提出阅读要求：看书时按页码顺序翻看，可以小声地边看边讲，但不能影响别人。

❋ 教师在幼儿阅读时巡回观察，根据不同幼儿的不同情况进行有针对性地指导。

**3. 组织幼儿讨论交流，引导幼儿回忆图书画面及内容。**

❋ 教师：你在书中看到了什么？你觉得这个故事怎么样？

❋ 教师：一座房子和一块砖之间到底发生了什么故事？你都看懂了吗？不懂的地方可以问问大家？引导幼儿提出问题，相互解答问题。

❋ 教师：谁愿意给大家讲讲这本书中的故事？个别幼儿在集体前讲述图书内容，其他幼儿给予评价或补充。

**4. 引导幼儿通过讨论进一步理解故事内容。**

❋ 教师利用大书，逐页讲述故事，幼儿边阅读边欣赏。

❋ 教师：你喜欢故事里的谁？为什么？

❋ 教师：大熊为什么开始有许多钱，后来却连房子也没有了？小老鼠为什么开始只有一块砖，后来却有了一座房子？

# （二）

## 活动目标

1. 理解故事角色心理及变化过程，感知故事寓意。
2. 愿意像小老鼠一样不怕困难，努力学习。
3. 能够通过想象，续编一个故事情节。

## 活动准备

1. 图画书《一座房子和一块砖》人手一本。
2. 图画书《一座房子和一块砖》教学大书。

## 活动过程

**1. 引导幼儿感受画面表达的故事内容，激发幼儿再次阅读的兴趣。**

❋ 幼儿打开图画书《一座房子和一块砖》，教师讲述故事内容，幼儿从书中找出相应画面。例如：大熊很富有，小老鼠却很穷。

✳ 个别幼儿讲述故事内容，其他幼儿找出相应画面。

**2. 引导幼儿观察画面中的细节，串联故事情节。**

✳ 教师任指书中画面，提问：从这个画面中，你觉得发生了什么事情？你是从哪儿看出来的？提示幼儿观察角色的服装、表情、动态及周围环境，猜测角色的心理活动及对话，如：通过观察第14—15页中大熊找钱的表情和动作，发现大熊没钱时不快乐的心情。

✳ 幼儿描述画面内容及人物心理活动，教师讲述画面上的文字，引导幼儿验证自己的想法。

**3. 引导幼儿讨论故事中角色命运的变化及其原因。**

✳ 教师：故事中的大熊、小老鼠前后发生了哪些变化？你是从哪看出来的？

✳ 教师：大熊和小老鼠为什么会发生这些变化呢？

**4. 引导幼儿联系生活经验，感受故事寓意。**

✳ 教师：为什么小老鼠把自己从前买的第一块砖送给了大熊？

✳ 教师：你觉得应该向小老鼠学习什么？引导幼儿理解小老鼠的乐观、自信和勤劳。

✳ 教师：你在游戏或学习的时候，遇到过什么困难，你是怎么做的？

✳ 教师：小老鼠的梦想是通过自己的劳动，从积累一块砖开始，慢慢变成有一座房子。小朋友也应该像小老鼠一样，努力学习，一点一点地学习本领，让自己变得越来越聪明。

**5. 引导幼儿续编新的故事情节。**

✳ 教师：小老鼠有了一座新房子后为什么还要辛勤劳动？

✳ 教师：大熊听了小老鼠的话，认为很对，他是怎么做的？你认为他这样做了以后会发生什么有趣的事情？结果会怎样？

✳ 请部分幼儿分别讲述自己续编的故事情节。

## 活动建议

**活动延伸** （1）引导幼儿认读书中的"房子""砖""大熊""小老鼠"等字。（2）将图画书投放到阅读区，鼓励幼儿在区域活动时进一步阅读。（3）指导幼儿与同伴合作，将续编的新的故事情节画出来，装订成册，供大家阅读。（4）指导幼儿开展砌房子的建构游戏。

**重点提示** （1）故事的寓意并非讲述勤劳与财富的关系，"房子"只是理想的象征。因此，引导幼儿联系生活经验，理解故事寓意时，应重点引导幼儿理解小老鼠乐观、自信、勤奋和持之以恒的性格特征，教育幼儿要像小老鼠一样，不怕困难，努力学习。（2）组织活动（一）时，教师应重点引导幼儿感受内容，鼓励幼儿猜想故事情节的发展，使幼儿饶有兴趣地享受阅读过程。（3）组织活动（二）时，教师应重点指导幼儿进行细节观察，帮助幼儿感受鲜明的故事形象，初步理解图画书中的一系列变化关系。例如：第2—3页，大熊和小老鼠谁更富有？它们的心情怎样？你是从哪里看出来的？第4—5页，大熊和小老鼠来到了哪里？发现了什么？它们会说什么？第8—9页，房子旁

13

边的帐篷是谁的？你是怎么知道的？……

**日常活动** （1）活动前，利用散步或外出时间，引导幼儿认识砖。（2）在餐前活动中，鼓励幼儿用自己的语言讲述图画书的主要内容。

**家园共育** （1）和孩子一起阅读图书，讨论故事情节。（2）鼓励孩子复述并表演故事。

### 活动材料

冰波/文，王莳莳/图，《一座房子和一块砖》，教育科学出版社，2009。

### 活动分析

兴趣是幼儿主动参与学习的关键。

活动（一）从猜猜讲讲入手，在开始部分即抓住幼儿好奇这一特点，出示书的封面，鼓励幼儿猜测书名和内容。幼儿随即被教师的语言和充满悬念的封面所吸引，萌发了浓厚的阅读兴趣。接着，幼儿自主阅读，并探索内容大意。此环节遵循了"以幼儿为主体，教师为主导"的原则，分三步进行：幼儿自己提出阅读要求，教师梳理补充，这种提要求的方式，幼儿能主动遵守；幼儿自主阅读，因为想要验证自己的猜想，幼儿读得饶有兴趣，但教师只注意了巡回观察，未能根据幼儿的实际情况进行有针对性的指导；阅读后互动交流，运用了师幼 PK 的互动策略，幼儿兴趣再次高涨，尤其让幼儿参与提问，引发了幼儿对内容的进一步关注，幼儿在此过程中提出问题，相互解答问题，互动频繁、有效。然后，师幼共同阅读、讨论，进一步理解内容。此环节采用教师提问，幼儿结伴讨论再集中表达的方式，每名幼儿都有机会，也能积极表达自己的想法。

活动（二）从师幼相互找画面入手，突出了游戏性，幼儿不知不觉中进入了再次阅读。在细节观察中，根据幼儿以直观体验为主的学习特点，引导幼儿仔细观察角色的服装、表情、动态及周围环境，猜测角色的心理活动及对话，讨论角色命运的变化及其原因，幼儿运用多种表征方式，如动作、表情、言语等表达对内容的理解，这种将静态画面与动态体验结合起来的阅读方式，给了幼儿充分想象和体验的机会，幼儿兴趣盎然。感受故事寓意对幼儿来说有一定难度，此环节采用引导联想法，通过一系列有针对性的提问帮助幼儿联系生活经验，幼儿在结伴讨论、集中表达、教师梳理的过程中，感受到了故事寓意，并根据自己的想象进行拓展续编。只是，教师若能启发幼儿将掌握的阅读技能迁移到日常图书阅读中，将对进一步提升幼儿的自主阅读能力产生深远影响。

**作　　者：** 周丛笑　李俊子

**工作单位：** 湖南省教育科学研究院基教所

# 猜猜我有多爱你

## 教学班级

中班

## 活动背景

为了更全面地了解幼儿对"家"的已有经验，我们进行了一个小小的调查，通过回收《幼儿已有经验调查表》发现，幼儿最为熟悉、依恋的是爸爸妈妈，浓浓的亲情让我很自然地想起了一本我非常喜欢的经典图画故事书——《猜猜我有多爱你》。我想，将这本书作为活动内容，无疑是个理想选择，相信通对图书的阅读，一定会让幼儿对家、对父母产生更深更浓的情感，从而进一步丰富主题内涵。

《猜猜我有多爱你》是经典图画故事书。看过这本书的人一定会被书中大兔子和小兔子的爱所感动。父母对幼儿的爱毋庸置疑，恨不能摘下天上的星星、月亮送给自己的宝贝，很多幼儿已将父母的爱视为理所当然的事情，有些幼儿稍不如意便发脾气，还有些幼儿从不主动表达或不知如何表达对父母的爱和感激之情。

我班幼儿对故事能进行大胆猜测和假设，愿意表达自己的想法，有着较好的阅读习惯并开始关注图画的细节部分。在进行这两个课时之前，教师已引导幼儿完整欣赏故事，幼儿对故事情节和主人公对话比较了解和熟悉。两个活动在于引导幼儿进一步关注图画的人物动作细节及绘画特点，并充分感受和体验浓浓的亲子之情。

## （一）

## 活动目标

1. 了解图画故事书的绘画特点。
2. 能观察图画中人物动作的细节。

## 活动准备

1. 画纸、蜡笔、水彩颜料。
2. 图画书《猜猜我有多爱你》人手一本。
3. 没有着色的两只兔子轮廓若干。

## 活动过程

**1. 引导幼儿了解不同的绘画材料，了解绘画特点。**

❋ 出示没有着色的两只兔子轮廓。

❋ 教师：用水彩和蜡笔为兔子上色会带给人什么不同的感受？

❋ 幼儿自由讨论。

**2. 引导幼儿谈谈对水彩画的感受。**

❋ 教师用水彩和蜡笔为兔子上色。

❋ 请幼儿观察并对比书中的画是用水彩还是用蜡笔画的？

❋ 教师：画家为什么要用水彩来画？水彩画给你什么样的感觉？

**3. 观察人物的动作细节。**

❋ 幼儿翻阅图书。

❋ 教师：书中主要用了哪三种颜色？

❋ 教师：大兔子和小兔子的站位有什么特点？为什么会这样画？

❋ 引导幼儿观察扉页。

❋ 教师：兔子的姿势是怎么样的？

❋ 教师：大兔子说话的时候是什么样的表情？小兔子说话的时候是什么样的表情？

❋ 教师：小兔子睡在大兔子的怀里表情是什么样的？大兔子的表情又是什么样的？图画的背景色有什么样的变化？

**4. 感受兔子间的爱。**

❋ 教师：看了这些图画和兔子的动作、表情，你有什么样的感觉？

❋ 教师：这是一个什么样的故事？

❋ 幼儿分别用水彩和蜡笔为兔子轮廓着色。

❋ 将幼儿的绘画作品进行展示。

# （二）

## 活动目标

1. 运用各种形式感受故事对话式的讲述方式。

2. 理解故事情节发展的渐进式规律。

3. 感受大兔子和小兔子之间的感情，获得美好的情绪体验。

## 活动准备

1. 图画书《猜猜我有多爱你》人手一本。

2. 幻灯片（将大兔子和小兔子比爱的动作放在一个页面，共六个页面，页面上配有相应的文字）。

3. 两种不同颜色的文字（大兔子和小兔子说的话）。

4. 钢琴曲《雨的印记》。

## 活动过程

**1. 感受故事的讲述方式。**

✵ 在钢琴曲的伴随下，与幼儿随着音乐大声地划字朗读故事。

✵ 教师扮演大兔子，幼儿扮演小兔子，通过语气的变化来表达角色之间的情感，如：分别用较柔、较慢，较细、较快的声音表示大兔子和小兔子的对话。

✵ 逐一出示幻灯片，教师扮演大兔子，幼儿扮演小兔子，通过模仿兔子的动作感受对话式和兔子之间的感情。

✵ 教师：小兔子用了哪些动作来表达对大兔子的爱？请小朋友扮演小兔子，老师来扮演大兔子，我们来表演一下。

**2. 感受故事情节发展的渐进式规律。**

✵ 教师：小兔子用哪些动作表达对妈妈的爱？将小兔子的动作用简笔画的形式表现出来。

✵ 教师用画线条的方式表现小兔子对大兔子爱的程度。

✵ 教师：小兔子为了表达对大兔子的爱，他做了哪些动作？动作有什么特点？

✵ 幼儿观察线条的长短，直观地感受并理解小兔子对大兔子的爱是越来越多、越来越长、越来越高、越来越远的，引导幼儿感受故事情节发展的渐进式规律。

**3. 幼儿仿编。**

✵ 教师示范仿编：海水有多深，我就有多爱大兔子。

✵ 教师：如果你是小兔子，你会怎样表达对大兔子的爱？

✵ 幼儿仿编。

**4. 引导幼儿进行经验迁移。**

✵ 教师：你觉得大兔子是谁？

✵ 教师：在生活中，我们可以怎样表达对父母（或老师）的爱？

## 活动建议

**活动延伸** （1）为幼儿准备画纸和水彩、蜡笔，供幼儿为兔子着色时使用。（2）将表示兔子动态的图片放入语言区中，在幼儿讲述或复述故事时能给幼儿一个提示，引起幼儿对故事的回忆。

**日常活动** 日常生活中引导幼儿用不同的语气表示不同的角色。

**家园共育** 请家长记录孩子仿编的内容，带回幼儿园与同伴分享。

## 活动材料

［爱尔兰］山姆·麦克布雷尼/文，［英］安妮塔·婕朗/图，梅子涵/译，《猜猜我有多爱你》，少年儿童出版社，2004。

## 活动分析

故事画面清新、温馨、自然，里面的主人公——兔子也正是幼儿喜欢的动物形象。幼儿对这个故事特别感兴趣。第一个活动，教师给了幼儿充分的时间，让幼儿感受到了图画的绘画特点，幼儿对画面的布局及故事的对话式有了进一步的认识。由于故事中大兔子和小兔子的对话简单而重复出现，因此，在第二个活动中，幼儿对兔子之间的对话已较为熟悉，故事中兔子夸张的动作，有利于幼儿模仿，幼儿很快便理解了动作与语言相对应的关系。在分析渐进式的情节发展规律时，教师运用了图表，给幼儿更加直观的印象。通过图表，他们进一步理解了越来越多、越来越长、越来越高、越来越远的意思，提升了幼儿的阅读经验。

在整个教学过程中，教师注意了语言美和肢体美。有感情的朗读和优美的肢体动作让幼儿感受到了浓浓的亲子之情。通过师幼互动，在教师的影响和感染下，幼儿的声音与肢体动作也变得充满激情。在后来的仿编环节，幼儿参与的热情和积极性很高，通过他们的仿编能看出幼儿对情节发展的渐进式有了自己的理解。教师将幼儿仿编的内容记录下来与幼儿一起分享。幼儿的仿编超出了教师事前的预想，没想到幼儿能真正理解渐进式的情节发展规律并能将经验进行迁移。

作　　者：凌春媛
工作单位：广东省深圳市彩田幼儿园

# 阿凡提的故事

## 教学班级

大班

## 活动背景

阿凡提是新疆地区流传已久的传奇人物，但是"阿凡提"并非人名，而是一个称号，意为"先生""老师"，是对有学问、有知识的人的尊称。《好极啦》是阿凡提传奇中的一个故事，讲述了阿凡提以卖香瓜为导火线智驳国王的故事。故事幽默诙谐，适合大班幼儿欣赏阅读。

大班幼儿基本能够听懂较复杂的句子，能够用语言描述事物发展的顺序，并能根据画面的观察结合想象，组织语言表述。处于这个年龄段的幼儿已能够简单区分善恶、美丑，对于传奇人物都很崇拜、很好奇，例如：孙悟空、葫芦娃……抓住幼儿这一心理特点，本设计选取了以祖国边疆传奇人物——阿凡提为角色的阅读材料，激发幼儿的阅读兴趣，促进其早期阅读能力发展。

## （一）

## 活动目标

1. 阅读画面内容，大胆表述。
2. 了解阿凡提的外貌特征及服饰特点。

## 活动准备

1. 音乐《阿凡提之歌》。
2. 动画片《阿凡提的故事》。
3. 故事书《阿凡提》。

## 活动过程

**1. 感受音乐《阿凡提之歌》，引导幼儿边听音乐边看教师表演新疆舞。**

＊ 教师：听到这首音乐你的心情怎么样？音乐仿佛把你们带到哪里？新疆人爱唱歌爱跳舞，你们想学吗？

＊ 教师：今天老师要给大家介绍一位新疆朋友，请大家在音乐中找答案，他就是阿凡提。

✳ 教师：你们看过阿凡提的动画片吗？在你们心目中阿凡提是个怎样的人呢？

**2. 感知讲述对象，引起幼儿的兴趣。**

✳ 播放一段阿凡提视频，引导幼儿观察并尝试用自己的语言表述阿凡提外貌特征，衣着打扮（帽子、服装、鞋子）的特点。

**3. 阅读图画书。**

✳ 幼儿自主阅读图画，引导幼儿观察图画中的人物的表情、服饰。

✳ 鼓励幼儿自己尝试轻声讲述画面内容。

✳ 引导幼儿一起有顺序阅读，鼓励幼儿观察并尝试用自己的语言表述阿凡提的表情、外貌特征、衣着打扮等特点。

✳ 教师：阿凡提是一个什么样的人物？图书讲的是什么样的故事？

✳ 对于幼儿的猜测和想象，教师给予幼儿正面的反馈，活动自然结束。

### 活动建议

1. 请幼儿把阅读完的图书放回阅读区角的书架上，引导幼儿继续阅读。
2. 引导幼儿积极搜集有关阿凡提的其他资料，与大家分享。

## （二）

### 活动目标

1. 仔细观察画面，理解故事内容。
2. 体验故事人物的智慧和幽默。

### 活动准备

1. 幼儿和教师收集的阿凡提资料。
2. 图画书幼儿人手一本。

### 活动过程

**1. 感知理解讲述对象，引起幼儿兴趣。**

✳ 分享和交流有关阿凡提的资料或图片，请幼儿回忆并概括阿凡提的主要特点。

**2. 幼儿阅读图画书。**

✳ 观察图书封面，和幼儿一起讨论将要阅读的故事：在封面你们看到了什么？阿凡提是什么样子？这个故事的名字叫《好极啦》。

✳ 幼儿自主阅读，引导幼儿按照图书先后顺序细心观察人物的动作和表情，联系前后情节变化，鼓励幼儿自己尝试轻声地讲述每幅画面。

✳ 和幼儿一起有顺序阅读。

**3. 运用提问与幼儿展开讨论。**

✳ 教师：阿凡提修了间什么样的房子？种了什么植物？引导幼儿认识"暖房""香瓜"。

✳ 教师：香瓜熟了，阿凡提拿去卖给国王，国王付给阿凡提钱了吗？国王说什么了？引导幼儿观察阿凡提的表情和国王的表情。

✳ 教师：如果你是阿凡提心情会是什么样的呢？引导幼儿进行情感体验。

✳ 教师：阿凡提出了王宫，去哪里了呢？阿凡提要了多少个包子？提示幼儿对故事内容细节的把握。

✳ 教师：阿凡提吃完包子给老板付钱了吗？阿凡提说什么了？引导幼儿观察阿凡提的表情和老板的表情。

✳ 教师：阿凡提被带到国王那里，是怎么跟国王解释的？引导幼儿观察阿凡提的表情和国王的表情。

✳ 教师：国王为什么听了阿凡提的解释一句话也说不出来了？引导幼儿观察国王的表情。

✳ 教师：你认为阿凡提是一位什么样的人物？

**4. 教师讲述故事，幼儿仔细倾听故事内容。**

### 活动建议

1. 提示幼儿把阅读完的图书放回阅读区角的书架上，方便幼儿继续展开阅读和交流。

2. 在区角活动中，引导幼儿分角色进行对话，共同创设表演场景进行角色表演等，进一步体会阿凡提的智慧和幽默。

## （三）

### 活动目标

1. 乐意参与表演，体验表演故事的乐趣。
2. 自主协商分配角色，表演故事内容。
3. 体会故事内容的幽默和诙谐。

### 活动准备

1. 表演服饰，创设好的表演区环境。
2. 幼儿已经理解故事内容，掌握故事情节。

### 活动过程

**1. 引导幼儿观察画面，有感情地讲述图书内容。**

✳ 引导幼儿理清故事思路，用连贯的语言表述内容。

✳ 请幼儿说说阿凡提的外貌特征及衣着打扮。

**2. 幼儿自主阅读故事内容。**

✳ 鼓励幼儿结合所认识的文字阅读图书，结合画面联想，用连续的、比较完整的语言表达故事内容。

❋ 引导幼儿理解"好极啦"在不同情节所体现的人物心理特点，加深对故事的理解，并能大胆地表达。

### 3. 故事表演。

❋ 出示准备好的表演材料，请幼儿进行装扮。

❋ 幼儿自由结合，自主协商分配角色：阿凡提、国王和饭馆老板。

❋ 幼儿按照角色进行对话练习。

❋ 幼儿自主进行装扮，尝试连贯表演故事内容。

❋ 幼儿体会表演的乐趣，在表演中进一步体会故事内容及角色形象。

### 4. 结束部分。

❋ 请表演好的一组幼儿在集体面前表演，师幼一起观看。

## 活动建议

1. 组织幼儿继续丰富表演区材料及环境创设。

2. 鼓励幼儿在区域活动时继续表演《好极啦》，引导幼儿增强对角色形象的理解，学会通过表情、对话、身体动作、道具等把握好故事中的角色特点。

## 活动材料

赵世杰/编译，《好极啦》，摘自《阿凡提》，新疆人民出版社，2009。

## 活动分析

把认识阿凡提人物角色设计在开始，主要目的是让幼儿认识阿凡提的人物特点，为后面的故事阅读起到铺垫作用。

教师在故事阅读活动指导中，注意以下几方面：（1）让幼儿初步体会阿凡提的幽默和智慧。（2）根据幼儿的阅读水平提出不同的阅读要求，养成幼儿良好的阅读习惯，例如：正确翻书、会观察图画、知道图画与文字的对应关系、养成识字的兴趣等。（3）对不同水平的幼儿，提出不同的讲述能力要求。

为了让幼儿更好地巩固阅读内容，提高阅读兴趣，发挥创造性，教师引导幼儿将故事绘声绘色的表演出来，深入理解故事内容和人物角色的心理特点等。这种形式深受幼儿喜爱。

作　　者：闵兰斌　米娜娃儿
工作单位：新疆师范大学教育科学学院　新疆乌鲁木齐市红旗幼儿园

# 你看起来好像很好吃

## 教学班级

中班

## 活动背景

中班下学期，幼儿的活动能力、自我表现意识逐渐增强，随之而来的矛盾冲突也在增多。我发现这样一些现象：只要有东西弄坏了，幼儿就不假思索地想到那些"小霸王"，游戏交往中打架哭闹和"打小报告"的现象也时有发生。幼儿不能克制自己的霸道，不会欣赏他人的优点，心理不健康，更无法促进其友好交往、营造班级文明和谐的氛围。

促进幼儿友好交往的教育途径是多种多样的，阅读优秀的儿童文学是其中之一。优秀的儿童文学作品不仅可以使儿童获得愉悦和美感，还能启迪儿童的心智，使他们健康快乐的成长。日本著名图画书作者宫西达也的图画书《你看起来好像很好吃》讲述了粗暴可怕的霸王龙因为遇到孤独可怜的小甲龙而发生的一系列幽默、快乐、感人的事情，故事传达了每个人心里都有一颗爱的种子，真诚关爱和互相鼓励就能获得爱与被爱的人文情怀。

考虑到中班幼儿的阅读经验、理解水平以及本次活动的目标，我将原来的故事情节进行了筛选和重新组合，制作成多媒体图书。通过阅读图画书、理解故事、制作图书和音乐活动，幼儿自然地将爱大胆说出、唱出、画出。

## （一）

## 活动目标

1. 仔细观察画面中的表情和符号，能用较清楚的语言表达观点。
2. 理解霸王龙从接受到保护小甲龙的心理变化。
3. 感受霸王龙对小甲龙的关爱，知道每个人都有优点。

## 活动准备

1. 幻灯片。
2. 汉字"霸王龙"。
3. 图画书《你看起来好像很好吃》一本。

23

## 活动过程

**1. 激趣引疑。**

❋ 观看霸王龙图片，出示汉字"霸王龙"，让幼儿说说对霸王龙的印象。

**2. 观看幻灯片，了解霸王龙接受小甲龙的心理过程。**

❋ 教师：霸王龙遇到了谁，他会怎么想？有没有吃掉小甲龙，为什么？

❋ 教师：霸王龙听到甲龙宝宝突然叫他爸爸是什么表情？引导幼儿观察画面、倾听录音，了解霸王龙接受小甲龙的心理。

❋ 教师：如果你是霸王龙，你会选择哪个？为什么？

❋ 教师：这对父子在干什么？教会儿子这些本领有什么用呢？

❋ 幼儿自由选择画面讲述或表演。

**3. 观察连续画面，感受霸王龙保护小甲龙的心理。**

❋ 教师：发生了什么事？绿龙究竟想吃谁？

❋ 教师：看到绿龙正向"很好吃"扑去的时候，霸王龙是怎么做的？

❋ 教师：他为什么不躲反而要用身体去挡呢？

❋ 教师：霸王龙真得会被绿龙打败吗？

❋ 阅读图片，欣赏父子情深的音乐。

**4. 介绍图画书，再次交流对霸王龙的看法。**

❋ 出示图画书封面，介绍故事名称。

❋ 再次出示汉字"霸王龙"。

❋ 教师：这个动人的故事就发生在这本书中，看着这幅画面，回想刚开始看到它时的印象，你还会像前面那么害怕、讨厌他吗？

❋ 教师：你想对它说什么？

## 活动建议

**活动延伸** （1）提供图画书《你看起来好像很好吃》和故事录音，让幼儿边听故事边翻阅图书完整欣赏。教师可在故事讲述时用小铃提示翻页，适当停顿，培养幼儿翻阅图书、观察画面细节的能力和自主阅读的习惯。（2）提供关于"关爱"主题和作者宫西达也作品的图画书，一方面扩展幼儿对爱的理解与体验，另一方面了解作者多样的绘画风格和语言特色。（3）为班级每位幼儿提供相册或大头贴、爱心贴纸、空白录音磁带和录音机。使用录音给班中小朋友赠送一句甜甜的话或讲述一个伙伴帮助自己的小故事，可在活动过程或交流分享时让幼儿倾听伙伴给自己的祝福。教师可提供一些语言的范式，如：亲爱的某某小朋友，我想对你说……

# （二）

## 活动目标

1. 迁移已有阅读经验，自主阅读图画书，进一步加深对故事的理解。

2. 用表演的方式发展图画故事内容，体验与同伴共同表演的快乐。

3. 体验小甲龙对霸王龙的爱。

## 活动准备

1. 图画书《你看起来好像很好吃》人手一本。

2. 大盒子剧场（废旧大纸箱做成的背景、有关角色的手套偶）。

## 活动过程

**1. 回忆前次故事，调动已有经验。**

✳ 教师：上次我们一起阅读的故事叫什么名字？里面有谁？听了这个故事你有什么感受？

✳ 教师（出示图画书）：动人的故事发生在这本书中，今天我们来完整地阅读。

**2. 阅读理解故事内容。**

✳ 与幼儿一起逐页阅读图画书甲龙宝宝出生到遇到霸王龙、霸王龙勇救小甲龙以及父子练本领的一段。

✳ 教师：小甲龙的名字叫什么，这么特别的名字是谁起的？当你找不到爸爸妈妈孤独得想哭时，听到有人叫你的名字，你会怎样想？

✳ 教师：霸王龙和"很好吃"做了哪些事？霸王龙为小甲龙做了那么多的事情，你觉得"很好吃"会不会也为霸王龙做些什么呢？"很好吃"为霸王龙做了哪些事？

✳ 幼儿自主阅读小甲龙为霸王龙找食物、霸王龙和小甲龙告别一段。

✳ 教师："很好吃"到哪里去了？霸王龙会喜欢"很好吃"摘回来的红果子吗，为什么？

✳ 教师："很好吃"为什么每天都去摘红果子？是他自己喜欢吃吗？

✳ 教师：小甲龙和霸王龙会一直生活在一起吗？为什么？

✳ 教师：最后小甲龙回到哪里了？小甲龙还会来找霸王龙吗，如果你是作者，会编怎样的结尾呢？

**3. 表演故事结尾。**

✳ 幼儿小组讨论故事结尾，并分配角色用大盒子剧场表演。

## 活动建议

**活动延伸**　（1）幼儿自制表演道具，如使用废旧纸箱制作成各种恐龙造型、用牛奶盒或纸板做火山、草地表演场景。幼儿分组讨论和设计表演剧本，教师共同参与并配合小组完成表演录音。幼儿根据剧本进行分组游戏，并进行小组的展示与分享。（2）将故事图片打印或拍成照片，幼儿排列图片并讲述故事。（3）自制大盒子故事背景、手套偶，幼儿进行故事对话表演。

# （三）

## 活动目标

1. 区分肉食型和草食型恐龙，了解常见恐龙的生活习性。
2. 尝试用蛋壳粘贴、添画的方式制作图书。

## 活动准备

1. 各种幼儿常见的恐龙图片。
2. 恐龙园：画有肉和草图片并标有汉字"肉食型恐龙和草食型恐龙"的两个圆形图纸。
3. 碎蛋壳、图纸、双面胶、勾线笔、水彩笔、水粉颜料、手工纸、湿擦布等，打洞机、丝带或扭扭棒。

## 活动过程

**1. 参观恐龙园。**

✳ 出示各种恐龙图片，让幼儿说说它们的名称。

✳ 教师：它们喜欢吃一样的食物吗？可以怎样分？

✳ 每位幼儿选择一只恐龙，根据肉食和草食习性让恐龙住到相应的"家"中。

**2. 制作恐龙书。**

✳ 出示蛋壳恐龙画。

✳ 教师：这是什么恐龙？它是用什么画出来的？摸上去什么感觉？

✳ 介绍用碎蛋壳粘贴制作恐龙的方法，提醒幼儿一片接一片粘贴，鼓励幼儿用各种材料装饰和添画。

✳ 幼儿自制过程中，教师根据需要及时给予个别指导。

✳ 幼儿制作完毕，根据食性类别组装成两本图书，鼓励幼儿用符号或汉字制作书名。

**3. 阅读分享。**

## 活动建议

1. 连一连

提供各种恐龙的图片和名称，幼儿进行图片与汉字对应的连线。

          剑龙

          三角龙

          偷蛋龙

          翼龙

          霸王龙

2. 翻一翻

将大小同等的饼干盒制作成翻牌，一面是恐龙图片，一面是汉字，同一种恐龙可重复多个。幼儿将翻牌随意组合在一起，两人比赛，一个幼儿说恐龙名称，另一个幼儿则翻出同样的恐龙图片，翻对为胜，翻错停一次，考查对汉字的敏感性。

# （四）

## 活动目标

1. 在熟悉歌曲旋律的基础上，有感情地演唱歌曲。
2. 根据汉字或符号改编歌词，体验人与人之间互相关爱的情感。

## 活动准备

1. 2008 年北京奥运会主题曲《我和你》录音，有关角色形象头饰一套。
2. 图画纸、勾线笔。

## 活动过程

**1. 欣赏歌曲，让幼儿说说对这首歌曲的感受。**

※ 教师用恐龙头饰演唱歌曲一遍。

※ 教师：故事中的"我和你"分别是谁？这首歌中你最喜欢哪一句？为什么？

**2. 幼儿有感情地跟唱两遍。**

※ 教师：这首歌曲是奥运会的主题歌，这里的"我和你"唱得又是谁呢？你觉得还可以是谁和谁，为什么？

＊ 根据幼儿的回答，请个别幼儿用汉字或画符号的方法记录。

＊ 幼儿根据记录再次有感情地演唱。

＊ 幼儿迁移已有经验，改编歌词并用汉字或符号记录歌词。

**3. 接龙唱。**

＊ 幼儿自由组合，根据排列顺序展示改编歌词并接龙演唱。

## 活动材料

［日］宫西达也/文、图，杨文/译，《你看起来好像很好吃》，北京少年儿童出版社，2004。

## 活动分析

1. 阅读情境的营造

本系列活动中主要创设了两种情境：一种是故事情境，提高幼儿观察、思考的能力；一种是心理情境，强化幼儿的体验，激发幼儿表达和表现的能力。

2. 阅读活动的开展

观察是培养良好阅读习惯的主要方法。我在活动过程中提供了三种不同的观察方法，为幼儿提供阅读的理解阶梯和表达空间。第一种是指向型观察，幼儿通过观察角色的表情和画面中的符号，猜测霸王龙遇到小甲龙时的矛盾心理。第二种是选择型观察，呈现霸王龙父子练功的三幅画，幼儿自主选择表达或表演画面内容。第三种是猜测型观察，根据一幅画面进行故事情节推测，连续观察多幅图片，猜测故事情节发生的可能性。

由于幼儿在活动中表现出对汉字的兴趣和敏感性，我有意识地将汉字和符号的学习穿插在活动中反复出现，提高幼儿对汉字的敏感性，通过记录鼓励幼儿将自己的想法用汉字或符号来表达，提高幼儿参与早期阅读活动的兴趣。

3. 阅读情感的表达

阅读情感要体现自然无痕、水到渠成，教师既要尊重和满足幼儿合理的情感表达，又要尽量为幼儿创设表达情感的机会。

当我出示霸王龙父子练功的三幅图画时，本来预设了教师和幼儿分角色表演的环节，但是有孩子产生了自主表演的愿望，并且需要伙伴合作和道具。面对幼儿的生成行为，我思考这是幼儿情感积蓄"饱和"的时候，此时表演既能满足他的愿望、肯定自我表达的做法，还能推动故事的情感、加深幼儿对故事的体验，一举两得。为了能在短时间内完成，我将表演的简单方法适时地穿插在其中：选择搭档、商量动作对话、合作表演。考虑是第一次表演，我为幼儿铺设了一点"阶梯"，询问他能否扮演树，并且穿插了一点旁白，表演获得了良好的效果。

作　　者：金洁
工作单位：上海市嘉定区实验幼儿园

# 遥控爸爸

## 教学班级

大班

## 活动背景

主题与活动分析：本活动来自主题系列活动"我爱我家"。"关注幼儿的情感需要，引导幼儿以适当的方式表达自己的情感"是本主题教育目标之一。

活动材料分析：第一，结合主题教学，让幼儿理解文学作品，学会感受和表达自己的情绪、情感。我们选择幽默儿童诗《遥控爸爸》，期望通过作品对幼儿进行正面、客观的情感疏导。第二，从作品内容看，《遥控爸爸》来自幼儿的生活体验，是用幼儿的观点看世界，因此，作品能打动幼儿，引起共鸣，激发幼儿的想象力与创作欲望。第三，从作品特点看，《遥控爸爸》幽默、生动的语言和插图，为幼儿提供了有具体意义的、形象的、生动的阅读内容。作品中反复出现的句式，便于幼儿通过"图夹文"形式认读和仿编。根据我班幼儿的发展水平，我们对原作进行修改。

幼儿情况分析：我班幼儿年龄在5岁左右，对阅读活动很感兴趣，有较为丰富的续编和创编故事的经验，但用图夹文仿编诗歌和制作图书是第一次尝试。因此，设计仿编环节时，我们把重点放在内容上，仿编的句式则较为单一"我想让他……，按……"。

## （一）

## 活动目标

1. 理解诗歌内容，感受诗歌幽默、轻松的风格和表达的情绪。
2. 尝试表达自己的情绪与体验。
3. 体验自主阅读的乐趣，并对前识字活动感兴趣。

## 活动准备

1. 根据幼儿生活经验改编诗歌。
2. 放大的插图、诗文，诗文的后半部分用图夹文表示。
3. 滑稽幽默的音乐、录音机。
4. 诗集《向上跌了一跤》。

### 活动过程

**1. 观察、猜测：引导幼儿观察插图并大胆猜测诗歌内容。**

✳ 出示插图中小孩的部分，提问：小孩手里拿的是什么？猜猜他在干什么？

✳ 完整出示插图，引导幼儿观察爸爸的表情、动作并模仿，提问：这是谁呢？猜猜他在做什么？他们两个在一起做什么？

✳ 出示诗文（部分图夹文），鼓励幼儿寻找认识的字，逐步印证自己的猜测。

✳ 引导幼儿猜诗歌名称。

**2. 共读、理解：师幼共读诗歌，感受诗歌幽默、轻松的风格，理解诗歌内容。**

✳ 教师朗读第一部分，引导幼儿阅读图夹文部分，印证插图和文字的对应关系。

✳ 教师：小孩想让爸爸做什么？他按了哪些按钮来遥控爸爸？

✳ 幼儿听教师配乐朗读一遍诗歌。

✳ 教师：你最喜欢诗歌中的哪一句？说说理由。幼儿自由交谈后，个别回答。

**3. 感受、表达：感受诗歌所表达的情绪，尝试表达自己的情绪与体验。**

✳ 教师：当你的爸爸对你大喊大叫时，你心里感觉怎么样？

✳ 教师：如果你有这样一个遥控器，你会遥控谁？遥控他做什么？怎样遥控？

**4. 介绍诗集《向上跌了一跤》。**

✳ 出示诗集，介绍书名和作者。

✳《遥控爸爸》这首诗就是选自这本诗集，这本诗集里还有很多有趣的诗歌。

## （二）

### 活动目标

1. 熟悉并认读"我想……，按……"的句式。
2. 尝试用图夹文的形式仿编诗歌，表达自己的经验和感受。
3. 对前识字、前书写活动感兴趣。

### 活动准备

1. 放大的诗文、插图。
2. 大记录表一份，小记录表（16开）若干，笔若干，每组一个夹子。
3. 滑稽幽默的音乐录音带，录音机。

### 活动过程

**1. 师幼共读，回忆并加深对诗歌的理解。**

✳ 播放滑稽幽默的音乐，引起幼儿兴趣。

✳ 教师：请小朋友猜猜，我们要朗读什么？

✳ 出示诗文，师幼合作，配乐朗读一遍诗歌。

**2. 认读、感知"我想……，按……"的句式，并根据经验口头仿编。**

✽ 出示"我想……，按……"的大记录表，引导幼儿认读。

✽ 引导幼儿在诗文中寻找用了"我想……，按……"句式的地方，并和大家分享。

✽ 根据句式练习口头仿编。

✽ 教师：你想遥控谁？遥控他做什么？并用"我想……，按……"的句式来说说。幼儿自由交谈后，个别回答。

✽ 教师示范在大记录表上用图画和数字做记录，并带领幼儿念一念。

**3. 引导幼儿仿编诗歌，并在创作中表达自己的情绪与体验。**

✽ 出示小记录表，幼儿写上作者姓名，将创编内容用图画和数字记录在上面。

✽ 教师针对幼儿的不同状况，分别作指导。

**4. 分组收集整理作品（用夹子夹好），为下次制作诗集做准备。**

# （三）

## 活动目标

1. 合作制作诗集，学习图书制作的方法。
2. 体会制作图书的乐趣和成功感。

## 活动准备

1. 放大的插图、诗文，诗集《向上跌了一跤》（《遥控爸爸》选自该诗集）。
2. 幼儿仿编的诗文，笔若干。
3. 用作封面、封底的纸若干，订书机。

## 活动过程

**1. 观察和比较，引导幼儿明确活动任务和要求。**

✽ 教师：上次活动我们已经创编出了很多有趣的诗文，今天我们要把这些诗文制作成自己的诗集。

✽ 出示诗集《向上跌了一跤》，引导幼儿观察、了解诗集的书名、封面、封底，出版社、页码等。

✽ 教师：制作好自己的诗集还需要做些什么？

**2. 分工、合作制作诗集。**

✽ 分组讨论书名、封面、封底、出版社以及分工：编页码、画封面、画封底、写书名、装订。

✽ 分工合作完成诗集制作，教师针对幼儿状况适时引导。

**3. 展示、分享。**

✽ 每组幼儿共同分享自己的诗集，轮流朗读并介绍自己的作品。

✽ 每组推荐一个幼儿上前展示介绍诗集。

### 活动建议

**活动延伸** 将幼儿制作的诗集投放到阅读区,共同分享。

### 活动材料

谢尔·希尔弗斯坦/文、图,叶硕/译,《向上跌了一跤》,南海出版公司,2006。

### 附　　录

**记录表**

| 诗歌名称: | |
| --- | --- |
| 作者: | |
| 我想　　　按　　。 | 我想　　　按　　。 |
| 我想　　　按　　。 | 我想　　　按　　。 |

(改编)〔诗歌〕　　　　　　　　**遥控爸爸**

它和电视遥控器很像,
只不过用在爸爸身上。
我只要把按钮按下,
把要做的事情告诉他,
他保证绝对服从——还不会大声喧哗。

我想让他跳舞,按5。
我想让他唱歌,按7。
我想让他买玩具汽车,按11。
我想让他不说话,按静音。
我想让他咳嗽,按14。
我想让他别再冲我大叫大喊,
按下电源——关!

### 活动分析

松居直先生说:"要自然地引导孩子进入图画书的世界,让活力和好奇心旺盛的幼儿,用自己的眼睛和耳朵,从图画书中不断挖掘出新的事物。"本活动试图让幼儿体验早期阅读是一个自主、享受的学习过程。

活动(一):幼儿通过大胆猜测插图进入阅读活动,通过寻找诗文中认识的文字,观察"图夹文"部分，逐渐印证自己的猜测，体验自己发现、领悟的乐趣。

活动（二）：诗文中"图夹文"的处理和记录表的设计，有助于幼儿掌握"我想……按……"的句式，根据自己的生活经验和情绪体验仿编，用图文（主要是数字）的方式记录内容。

活动（三）：幼儿在分工制作诗集时容易出现分歧，教师在观察和倾听后要有针对性地引导他们进行协商和分工。

教学达到以下效果：

1. 幼儿学习书面语言的兴趣浓，他们乐意观察，对文字有较强的好奇感和探索愿望，并掌握了观察模拟书面语言的能力、预期技能等。

2. 活动有机地渗透了语言、艺术等领域，幼儿借助图文观察、感知、理解、想象、推理、表达，体验诗歌的趣味性、韵律美。

3. 活动中，幼儿的早期阅读经验在层层递进中得到逐步丰富：观察画面→自主阅读、前识字→仿编、前书写→制作图书。

作　　者：陈颢颖　赵麟慧
工作单位：四川省崇州实验幼儿园

# 逃家小兔

## 教学班级

大班

## 活动背景

　　美国作家玛格丽特·怀兹·布朗和画家克雷门·赫德创作的图画书《逃家小兔》讲述了一只小兔子和妈妈用语言玩捉迷藏的简单故事。故事简单得不能再简单，简单到只有几段对话，但就是几段对话，却蕴涵着一个永恒的主题——爱，妈妈的爱！小兔子上天入地，可不管它扮成溪里的小鱼、花园里的小花、高山上的石头，还是天空中的小鸟，妈妈总能追随着它，脚步轻轻地跟随其后。你上高山，她在跋涉；你下大海，她是最温柔的风；你当"空中飞人"，只要有一点点的艰难和危急，母亲都是"不畏艰险"赶将过来。那一根细细的根本无法站立上去的钢丝，是母爱的最高形容和象征！

　　细细品味这看似轻松、游戏式的简单对话，我的鼻尖开始发酸，眼眶中闪烁着点点泪光。这是我选择这本书作为教学内容的原因——一本能打动我的书，也一定能感动我的孩子们。

## （一）

## 活动目标

1. 喜欢阅读活动，能积极参与讨论并大胆表述。
2. 学习记录的阅读内容并能进行讲述。

## 活动准备

1. 图画书《逃家小兔》。
2. 根据图画书制作幻灯片。

## 活动过程

### 1. 观察封面，导入阅读。

＊ 教师（出示图画书）：小朋友们，今天老师给你们带来了一件礼物，就是一本书。在这本书里讲述了一个关于"爱"的故事。

＊ 引导幼儿观察图画书封面，阅读故事名称。

### 2. 完整阅读图画书，讨论图画书内容。

＊ 教师一边讲述，一边请幼儿完整阅读幻灯片。

✳ 教师：这本书中有谁呢？小兔子要做什么呢？小兔子变成了什么呢？妈妈怎么做的呢？

**3. 再次阅读幻灯片，引导幼儿关注重点内容，用表格形式表示出来。**

**4. 幼儿根据表格提示先讨论，然后上台讲述。**

# （二）

## 活动目标

1. 养成独立阅读的能力，寻找书中传递的故事信息。
2. 感受故事所要表达的母爱。

## 活动准备

1. 教学大书。
2. 兔妈妈头饰。
3. 图画书《逃家小兔》人手一册。

## 活动过程

**1. 出示故事大书，回忆故事内容。**

✳ 和幼儿一起阅读图画书。

✳ 教师：你觉得妈妈为什么要跟着小兔子的变化而变化呢？

**2. 再次阅读图画书，引导幼儿感受书中要表达的母爱。**

✳ 教师：小兔子变成了什么？妈妈呢？她是怎么说的？

✳ 教师：兔妈妈是用什么来"钓"小兔的呢？

✳ 教师：兔妈妈为什么要用胡萝卜呢？"捕鱼人"不是都用鱼钩来钓鱼的吗？如果用普通的鱼钩会怎么样？

✳ 教师：是的，如果用普通的鱼钩来钓小兔，小兔子一定会受伤的。所以兔妈妈只是用小兔最喜欢吃的胡萝卜来吸引小兔回家。这说明什么？

✳ 教师：小兔子又变成了什么？如果你是兔妈妈，你会怎么办？

✳ 教师：书里的兔妈妈是怎么做的呢？你们看这座山怎么样？

✳ 教师：兔妈妈年纪大了，身上还背着什么？兔妈妈一定很累了吧，而且山路又那么危险。可是兔妈妈为什么还要这么做呢？

✳ 教师：我们从兔妈妈的话里感受到了什么？小兔子感受到了吗？如果它还是选择逃走，还会逃去哪儿？妈妈能找到它吗？

✳ 教师：小兔子有没有再逃走呢？它逃去了哪儿？小兔和妈妈是怎么说的呢？

✳ 教师：小兔子也一定感受到妈妈对它深深的爱！小兔子说什么？

✳ 教师：兔妈妈怎么迎接它的宝贝回家？在这张开的双臂里藏着什么呀？这样东西摸不着、看不到，是什么？

**3. 情感提升，体验母爱。**

＊ 教师：在这个故事里，兔妈妈和小兔说的每一句话里都有一个相同的词，是什么？"如果"是什么意思呢？这个词说明小兔子真的离家出走了吗？

＊ 教师：看书的最后一页，兔妈妈抱着小兔坐在摇椅里，多么温馨的画面啊！它们面对面的又在说着悄悄话呢。现在小兔会对妈妈说什么呢？

＊ 教师戴上兔妈妈的头饰，扮演兔妈妈，幼儿自由表述。

## 活动建议

**活动延伸** 请幼儿说一句对父母表达"爱"的话并用录音机录下。

**区域活动** 在语言区内投放《逃家小兔》的图书，供幼儿阅读并在表演区投放小兔子与兔妈妈的头饰，鼓励幼儿表演对话。

## 活动材料

［美］玛格丽特·怀慈·布朗/文，［美］克雷门·赫德/图，黄迺毓/译，《逃家小兔》，明天出版社，2008。

## 附　录

### 记录表格

| 小兔子变成 | 妈妈变成 |
| --- | --- |
|  |  |
|  |  |
|  |  |

## 活动分析

　　阅读不等同于机械看书，它是带领孩子解读内容、感悟作品内涵的过程。在这样的过程中，帮助孩子挖掘内涵、体验情感远远比让孩子学会通读全文、认知文字更为重要。

　　母爱——这沉甸甸的情感，不是任何年龄都能深刻体会的，小小的孩子又怎能感悟深刻呢？于是我带他们仔细观察图片，发现图片中的关键细节：胡萝卜鱼钩的深意、高山的艰险、钢丝的危难……用精确的提问一步步引领幼儿揣摩字里行间的深意，找到作品传递给我们的内涵——"兔妈妈为什么变成了园丁而不是采花人？""兔妈妈为什么用胡萝卜来钓'小鱼'？""兔妈妈为什么历经千辛万苦也要找到小兔？"……

　　故事临近结尾，看着最后一页"兔妈妈和小兔相拥着坐在摇椅里的温馨场面"，我问："兔妈妈和小兔相互对望着，又在说着悄悄话，这时的小兔会对妈妈说什么呢？"孩子们争先恐后地说："妈妈，我再也不逃走了！""妈妈你累吗？我帮你揉揉肩吧！""妈妈，我爱你！""妈妈，你身体好点了吗？"（因这位孩子的妈妈正在医院接受手术治疗）……听着孩子们这些质朴的话语，我知道他们终于感悟到了"母爱"，更学会了"感恩"。

**作　　者**：莫芳芳

**工作单位**：浙江省湖州市南浔镇中心幼儿园

# 拍花箩

## 教学班级

中班

## 活动背景

《拍花箩》是一首极具特色的民间儿歌。内容简单有趣，节奏鲜明，不仅念起来朗朗上口，而且还能边念、边唱、边玩。幼儿在体验语言趣味的同时，还能感知数字排序的概念。

如何指导幼儿阅读儿歌类的图书呢？此次活动中，我运用集体和分组形式，借助表格、阅读图示、图片等多种途径，帮助幼儿更好地阅读此类图书。本活动，旨在学习方式上对幼儿的引导，帮助幼儿自我阅读和理解图书，充分让幼儿爱上阅读，体验阅读的乐趣。

## （一）

## 活动目的

1. 运用记录关键信息的方法阅读图书。
2. 根据图书中的图示念儿歌、玩游戏。
3. 体验游戏儿歌的快乐情绪。

## 活动准备

1. 电子大书。
2. 图画书《拍花箩》人手一本。
3. 图纸表格一张。
4. 大写数字"一"到"十"及相关形象的图片十张。

## 活动过程

### 1. 通过游戏方式，引导幼儿了解图书的封面和封底。

❈ 教师：孩子们，我刚才带的一本书不见了，它的封面有小鲤鱼和小青蛙在游泳，封底有一只大熊在打鼓。请你们帮我找找吧！

❈ 请幼儿根据教师对图书封底和封面的描述，寻找相应的图书。

❈ 幼儿通过对应确认，巩固对封面、封底的认识，知道书本名称。

**2. 集体阅读图书，理解图书内容。**

✳ 引导幼儿仔细观看电子大书，初步了解图书的内容。

✳ 教师：你在这本书里看到了什么？

**3. 用表格记录的方式，学习用记录关键信息的方法理解内容。**

✳ 教师：看，这张表格可以把你们在图书的第几页上，找到了谁，把它在干什么都记录下来。让我们一起来仔细阅读这本书吧！

✳ 幼儿分组阅读图书，用选择的文字及图片记录图书内容。

**4. 集体完成整本书阅读记录。**

✳ 教师：现在哪个小组先来介绍一下他们找到的有趣事情呢？

✳ 幼儿选小组代表，将图片进行解读。

✳ 师幼用问答的方式完整将儿歌呈现出来，幼儿和教师根据表格，一边拍手一边感受儿歌。

**5. 观察动作图示，根据图示学习边做动作边念儿歌。**

✳ 教师：我发现这本书还有一个很有趣的地方，你们发现了吗？这个图示是什么意思呢？引导幼儿观察第 1 页的图示，学习理解图示内容。

✳ 教师指图示，幼儿自由回答，并请幼儿上台演示。

## 活动建议

语言区：(1) 引导幼儿观察理解图书第 12—23 页的图示，完整将儿歌表演出来。(2) 提供图表，让幼儿自主粘贴图片，仿编出更多新的《拍花箩》儿歌。(3) 提供趣味图片，让幼儿在区角内进行判断事物科学性的活动，如：鲤鱼滚下山，野狼抱小鸡，从而让幼儿趣味颠倒，为儿歌的仿编做准备。

阅读区：(1) 向幼儿介绍自制图书。(2) 欣赏其他幼儿创意的儿歌图画书《拍花箩》。

美工区：(1) 根据图画书绘画特色，让幼儿感受不同风格的绘画形式：剪纸画制作、拓印画制作、水粉画制作。(2) 幼儿尝试创意绘制自己图画书里的动作图示。

音乐区：提供各种乐器，让幼儿在区角内用乐器进行演奏表演，以集体演奏和合奏形式感受儿歌的节奏。

数学区：进行数量的对应以及数量点数。

## （二）

## 活动目标

1. 按照儿歌的句式结构，仿编儿歌。
2. 学习用打击乐的方式感受儿歌节奏。

## 活动准备

1. 熟悉《拍花箩》儿歌并学会用不同方式进行表现。
2. 打击乐（节奏棒、铃鼓）。

3. 儿歌表格（将页码和数字保留在表格上）。

4. 其他两种图片分别装入黑、白两个盒子。

## 活动过程

**1. 儿歌游戏表演。**

✳ 十个幼儿代表数字，按数字顺序规律进行儿歌表演。

✳ 两个幼儿一问一答进行儿歌表现。

**2. 按照儿歌的句式结构，仿编儿歌。**

✳ 出示神秘盒子，让幼儿了解仿编新儿歌的规则，教师提问：我把图表上的图片都放在这黑、白的盒子里，它们想让自己变化一个位置。请你们来帮帮它们吧。

✳ 教师（分别从黑、白两个不同的盒子中摸出图片）：哦，我摸到蚂蚁和鼓的图片了。我把它贴在这：我拍十呀，十只蚂蚁打花鼓呀！

✳ 引导幼儿根据句式结构进行新儿歌仿编。

✳ 幼儿分组记录新儿歌内容。

**3. 幼儿串读新儿歌。**

✳ 教师：哪个小组先来介绍一下你们新的儿歌呢？

✳ 幼儿分小组，对图片进行解读。

✳ 用问答的方式完整地将新儿歌呈现出来。

✳ 和幼儿根据表格，一边做动作一边感受新仿编的儿歌。

**4. 学习用打击乐的方式感受儿歌节奏（节奏：×××× | ×××× ‖）。**

✳ 幼儿自由选择乐器。

✳ 分组用打击乐进行新儿歌节奏感受。

✳ 两组幼儿共同进行问答式游戏。

# （三）

## 活动目标

1. 尝试自己创编儿歌。

2. 通过绘画方式表现儿歌内容。

## 活动准备

1. 已有过创编故事的经验。

2. 动物图片以及活动场景。

3. 蜡笔或水彩笔、纸张、打孔器、绳子、订书机等。

## 活动过程

**1. 讨论。**

✳ 教师：这本《拍花箩》你们喜欢吗？为什么？

**2. 幼儿自我创作。**

＊ 教师：如果让你们也来创作一本这样的书，你们会想到哪些呢？

＊ 鼓励幼儿充分想象，拓宽孩子的创造思维。

＊ 教师：制作一本图书我们需要一些什么内容呢？

＊ 引导幼儿知道图书的构成（图书的要素：封面、作者、页码、内容、封底）。

＊ 引导幼儿讨论分工，通过图表方式让幼儿分工合作，防止出现幼儿抢着制作某个画面内容的情况。

**3. 幼儿创作，教师指导。**

＊ 教师：根据图书目录表，我们一起来创作一本图书吧！

＊ 鼓励幼儿充分想象，指导幼儿进行不同绘画方式的创编。

**4. 分享阅读自制图书。**

＊ 教师：让我们大家一起来介绍一下你们创作的图书吧。

＊ 幼儿对图书进行自我介绍。

＊ 将幼儿的图书进行整合汇编。

## 活动建议

活动延伸　带领幼儿自制读书评价表。

## 附　　录

阅读表格

分组阅读表格

（仿编）［儿歌］

## 新《拍花箩》

拍呀拍呀，拍花箩呀，

红草地呀，绿马车呀；

我拍一呀，一只青蛙卖烤肉呀，

我拍二呀，二只野狼喝老酒呀；

我拍三呀，三个老头做沙发呀；

我拍四呀，四只章鱼滚下山呀，

我拍五呀，五只老虎抬花瓣呀；

我拍六呀，六个招牌滚下山呀；

我拍七呀，七只蜗牛抱小鸡呀；

我拍八呀，八条鲤鱼没有字呀；

我拍九呀，九只大熊跳进池呀；

我拍十呀，十只蚂蚁打花鼓呀！

咚、咚、咚、咚、咚、

咚、咚、咚、咚、咚。

错了没有？

没有。

再来一次。

### 图书目录表

| 组名 | 页码 | 图书内容 | 作者 |
|---|---|---|---|
| | 1 | 封面 | |
| | 2 | （数量）一 | |
| | 3 | （数量）二 | |
| | 4 | （数量）三 | |
| | 5 | （数量）四 | |
| | 6 | （数量）五 | |
| | 7 | （数量）六 | |
| | 8 | （数量）七 | |
| | 9 | （数量）八 | |
| | 10 | （数量）九 | |
| | 11 | （数量）十 | |
| | 12 | 封底 | |

### 读书评价表

| 评价者 | 封面 | 作者 | 页码 | 画面 | 内容 | 封底 |
|---|---|---|---|---|---|---|
| | | | | | | |
| | | | | | | |
| | | | | | | |
| | | | | | | |
| | | | | | | |

## 活动材料

潘人木/文，曹俊彦/图，《拍花箩》，南京师范大学出版社，2003。

## 活动分析

这首经典歌谣最重要的是让幼儿充分体验自我阅读儿歌的趣味，游戏法是活动的主要方法，教师用游戏的方式带着幼儿学习。

在活动开展中，教师贯穿阅读儿歌图书，从藏找游戏导入活动，让幼儿从认识书名、封面和封底开始，到分组用表格方式感知理解图片，进一步帮助他们学习阅读图书和理解儿歌。幼儿在阅读和学习过程中，将阅读与儿歌、游戏结合，在轻松的拍手游戏中，用简单、重复、押韵的语言讲述，使幼儿的语言能力得到提高，最后通过引导幼儿阅读动作图示，根据图示边做动作边念儿歌，让幼儿阅读理解的层次有了更进一步地提升。

整个活动中，幼儿边阅读、边玩游戏、边学儿歌，既学习到了新的阅读图书的方式，也体验到儿歌的趣味性。

作　　者：曾亚敏
工作单位：上海市维华世纪花园幼儿园

# 母鸡萝丝去散步

## 教学班级

中班

## 活动背景

　　中班幼儿正处在语言发展的敏感期，幼儿的阅读能力增强，逐渐掌握丰富的书面语言。如何让这一时期的幼儿喜欢阅读？在前期活动中，我们发现有的幼儿阅读兴趣浓，但对故事情节的理解不够，不能较好地讲出图书内容。还有的幼儿在阅读时不够专注，匆匆翻阅图书，不注意了解故事内容。究其原因，一部分幼儿在阅读时观察画面不仔细，不能通过画面场景和人物变化了解故事发展。还有一部分幼儿的阅读习惯和兴趣需要通过阅读活动来培养。根据我班幼儿爱提问、爱猜想的特点，我选择了画面特征突出、文字少、内容想象空间大的图画书《母鸡萝丝去散步》。

## （一）

## 活动目标

　　1. 细致观察画面，尝试猜测故事发展情节。

　　2. 大胆表述对故事的理解，感受情节发展的幽默。

## 活动准备

　　1. 图画书幻灯片。

　　2. 活动前，丰富幼儿有关农场的认知经验。

　　3. 一套有关故事中农场的 6 个不同场景的图片。

　　4. 图画书《母鸡萝丝去散步》人手一本。

## 活动过程

　　**1. 介绍书名，观察封面。**

　　✳ 教师：今天，老师给小朋友们带来了一本非常有趣的书。

　　**2. 阅读图画书（教师阅读图画书有文字的页面）。**

　　✳ 观察幻灯片扉页上的农场地图，教师提问：这是母鸡萝丝生活的农场，你看到了什么？

　　✳ 阅读幻灯片画面（不出现狐狸）。

✳ 教师：萝丝每天在农场散步，它经过了哪些地方？它是怎么来到这些地方的？

✳ 请幼儿说出萝丝在农场散步的地方，把幼儿说出的内容在白板上摆出，引导幼儿注意动词（走过、绕过、翻过、经过、钻过……）的使用。

✳ 教师：萝丝在农场散步经过了那么多地方，并按时回家吃晚饭，它以为什么事都没有发生，事情真的是这样的吗？

✳ 将封面上预先遮住的狐狸打开，引起幼儿兴趣，并引导幼儿观察狐狸的神态，猜测可能发生什么。

### 3. 幼儿自主阅读（验证猜测）。

✳ 幼儿翻开图书自主阅读，教师注意引导幼儿发现动物表情、动作的变化，了解故事发展，感受图画故事的幽默和乐趣。

✳ 幼儿分组交流自己的阅读感受。

✳ 请个别幼儿讲述图书里自己认为最感兴趣的内容。

# （二）

## 活动目标

1. 用动词"绕过、越过"讲述母鸡萝丝散步的经历。
2. 大胆完整讲述故事。

## 活动准备

1. 图画书幻灯片。
2. 教学大书。
3. 图画书《母鸡萝丝去散步》。
4. 母鸡头饰。

## 活动过程

### 1. 回忆故事内容。

✳ 出示大图画书，和幼儿一起阅读。

✳ 请幼儿讲讲自己最感兴趣的页面。

### 2. 体会"绕过、越过"等几个动词的使用。

✳ 请幼儿观看幻灯片中"绕过池塘"的画面。

✳ 请幼儿说一说这幅画面的内容，鼓励幼儿用"绕过"描述母鸡走过池塘时的状态。

✳ 同样的方式，请幼儿体验"穿过、越过"等动词的使用。

### 3. 我们也来散散步。

✳ 幼儿每人一个母鸡头饰，教师利用桌子、椅子等设计成故事中的"障碍物"，比如：两个小朋友手拉手举高，当做"蜜蜂房"等。

✳ 引导幼儿通过各个障碍物，体会不同动词的使用。

**4. 分组阅读图画书，讲述完整故事。**

✳ 幼儿分组。

✳ 每组一本图画书，请幼儿合作讲述完整的故事（把狐狸的部分放进故事中来）。

✳ 请每组幼儿代表看图画书后完整讲述故事。

## 活动材料

[美] 佩特·哈群斯/文、图，上谊出版部/译，《母鸡萝丝去散步》，少年儿童出版社，2006。

## 活动分析

《母鸡萝丝去散步》是外国经典图画书，文字与画面形成一种非常滑稽的对比，文字讲述的是母鸡萝丝散步的平淡无奇的故事，图画则还讲述了狐狸追逐猎物却屡屡受挫的幽默情景。图画信息非常丰富，相对于图画而言，文字则是对画面主要内容的简单概括与表达。图画除了能支持这种表达外，还可以帮助我们扩展文字之外的内容，补充各种有关细节，从而使我们对故事的理解更加丰满和深刻。故事既有发生和发展的主线，也有非常多的对故事起补充和支持作用的细节。

首先，我在活动中充分利用图书"隔页有文字，隔页出现狐狸"的特点，一开始遮挡住封面上的狐狸，目的是充分为幼儿留下猜测故事发展的空间，并以此激发幼儿的阅读兴趣。其次，我在引导幼儿阅读时，把重点放在引导幼儿仔细观察画面动物的表情和动作、细节上，目的是帮助幼儿正确理解故事内容，理解感受故事的幽默，体验阅读带来的快乐。

活动总体效果比较好，基本达到预期的目标，尤其是猜测和验证的过程，使幼儿对阅读图画书充满期待和兴趣。画面细节的观察对幼儿理解故事情节、学习使用动词起到较好的帮助。

作　　者：王薇
工作单位：四川省直属机关红星幼儿园

45

# 二等奖

# 花园里有什么

## 教学班级

大班

## 活动背景

春天是万物复苏的季节，生机勃勃的花园更是隐藏着许多春天的秘密。图画书《花园里有什么》有效地唤起幼儿的生活经验，以小主人公的视角发现春天，从而体验春天，感受春天的美好，把幼儿带到清新的大自然中去，激发幼儿再次观察花园的兴趣。

大班幼儿已经具备一定的阅读能力，能够比较全面地关注图书中的主要信息，并对画面细节感兴趣。通过本书的阅读，幼儿学习调动各种感官感知周围生活，还能通过前后比较，发现画面隐藏的小秘密。这种有趣的寻找和发现揭示了图书主题。

## （一）

## 活动目标

1. 通过不同感官感知花园中的动植物特征。
2. 尝试使用形容词描述在花园里的感受。

## 活动准备

1. 图画书《花园里有什么》人手一本。
2. 背景音乐。
3. 小图片、大色纸两张。
4. 文字标记"看不见的"和"看得见的"。
5. 爱心标记。

## 活动过程

### 1. 和幼儿讨论有关花园的经验。

* 教师：散步的时候，你在花园里发现了什么？
* 教师：小朋友们有的用眼睛看到了一些东西，有的用耳朵听到了一些东西，还发现了小花园的变化。
* 教师：今天请大家一起看一本图书，看看书中的花园里究竟有什么？

**2. 阅读图画书上的小花园。**

* 教师：花园里有什么？根据幼儿的回答，将相应的小图片呈现在黑板上。
* 完整欣赏配乐图画书内容。
* 教师：花园里还有什么？进一步补充呈现幼儿的答案。

**3. 分类游戏，解读图画书内容。**

* 在黑板上出示两张色纸，分别呈现文字"看不见的""看得见的"，暗示两个不同集合。
* 教师：哪些是看得见的，哪些是看不到的？请大家根据听到的故事，把图片放到合适的位置。
* 教师（出示藏在泥土里的）：这个为什么没有被看到呢？
* 教师（出示花儿的图片）：花的香气看不到，为什么会被发现呢？
* 教师：花园这么美，在这样的花园里玩，写这个故事的人是什么心情呢？你看到了吗？你闻到了吗？你听到了吗？

**4. 欣赏《小花园里有什么》。**

* 教师：最后就让我们再一次用心的欣赏这个美好的故事吧。
* 幼儿边欣赏配乐故事，边自由阅读图书。

# （二）

## 活动目标

1. 通过多种感官及工具探索小花园。
2. 用前书写方式记录自己探索花园的秘密。

## 活动准备

1. 铲子、放大镜等工具。
2. 记录小卡片、笔。

## 活动过程

**1. 听赏配乐散文《花园里有什么》导入活动。**

* 教师：散文中的小男孩是怎样发现花园里的奥秘的？他有哪些好方法？
* 教师：让我们亲自去发现花园里的奥秘吧。
* 教师：发现的小秘密回来要分享给大家，你有什么办法不忘记呢？

**2. 探索小花园的秘密。**

* 和幼儿共同到校园的小花园去走走，启发幼儿用看、听、闻、摸多种感官发现小花园的秘密，用各种工具去探索更多的小花园的秘密。
* 启发幼儿用书面语言表达自己发现的秘密，如"嫩嫩的小草、淡淡的微风、凉凉的泉水"等。
* 鼓励幼儿想办法记住自己的发现，如记在记录纸上。如果幼儿发现得太多，可

以采用合作的方法，你记几个我记几个。

**3. 记住自己的发现。**

✳ 鼓励幼儿想办法记住自己的发现，比如记在记录小卡片上。

✳ 给幼儿的记录命名为《花园秘密小记录》。

# （三）

## 活动目标

1. 熟悉汉字：看、听、闻、摸，了解其相对应的语义。
2. 用"我用眼睛看到了……""我用鼻子闻到了……"等句式讲述自己的发现。

## 活动准备

1. "看、听、闻、摸"四个字的字卡和四个相关感官图片。
2. 孩子们完成的"花园秘密记录卡"。
3. 抒情音乐。
4. 统计大表一张。

## 活动过程

**1. 对花园里的探索成果进行讨论。**

✳ 教师：你们在花园里有什么发现？鼓励幼儿大胆介绍自己的观察记录。

✳ 教师：原来我们能用眼睛、耳朵、鼻子和手这些不同的感觉器官，感觉到花园里的各种秘密。

**2. 文字配对，熟悉"看、听、闻、摸"四个汉字。**

✳ 教师（出示字卡：看、听、闻、摸）：你们认识这几个字吗？

✳ 教师：你觉得它们应该和哪些感觉器官来配对？请将字卡与感官图片一一对应。

✳ 教师分析"看、听、闻、摸"的字形结构、偏旁部首，介绍这四个字的语义。

**3. 将汉字卡放入统计大表。**

✳ 引导幼儿用图夹文的方式记录并练习句型。

✳ 请幼儿把自己的发现展示给大家，如：把画着"花朵"的记录卡放在"耳朵"的一栏里，然后说"我用眼睛看到了花朵"，在说的同时，用手指"眼睛"的图标和"看"的字卡。

# （四）

## 活动目标

1. 欣赏和感受图画书的多种绘画方式。
2. 尝试模仿一种或多种绘画方式，表现花园里的美景。

## 活动准备

1.《花园里有什么》大图书一本。

2. 油画棒、水溶彩笔、棉签、报纸、水彩颜料、吹塑纸剪成的花瓣、树叶若干、剪刀、毛笔、图画纸。

## 活动过程

**1. 欣赏图书。**

✳ 教师：你喜欢这本图书吗？说说喜欢的理由。

✳ 教师：你最喜欢哪一页的画面？

**2. 分析画面效果。**

✳ 教师：晕染效果是用蓝色水溶彩笔为云朵涂色，用棉签蘸水把蓝色晕开。

✳ 教师：拓印效果是用报纸捏皱成团，蘸取颜料，拓印草地背景。

✳ 教师：版画效果是在用吹塑纸剪的花苞、树叶上刷上颜料，并压印在图画纸上。

✳ 邀请个别幼儿参与尝试。

**3. 幼儿绘画。**

✳ 鼓励幼儿大胆表现花园里的动植物的特征。

✳ 引导幼儿用一种或多种绘画方式为自己的作品添加背景或效果。

**4. 作品展示和分享。**

✳ 可根据幼儿的能力，尝试让幼儿结伴合作完成比较大的作品。

## 活动材料

洪志明/文，卓昆峰/图，《花园里有什么》，南京大学出版社，2003。

## 附 录

### 统计表

| 耳朵（用图符表示） | 眼睛（用图符表示） | 鼻子（用图符表示） | 手（用图符表示） |
|---|---|---|---|
|  |  |  |  |

## 活动分析

《花园里有什么》是图文优美的图画故事。读者随着书中的主人公走进花园，发现花园里的各种奥秘。作者用知性和感性交融的精彩内容，引导幼儿感悟大自然的丰富，体会人与自然融合的美好。仔细阅读后，我们会发现主人公先对"哪些看得到""哪些看不到"提出了疑问，似乎以此将花园里的一草一木进行界定。但随着阅读的深入，我们又注意到花园里隐藏了更丰富的奥秘。究竟这些奥秘是看得到还是看不到的呢？在活动中，我就此问题进行了环节设计，以分类和纠错的形式，帮助幼儿更好地对故事进行理解。

在环节的设计上，我首先引发幼儿交流自己观察到的花园，分享与故事相关的生活经验，然后进行全书浏览，接着欣赏配乐故事，倾听散文故事，并根据内容分类。随后幼儿自主阅读，发现花园里的奥秘"有些被隐藏起来很难发现，有些需要等待才能发现"，最后引出活动的主旨"只有用心感觉才能真正发现花园的美，大自然的美"。活动中，图夹文的小卡片帮助幼儿归纳画面内容，有机渗透"前阅读、前识字"的内容，建立起"从图画到文字""从具体到抽象"的初浅认识。

作　　者：金晔
工作单位：上海市冰厂田幼儿园

# 忙忙碌碌镇

## 教学班级

大班

## 活动背景

在前期的图画书教学中，教师选取的阅读材料都是温暖的、感人的、充满爱的，以情感为主线，因为教师认为内容应该首先打动老师才能打动幼儿，所以都富有浓浓情感。这样的系列活动中，教师采用了多种方法。有节选图画书中几幅画面引发幼儿联想，通过聊天表达和理解其中情感脉络激发阅读愿望的，如《幸福的大桌子》《小猪变形记》；有用角色扮演的方法体会爱意的，如《逃家小兔》《猜猜我有多爱你》。在活动中，教师为幼儿营造了温情脉脉的氛围，幼儿在其中能够细致体会爱自己、爱别人、接受爱和给予爱的情感，同时幼儿的倾听能力、理解能力和表达能力获得了很大的发展。

一天，幼儿在自由阅读时围着一本书爆发出阵阵欢笑，继而变成了兴奋大笑，挤在一起的幼儿争先恐后地发表自己的意见，看得很投入。我过去一看，是一个小朋友带来的图书《忙忙碌碌镇》。这本书图画分散，不像平时看的图画书，乍一看去不能引起教师的兴趣。随着幼儿的指引，教师也渐渐觉得这本书妙趣横生。风格不同的书会让幼儿汲取不同的营养。在幼儿的生活中，爱是不变的主题，而轻松幽默也不可缺少。这样，幼儿的精神世界才是丰富多彩的，也才是完整的。因此，教师立即将这套书作为阅读材料，进入到活动中。

## （一）

## 活动目标

1. 用清晰完整的语句表达自己的想法。
2. 学习带着问题看书。
3. 激发对幽默类图书的阅读兴趣。

## 活动准备

图画书《忙忙碌碌镇》。

## 活动过程

**1. 幼儿自由阅读。**

**2. 幼儿谈谈自己的感受。**

✱ 教师：这本书有意思吗？

✱ 教师：你觉得故事里什么地方最有趣？

**3. 统计最喜欢的故事情节。**

✱ 和幼儿讨论如何统计出全班幼儿最喜欢的故事情节。

✱ 请幼儿进行统计。

✱ 记录统计结果并公布结果。

**4. 讨论故事名字，激发幼儿带着问题开始进一步阅读。**

✱ 教师：为什么叫忙忙碌碌镇？

## （二）

## 活动目标

1. 通过故事细节，理解图画表达的含义。
2. 发展仔细阅读的能力。
3. 喜欢与同伴一起阅读。

## 活动准备

三人一组，每组一本《忙忙碌碌镇》。

## 活动过程

**1. 自由组合，小组一起阅读图书。**

**2. 向朋友介绍最喜欢的故事情节。**

✱ 请幼儿找出自己最喜欢的一个故事情节，向其他小朋友介绍它。

✱ 教师：你们觉得哪个故事情节最有趣？有趣的地方在哪里？

✱ 教师：它讲述的是什么？有疑问的地方吗？你的想法是什么？

✱ 教师：可以用哪些方法将要讲述的内容简单标注出来？

**3. 分组准备自己最想和朋友分享的内容。**

## （三）

## 活动目标

1. 大胆发表对图书的理解，从倾听同伴的讲述中吸纳阅读经验。

2. 发展在质疑、争论中深入探究的能力。

3. 体验分享阅读的乐趣。

## 活动准备

幼儿为小组分享做的相关准备（白板课件、示意图画、图书）。

## 活动过程

**1. 以信息发布会的形式进行小组展示。**

✳ 讲述本组成员最感兴趣的内容。幼儿自己确定主讲和补充人员，分几次活动安排完展示的小组。

**2. 提问和讨论。**

✳ 其他组的成员对该组提出问题，引发幼儿讨论。

✳ 教师：为什么叫忙忙碌碌镇？在忙忙碌碌镇里有些什么样的商店？镇上的人们在做什么？

**3. 教师小结幼儿发言，引发幼儿后期继续阅读的兴趣。**

## 活动材料

[美] 理查德·斯凯瑞/著，李晓平/译，《忙忙碌碌镇》，贵州人民出版社，2007。

## 活动分析

活动中通过想象情节、发现主题、对不同情节的解释和解读，幼儿保持了积极的阅读情绪，在自由主动的状态中享受阅读的快乐。集体活动中与幼儿分享，不仅是复述故事，更是经过阅读思考后，对图书内容的理解建构，分享的是自己对书的理解。幼儿通过分享，发现了很多有价值的东西。

幼儿看到很多有趣味的东西，有很多想象，并通过自己的理解变成更多的故事情节。教师看到幼儿的表现后，给予的评价是"非常细心，发现了许多老师没有看到的地方，书的价值就是透过画面找到背后的东西，有趣的东西需要理解才能够发现"。这样的评价带给幼儿的不仅是鼓励，更是一种阅读方法。

选择符合幼儿天性的阅读材料，让幼儿体验多样化阅读。教师在分析图画书对幼儿的价值时，努力寻找幼儿的阅读方式和特点，思考用合适方式提升其经验，在此过程中获得自身的专业化成长。

作　　者：陈媛媛

工作单位：四川省成都市市级机关第三幼儿园

# 有趣的象形字

## 教学班级

大班

## 活动背景

在实践过程中，我们对早期阅读的理解不断深入。《纲要》语言领域教育要求提出"培养幼儿对日常生活中常见的简单标记和文字符号的兴趣；利用图书、绘画和其他多种方式，引发幼儿对书籍、阅读和书写的兴趣，培养前阅读和前书写技能。"因此，我们在教学中不仅利用图书，还注重日常生活中挖掘幼儿感兴趣的素材。

在开展早期阅读活动的过程中，我发现幼儿喜欢故事、诗歌中的画面、情节，能积极体验作品中的情感，同时对汉字也有浓厚兴趣。有一天，有位幼儿问我："老师，楼房的楼字为什么是木字旁的呢？"我告诉他："因为古代的房子是用木头做的！"幼儿又问道："楼房里为什么只有女的没有男的呢？"幼儿对汉字的细致观察与思考触动了我。怎样把握幼儿的兴趣点，提供符合幼儿认知特点的阅读素材，引导幼儿学习书面语言？我发现，象形字生动形象，是非常好的阅读素材。对象形字特征的初步感知，能帮助幼儿更好地了解汉字结构，为前识字、前书写奠定基础。于是，我设计了本次早期阅读主题活动《有趣的象形字》。

## （一）

## 活动目标

1. 乐意参与阅读活动，对文字产生兴趣。
2. 通过阅读图片和象形字卡，了解象形字的特征。
3. 能细致观察并进行大胆猜想与讲述。

## 活动准备

1. 象形字演变图一份，象形字卡（人、鱼、龟、象、牛、羊、日、目、木）九张，相应的汉字卡九张。
2. 象形字组合图画一幅。
3. 动画片《三十六个字》。

## 活动过程

**1. 观察象形文字图，导入活动。**

✳ 教师：小朋友，老师今天带来一幅有趣的画，你从画里看到了什么？请你们用一句完整的话告诉大家。

✳ 教师：在这幅画里还藏着一个小秘密，你们想知道吗？我们一起来看一部有趣的动画片。

**2. 观看动画片，激发对象形字的兴趣。**

✳ 教师：请问你们在动画片里看到了什么？

✳ 教师：动画片里爸爸画了一个太阳，小朋友说了什么呢？

✳ 教师：刚才爸爸还说"咱们的祖先就是这样创造了象形文字"，这些看上去像图的东西其实是古代的象形字。

**3. 分组观察讨论象形字，了解象形字的特征。**

✳ 教师：今天老师也给你们带来了很多象形字，请你们来猜猜它会是什么字？看的时候，小朋友可以交换着看，互相讨论，把你想到的和其他小朋友谈一谈。

✳ 教师：你刚才猜了几个？你猜的是什么字？把你的理由告诉大家好吗？

✳ 教师：刚才我们认识了许多的象形字。你们看"象"字，这是它长长的鼻子，四条腿，就像大象一样，所以觉得它是象字；还有这个"雨"字，就像许多小雨点从天上掉下来，所以说它是雨字。我们想一想，古代人是怎样造出象形字的呢？

✳ 教师：古时候的人就是照着事物的样子画下来，形成了象形字。所以你们看到的象形字跟它所指的事物的样子很像。

**4. 再次观察象形字图，结束活动。**

✳ 教师：小朋友今天表现得真棒！还记得老师带来的那幅图吗？我说里面有个小秘密，我们再来看看，你们发现了这个秘密吗？

✳ 教师：原来这是一幅由象形字组成的画。我的动画片里还有许多有趣的象形字，我们一起接着看吧！

# （二）

## 活动目标

1. 尝试书写和创造象形字。
2. 体验象形字和现代汉字的差异。

## 活动准备

1. 象形字组合图画一幅。
2. "山""水""月""木"的图片（可以自己绘制，绘制要求为图画线条要简洁，并和现代汉字的书写接近，利于幼儿观察模仿绘画）。

3. 象形字"山""水""月""木""日"的卡片。

## 活动过程

### 1. 我也来写"字"。

✳ 出示"山"的图片。

✳ 教师：这张图片上画的是什么？你能写个字来表示这幅图画吗？

✳ 出示象形字卡片"山"。

✳ 教师：这个象形字大家认得吗？和你刚才写的像不像？

✳ 依次出示"水""月""木"的图片，并请幼儿尝试书写所代表的字。

### 2. 观察象形字演变图，比较汉字与象形字的不同。

✳ 出示象形字"日"，提问：这是什么字？

✳ 出示现代汉字"日"，提问：这是象形字"日"的现代字朋友，两个字哪里不一样？

✳ 幼儿观看象形字演变图。

✳ 教师：古代象形文字是圆圆的，而现在的汉字都是方方的，我们叫它方正字。象形文字经过很多很多年的演变，变成现在的汉字，它更加清楚、简单，便于人们交流和书写。

### 3. 游戏"找朋友"，激发幼儿对文字的兴趣。

✳ 教师：今天老师又给小朋友带来了许多汉字，请你们从椅子下的篓子里把它拿出来。

✳ 教师：这些字我们有的认识，有的不认识，不过没关系，这里面的每一个字都有一个古代象形字朋友，仔细观察，你觉得它和哪个古代的象形字是朋友，请把它贴在象形字的下面。让我们一起来帮它们找朋友吧！

✳ 每位幼儿手上拿着一个现代汉字，请幼儿找到它的象形字朋友，然后一一对应贴好。找朋友时分成两个组，用两个展板展示，上面贴象形字，下面贴好双面胶，幼儿找到"朋友"后可以直接贴上去。

✳ 教师：小朋友都帮汉字找了象形字朋友，我们一起来看看！你们找对了吗？

## 活动材料

活动中的象形字字卡与图画均由作者自己制作，并参考电影《三十六个字》（1984年上海美术电影制片厂出品）。

## 活动分析

1. 幼儿在前，兴趣在先

活动开始先由一幅有趣的象形字图画引发幼儿的兴趣，教师并没有直接给出答案，而是让幼儿带着问题进入下一个环节，紧接着动画片形象生动地将幼儿带入主题。活动中设计的"给现代汉字找朋友"的游戏，让幼儿更好地感知了象形字的特征，达到教学目标。整个过程中，幼儿始终保持着浓厚的兴趣，积极参与活动。

2. 自主阅读，大胆猜想

不论是图画、字卡还是影像，幼儿都能自主阅读，根据对事物的理解大胆猜想，不管结果是对还是错，教师都不急于给幼儿结论，这个过程很好地调动了幼儿主动阅读、探究的积极性，也给了幼儿自由想象的空间。

3. 细致观察，乐于表述

在阅读过程中，幼儿能够认真细致进行观察，积极主动与同伴交流自己的猜想。在观察象形字卡的环节中，我发现两位幼儿对"门"字有不同的看法，一个说是窗，一个说是门，并告诉对方自己的理由，这说明幼儿观察得很仔细，并且能自然大方地交流。在讲述猜想结果的环节中，他们积极举手，争着在集体面前表述自己的想法。

4. 形象表意，处处阅读

早期阅读活动中应该提供给幼儿有具体意义的、形象的、生动的阅读内容，象形字形象表意，非常符合这些特征。在设计活动时，我没有将重点放在识字上，而是更多地让幼儿去阅读，去猜想，始终把阅读兴趣、阅读能力的培养放在首位。阅读材料的准备非常丰富，有图画、字卡、影像。同时，我还非常注意细节的设计，在每张象形字卡的下方用数字进行标注，一方面是暗示幼儿阅读画面的方向，另一方面也是培养幼儿正确的阅读方法，让幼儿在活动中处处有阅读。

作　　者：陈华
工作单位：湖北省咸宁市直属机关幼儿园

# 要是你给老鼠吃饼干

### 教学班级

大班

### 活动背景

结合制定的主题活动"想象的空间"，根据大班幼儿的年龄特点——喜欢推测、猜想，我设计了此活动。故事《要是你给老鼠吃饼干》轻松、幽默，活泼、有趣。它没有明显的情节，从头到尾都是一只老鼠在没完没了地向一个小男孩提出一连串的要求，从吃饼干开始，接着要了牛奶、麦管……可笑的是，到最后它的要求又回到要吃一块饼干，就像推倒了多米诺骨牌，一发不可收拾，令人哭笑不得。这种作品在平时的阅读中很少遇到。大班幼儿有很强的想象力，具有一定的发散性思维。在设计此系列活动时，我并不强调图书细节，主要是营造一种轻松、温馨的氛围，让幼儿感受作品循环往复的幽默风格，了解事物之间的发展联系，学习有顺序排列画面，关注自己的家庭，了解故事中小男孩和小老鼠所表现出的特征在生活中的相应角色，并能用完整、连贯的语言表达自己的想法。

## （一）

### 活动目标

1. 理解给老鼠吃饼干后发生的一系列情节，感受作品循环往复的幽默风格。
2. 猜测故事后半部分情节，能用完整、连贯的语言表达自己的想法。
3. 学习用记录表记录阅读内容。

### 活动准备

1. 大图书、贴绒、录音机、磁带。
2. 记录表、笔、幼儿用纸。

### 活动过程

**1. 用自制大图书向幼儿介绍封面、封底（把封面、封底连起来，引导幼儿猜测）。**

✳ 教师：这个故事发生了一件什么样的事？

**2. 幼儿自主阅读图书。**

✳ 幼儿带着问题看书。

✽ 教师：你发现小老鼠都干了些什么事？请幼儿合起书，想一想书中小老鼠都干了哪些事。

✽ 幼儿填写记录表，根据回忆打"✓"或"✗"。

**3. 集体阅读图书。**

✽ 教师拿大书引导幼儿观察，帮幼儿一起回忆故事内容，根据幼儿的回答按照圆形路线依次贴上饼干、牛奶、麦管、餐巾的图片。

✽ 教师：老鼠照着镜子，会怎么想？

✽ 教师：你们瞧，发生什么事情了？请大家来观察图书这一页。

✽ 教师：小老鼠是怎么打扫房间的，我们一起来帮小老鼠打扫房间吧！集体用动作体验打扫房间的情形，并贴上清洁工具的图片。

**4. 想象故事后半部分情节。**

✽ 教师：接下来小老鼠还会干哪些事情呢？幼儿在准备的纸上想象画出接下来小老鼠还会干些什么事情。

（备注：圆形中老鼠为幼儿所画，周围的扇面中让幼儿想象画出接下来老鼠还会干出什么事情，体验循环往复的特点）

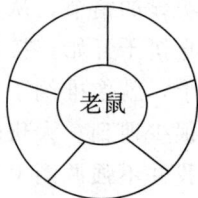

**5. 配轻松音乐教师完整讲述故事。**

✽ 幼儿边回忆故事，教师边把后面的图片贴上。

✽ 向幼儿介绍图书的作者。

✽ 请幼儿第二次填写记录表。

# （二）

## 活动目标

1. 了解事物之间的发展联系，学习有顺序排列画面。
2. 学习自制图书，能用完整、连贯的语言表达自己的想法。

## 活动准备

1. 贴绒教具。
2. 记录表、笔、图书人手一本。

## 活动过程

**1. 回忆图书内容，引出故事主题。**

✽ 教师：你喜欢《要是你给老鼠吃饼干》这本书里的谁？为什么？

**2. 填写记录表，用数字记录故事的发展顺序，验证幼儿的阅读情况。**

✽ 幼儿填写记录表。

✽ 幼儿自主阅读验证记录结果。

✽ 第二次集体验证记录结果，强调事物之间发生的前后联系。

**3. 根据线索自制图书，并能大胆和同伴分享自制图书内容。**

✳ 幼儿结合生活经验自制图书。

✳ 大胆和同伴分享自制图书内容，并为图书起个好听的名字，鼓励幼儿用完整连贯的语言进行讲述。

## 活动建议

**活动延伸**（1）给自己的图书增添新内容。（2）给图书涂色。（3）请家长帮幼儿为图书配上文字。

# （三）

## 活动目标

1. 了解故事中的小男孩和小老鼠表现出的特征在生活中的相应角色。
2. 模仿故事结构，发挥想象讲述相似的故事。

## 活动准备

1. 主题活动《想象的空间》大背景。
2. 幼儿自制图书《要是你给××吃××》。

## 活动过程

**1. 回忆故事《要是你给老鼠吃饼干》。**

✳ 教师：如果你是那只小老鼠，你会提出什么样的要求？

✳ 教师：当那只小老鼠冒出没完没了的要求时，小男孩是怎么表现的呢？他是怎么做的呢？

**2. 梳理经验，引出新话题"故事再悟，学会感恩"。**

✳ 教师：在我们小朋友的家庭成园中，谁像故事中的小老鼠？为什么？谁像故事中的小男孩？为什么？

✳ 教师：你会怎样向你的爸爸、妈妈表达自己对他们的爱？

**3. 创编故事《要是你给××吃××》。**

✳ 以小组、个人等形式讲述，可以讲述自制图书或创编故事。

要求：（1）让幼儿依据连锁反应编故事。（2）故事开始可以这样说：要是你给××吃××……（3）语言清晰、连贯。

## 活动材料

［美］劳拉·乔菲·努梅罗夫/文，［美］邦德/图，任溶溶/译，《要是你给老鼠吃饼干》，少年儿童出版社，2006。

## 附　　录

### 记录表

| 老鼠 | 饼干 | 面包 | 吸管 | 扫帚 | 拖布 | 镜子 | 牛奶 | 剪刀 | 筷子 | 餐巾 | 床 | 梳子 | 簸箕 |
|---|---|---|---|---|---|---|---|---|---|---|---|---|---|
| 1 | | | | | | | | | | | | | |
| 2 | | | | | | | | | | | | | |

（备注：以上物品在幼儿实际操作中都是形象的图片）

## 活动分析

实施环节：

环节一：教师通过提问，引导幼儿猜测故事内容，发生了一件什么样的事。

环节二：提出问题，幼儿自主阅读，并在看书结束后第一次填写记录表，检验幼儿的阅读情况。

环节三：阅读图书前半部分，和幼儿一起回忆故事内容，按照循环图依次贴上图书中所出现的物品，引导幼儿用身体动作表现小老鼠的某些动作，提高幼儿的兴趣。

环节四：想象故事后半部分情节，并在为每位幼儿准备的循环图上画出接下来小老鼠干了哪些事情。

环节五：带领幼儿集体阅读图书，然后完成循环图，第二次填写记录表。在延伸活动中幼儿自己创作小图书，按照故事循环往复的幽默风格创编故事，自制小书《要是你给××吃××》。

幼儿具体表现：

通过本次活动，我感觉到，幼儿对早期阅读活动比较感兴趣，作品幽默、有趣，推测、猜想使幼儿的表现更积极，思维更活跃。在教师的引导下，多数幼儿大胆发言，能比较连贯地表达自己的想法。教师作为引导者，支持和鼓励幼儿的想法和回答，及时给予肯定，给幼儿创造了宽松的语言表达与交流环境。在这样一种氛围中，幼儿爱说、乐意说、敢说、大胆说。由于记录表和循环图的使用，教师清楚了解幼儿的阅读情况。

作　　者：王萍
工作单位：甘肃省兰州市实验幼儿园

# 变大变小的狮子

## 教学班级

大班

## 活动背景

　　一本好的图画书给幼儿带来的不仅是一个好听的故事，更多的是在对丰富画面细心观察之后的思考与发现，对故事人物表情、动作、心理解读之后引发的情感共鸣与迁移，并引导幼儿养成好的阅读习惯与阅读方法。《变大变小的狮子》就是一本会说话的图画书，作者运用生动形象的语言描述了一只可爱、胆小而又正直的狮子在不同经历后的不同身体变化，而画家更是运用惟妙惟肖的笔法赋予了小狮子人一般的情绪情感与个性特点。

　　"教师应运用哪些方法引领幼儿阅读?""幼儿是否能通过观察、发现并解读小狮子的身体变化与情绪情感变化之间的关系吗?"……带着这样的思考，我尝试着将《变大变小的狮子》这本图书推荐给了幼儿，并与他们共同经历阅读的历程。

## （一）

## 活动目标

　　1. 喜欢阅读图画书，愿意根据画面线索推测故事的主要内容。

　　2. 围绕故事内容与同伴展开讨论，提出自己的看法。

　　3. 学会正确的阅读方法，养成良好的阅读习惯。

## 活动准备

　　1. 将图书投放到阅读区，以好书推荐的方式推荐给幼儿，引发幼儿对此图书的兴趣。

　　2. 幼儿自主阅读时教师观察幼儿阅读情况，并了解幼儿的阅读难点。

　　3. 图画书《变大变小的狮子》，幼儿人手一本。

　　4. 教学投影仪。

## 活动过程

**1. 引导幼儿快速阅读图书，标记自己不理解的地方。**

＊ 教师：请你们找出自己不理解的问题，并做上记号。

**2. 引导幼儿根据自己的理解进行讲述。**

✳ 请幼儿运用自己的语言初步将故事讲述给同伴。

✳ 教师：这本书里讲得是谁的故事？你是怎样看出来的？讲了一个什么故事呢？谁来给大家讲一讲？

✳ 幼儿将自己阅读过程中没有看懂的部分讲给同伴，寻求同伴帮助，或就阅读中的问题提出自己的质疑。教师鼓励同伴之间相互解答。

**3. 利用幻灯片引领幼儿阅读画面，帮助幼儿理解情节发展的过程。**

✳ 教师：这本图书说的是谁？这只狮子先遇到了谁？他发生了什么变化？后来又遇到了谁？发生了什么事？

✳ 教师：这只狮子一会儿越变越小，一会儿又越变越大？为什么呢？你是怎么看出来的呢？

✳ 教师：大家都看懂了吗？还有什么不明白的地方？

**4. 按照图书中的文字，完整讲述故事，帮助幼儿理解故事内容。**

✳ 教师逐页阅读画面中的文字，请幼儿观察画面，理解文字内容是如何通过画面表现出来的。

✳ 教师：特鲁鲁狮子特别胆小，但他有的时候胆子又特别大。这是怎么回事呢？

### 活动建议

1. 根据班级环境与幼儿的实际阅读水平，决定是否让幼儿先进行自主阅读，也可在教学开始环节为幼儿创设自主阅读的时机，确保每名幼儿参与。

2. 将图书投放在阅读区，鼓励幼儿继续阅读，鼓励幼儿在阅读图书的过程中讨论：为什么遇到同样的小动物，特鲁鲁狮子有时候会变小、有时候会变大？

3. 教师初次引领幼儿阅读，重点让幼儿通过观察、讨论，自己根据画面内容猜测和讲述故事内容，并通过后面的画面和情节验证和修正自己的猜测。教师在此过程中不作回答与引导，认真倾听幼儿的观点，发现幼儿在阅读中的困难，以备在教学中予以支持性帮助。阅读过程中，教师不忙于肯定或否定，给每位幼儿充分发表自己观点的机会。开放式提问可以给孩子创设宽广的想象空间，使幼儿打开思维，展开联想。针对重点画面，教师要善于运用开放式提问，引领幼儿对画面推测、想象。

# （二）

### 活动目标

1. 充分表达自己对画面的理解，进一步理解故事内涵。

2. 通过对比分析画面，感受特鲁鲁狮子的情绪情感变化及个性特点。

3. 联系自己的生活实际，懂得克服胆小心理，萌发勇敢面对困难的勇气。

### 活动准备

1. 图画书《变大变小的狮子》，幼儿人手一本。

2. 教学投影仪，教师根据图画书自制的图片。

## 活动过程

**1. 鼓励幼儿回忆故事内容，利用幻灯进行讲述。**

**2. 引导幼儿对比观察画面，发现狮子变大变小与情绪情感变化的关系。**

✳ 教师：特鲁鲁狮子是怎样一只狮子？帮助幼儿抓住狮子会变大会变小的特点。

✳ 教师：狮子在什么情况下会变小？狮子在什么情况下又会变大？引导幼儿发现狮子在害怕和勇敢的时候的变化。

✳ 随幼儿的回答，出示相应图片，有意识地将图片摆为害怕的一排与勇敢的一排，引发幼儿的对比观察。

**3. 引导幼儿将狮子的身体变化与狮子的心理活动建立联系。**

✳ 教师：狮子变小的时候是什么样子的？变大的时候又是什么样子的？引导幼儿观察狮子的表情、动态以及头发的特点。

✳ 教师：狮子为什么会变小？为什么会变大？

**4. 帮助幼儿理解小老鼠与狮子之间的友爱情感。**

✳ 教师：小老鼠与狮子在一起时发生了什么事情？

✳ 教师：狮子与老鼠在一起时心情是怎样的？你是怎样知道的？引导幼儿感受狮子与小老鼠之间情感的变化，从开始的恐慌——友好——为朋友变得勇敢、威猛——到彼此友爱，狮子与小老鼠的友爱是从无到有，一步步加深。

✳ 教师：为什么狮子与老鼠在一起时却不害怕呢？帮助幼儿进一步理解狮子与小老鼠之间的同伴友情。

**5. 引导幼儿结合生活经验进行讨论。**

✳ 教师：你有没有胆小、害怕的时候？你做什么事情时会变得勇敢呢？

✳ 教师：启发幼儿相互建议克服胆小的好方法。

## 活动建议

1. 此次教学活动中，教师引领幼儿分别进行了特鲁鲁狮子变小、变大的整理，最后进行对比归纳，从而帮助幼儿梳理出特鲁鲁前后不同的个性特点。教师还可通过"特鲁鲁狮子都有了哪些变化"的提问，引领幼儿先进行综合整理，后帮助幼儿按变小、变大分别梳理，使幼儿在对比中发现特鲁鲁狮子的变化与变化的背景。

2. 故事的结尾并没有为故事画上完整的句号，教师可引领幼儿进行创编活动，续编故事的结尾，可启发幼儿思考：狮子还有什么时候会胆小，遇到什么又会变得勇敢呢？引导幼儿可以通过自己的表情、动作以及语气来表现人物特点，教师可带领幼儿开展故事表演的活动，通过扮演角色进一步感悟角色的个性特点。

3. 教师要为幼儿留有充足的时间，感悟特鲁鲁狮子的个性特征，想象特鲁鲁的心理活动，通过有目的地提问，使幼儿关注特鲁鲁的变小与变大的过程，对比变小、变大的原因，分析特鲁鲁的前后心理变化与特点，鼓励幼儿在联系自己生活实际时，谈一谈自己胆小时的心情与鼓足勇气克服困难后的心情的不同，从而理解特鲁鲁胆小、害怕的心理，并能与同伴分享战胜困难时的快乐。

4. 在美工区投放相应材料（各种纸、小棒、工具……），供幼儿根据故事角色制作头饰或纸偶，进行故事表演所用。创设续编故事展示板，鼓励幼儿续编故事后将续编内容进行绘画，供同伴与家长欣赏。

## 活动材料

冰波/文，周建明/图，《变大变小的狮子》，教育科学出版社，2009。

## 活动分析

1. 在自主阅读中，发现不同幼儿在阅读中的不同困难。

在阅读之初，我将《变大变小的狮子》以"好书推荐"的方式摆放到阅读区，引导幼儿在每日活动区的时间来阅读区阅读此书，针对幼儿的阅读情况进行记录与分析，并引导幼儿大胆对自己不明白的地方提出质疑。自主阅读并不是没有教师的幼儿自己的行为，教师应该在幼儿自主阅读的过程中陪伴在幼儿身边，关注幼儿的阅读情况，把握幼儿的阅读经验，为集体阅读时制定目标与采取策略的依据。

2. 教师的有效提问引领幼儿思考，带领幼儿走进故事的深层空间。

教师的提问在幼儿的活动中有点拨作用，有引领作用，将幼儿的盲目阅读引领到正确的阅读方法上来。提问的目的也不仅仅是为了说出答案，它应该能够激活幼儿的思维，激发幼儿充分的去想、大胆的去说。"是什么让特鲁鲁勇敢了？""特鲁鲁已经勇敢了、变大了，怎么又变小了呢？"……一个个开放式的问题，引导幼儿由"看到"到"看懂"，由"看懂"到"理解"。

3. 引领幼儿在细节中感悟人物情感，引发情感共鸣。

丰富的画面中蕴涵着细微的变化，这些变化反应出了角色细腻的情感，教师有目的地引导才会引发幼儿对画面的关注，从而发现细节、找出线索、走进故事、感悟情感。在阅读中，我给幼儿留有足够的时间去观察画面，去想象画面中反映的故事情节，通过对小狮子表情、动作等细节方面的观察与描述来判断故事发展的进程，根据故事线索展开想象，在预测、推测中扩展故事内容，从而更好的理解故事中蕴涵的深刻意义。在我的引领下，幼儿通过观察，思考着画面赋予的更深的内涵，对故事的理解也越来越深入，同时故事的内容也唤起了幼儿的情感共鸣，幼儿在回忆、讲述自己害怕经历与体验的同时，也越发地接纳、理解小狮子。

**作　　者**：石利颖
**工作单位**：北京市第五幼儿园

# 母鸡萝丝去散步

## 教学班级

大班

## 活动背景

《母鸡萝丝去散步》是一本经典的图画书，它是纯粹用图画来讲故事的成功范例。图画书正文共 14 个画面，只有 39 个汉字，而且文字是隔一页才出现一次，文字内容既没有提到画面角色，也没有叙述发生的事情，只有对母鸡"萝丝"散步的一种平白叙述。可就是这样的一本图书，似乎有一种魔力，不同年龄段的幼儿都可以阅读，而且无一例外地会在不断的笑声中看完。生动的画面，简洁的文字，它给读者丰富的想象、阅读空间，不同年龄段的幼儿看了会有不同的故事、想法形成。在进行大班"可爱的动物"主题教育活动时，为幼儿挑选了这一早期阅读读本，既切合主题又满足幼儿园园本"情趣课程"的要求，而且还能让幼儿在阅读中享受轻松、自在、幽默。

幼儿从小班就进行早期阅读活动，有较好的阅读习惯与阅读能力。通过反复阅读、分析读本，我决定发挥班级幼儿细致观察能力强、语言表达流畅等优势，从感受、讲述与体验故事角色情感、心理两方面着手设计、组织活动，发挥绘本特点，结合大班幼儿即将升入小学，在观察、语言表述上的要求，来做一种尝试，打破以往早期阅读活动的一般教学形式，将看图讲述—谈话—表演等形式融合，尝试进行具有创新、探索性的图画书阅读活动。

## （一）

## 活动目标

1. 了解故事情节的发生和发展。
2. 依据画面展开想象并初步学习用较丰富的语汇进行表述。
3. 初步了解故事主人公的性格特征，激发图书阅读的兴趣。

## 活动准备

1. 图画书《母鸡萝丝去散步》一本，幻灯片一套。
2. 幼儿两人一套与图书内容一致的六张小图片。

## 活动过程

**1. 介绍书名，观察封面，猜想图书的内容。**

＊ 教师：我们一起来看一本书，书名叫《母鸡萝丝去散步》。带领幼儿阅读书名。

＊ 教师：看看封面上有谁？这只母鸡它叫什么？你怎么知道的？

＊ 教师：猜一猜书中可能说的是什么故事？

**2. 通过观察图片、讲述图片、图片排序、再次讲述的步骤，了解故事的内容与情节。**

＊ 教师：母鸡萝丝散步的时候经过了一些地方，在这些地方都发生了一些事情。那到底她经过了什么地方，又发生了什么事情呢？

＊ 教师：老师为你们准备了六幅图片，每张图片由两幅小图组成，看的时候先看上面，再看下面。请你们仔细地看图片，一边看一边说一说：萝丝散步的时候经过了哪些地方，在这些地方发生了一些什么事情？

＊ 幼儿两两观察小图说故事，知道萝丝散步经过的地方。

＊ 打开幻灯，运用同伴间补充讲述、引导观察细节讲述的方法，请幼儿说六张小图的内容，重点指导幼儿注意观察画面的细节。

＊ 教师：萝丝散步，先经过了哪些地方，后经过了哪些地方，又经过了哪些地方，是有顺序的？请小朋友看一看幻灯，要仔细地看，等会要给你的小图进行排序的。

＊ 幼儿按照图书中的萝丝散步顺序给自己的小图排序。

＊ 幼儿再次观察、讲述与图书内容一致的小图。

＊ 教师：萝丝散步的时候经过了哪些地方？发生了什么奇特的事情？请你和旁边的朋友按照顺序说一说，我说给你听，你说给我听。

**3. 通过讨论，表达自己对故事内容的理解。**

＊ 教师：你们喜欢故事中的谁？为什么？

# （二）

## 活动目标

1. 用丰富语汇讲述故事情节的发生和发展。
2. 参与讨论与交流，深入理解故事主人公的性格特征。
3. 进一步感受故事情节的奇特与幽默。

## 活动准备

1. 图画书《母鸡萝丝去散步》一本，幻灯片一套。
2. 幼儿两人一套与图书内容一致的六张小图片。

## 活动过程

### 1. 和幼儿共同阅读幻灯图书画面，回忆故事情节。

✳ 打开幻灯，定格在图书的封面。

✳ 教师：书的名称是什么？还记得图书说了什么故事吗？

✳ 和幼儿共同浏览图书画面。教师不讲述，翻页节奏放慢。

✳ 幼儿再次阅读幻灯图书，回忆故事情节。

### 2. 幼儿两两观察小图，讲述故事，丰富讲述内容。

✳ 教师：母鸡萝丝去散步的故事，我们看过、听过，还讲过。请你们再仔细地看图片，一边看一边说一说故事，这次我们比比谁的故事讲的精彩、有趣。

✳ 幼儿两两讲述故事，教师注意倾听，发现讲述好的幼儿，帮助有困难的幼儿。

✳ 请个别幼儿在集体中讲述故事，引导幼儿从情节发生、词语运用等方面评价。

### 3. 通过质疑、辩论，加深对内容的理解以及对主人公性格的认识。

✳ 教师讲述图书中的故事，根据画面细节，讲述一个完整、生动的故事，讲述内容为教师根据画面内容增加故事情节的故事。

✳ 教师：你们觉得这个故事怎么样？看了图片又听了故事，你们有什么问题、疑问或者还有什么想法？让我们大家讨论讨论。

✳ 针对幼儿提出的问题，引导幼儿分正反方进行谈话、辩论。

✳ 引导幼儿从图书中找到各自的"证据"参加辩论。

# （三）

## 活动目标

1. 根据读本内容尝试进行表演，加深对故事的喜爱。
2. 能用多种动作、表情对母鸡与狐狸进行表现与扮演。

## 活动准备

1. 《母鸡萝丝去散步》幻灯片一套。
2. 简单的道具：房子、书、围栏等，各种颜色的纸、剪刀、双面胶、彩笔等物品。
3. 比较适合母鸡与狐狸形象的音乐。

## 活动过程

### 1. 回忆对"母鸡""狐狸"心理特征、行为的讨论，引出表演内容。

✳ 播放幻灯，仔细看看"萝丝""狐狸"的表情与动作，引导幼儿回忆上次活动中对"母鸡""狐狸"心理特征、行为的讨论。

✳ 教师：在上次的活动中，有的小朋友认为"萝丝"知道狐狸跟在后面而设置了障碍，有的认为这一切都是巧合。那么今天，请小朋友根据自己的想法，我们一起来表演《母鸡萝丝去散步》。

**2. 师幼共同讨论"萝丝""狐狸"的动作与表情。**

﹡ 教师：你们觉得"萝丝"可以怎么表演呢？

﹡ 教师：认为"萝丝"知道狐狸跟在后面而设置了障碍的小朋友可以怎么表现，认为是巧合的小朋友可以怎么表演？

﹡ 教师：那"狐狸"可以怎么表演呢？

**3. 幼儿自由组合进行表演。**

﹡ 幼儿自由选择、组合，教师帮助幼儿进行协调。

﹡ 幼儿选择道具、分配角色表演。教师不过多干涉幼儿的表演，在幼儿有困难的时候为幼儿提供帮助与指导。

**4. 幼儿在集体中表演。**

﹡ 幼儿在集体中表演。

﹡ 引导幼儿从读本的内容、角色的配合、动作与表情等内容说说。

﹡ 再请幼儿表演。

﹡ 教师：小朋友表演得真好，我们把这些道具放入表演区，如果你喜欢或者有什么新的想法可以再去表演。

## 活动建议

**活动延伸**　结合主题《可爱的动物》，鼓励幼儿自由创编、绘画有关动物的故事或图书，尝试做"小作者"。

**区域活动**　活动（一）进行后，可将小图片放入语言区，让幼儿自由观察、讲述；活动（三）进行后，将幼儿制作的道具投放入表演区，让幼儿继续表演，教师注意观察幼儿的语言、行为、表演，及时记录。

## 活动材料

〔美〕佩特·哈群斯/文、图，上谊出版部/译，《母鸡萝丝去散步》，少年儿童出版社，2006。

## 附　录

根据教学需要，在幼儿阅读基础上，根据画面增加了关于故事情节的内容描述，为幼儿的讲述提供思路：

母鸡萝丝出门去散步，她走过院子，狐狸紧紧地跟在后面。院子中央有一个钉耙，狐狸一脚踩在钉耙上，钉耙一下子竖起来，"啪"地一声打在狐狸的脑门上，狐狸被打得眼冒金星。

母鸡继续往前走，她绕过池塘，狐狸还是紧紧地跟在后面。突然，狐狸脚下一滑，"扑通"一声，一头栽到池塘里，水花四溅，狐狸被呛得差点儿一命呜呼。

母鸡继续往前走，她越过干草堆，狐狸仍然紧紧地跟在后面。眼看就要靠近母鸡了，它向前一扑，却一下子钻进了干草堆里，狐狸被弄得头昏眼花。

母鸡继续往前走，她经过磨坊。面粉袋的绳子缠在了母鸡的脚上，当狐狸经过的时候，面粉袋的口子"哗"地打开了，面粉洒在了狐狸身上，狐狸被压得动弹不得。

母鸡继续往前走，她穿过篱笆。狐狸看见篱笆的缝隙太小，钻不过去，就用力一跳，不偏不倚正好跳到山坡上的小推车上。小推车顺着山坡轱辘轱辘往下滚。

母鸡继续往前走，她钻过蜜蜂房。狐狸趴在小推车上，"轰"的一声撞倒了蜜蜂房。蜜蜂房里的蜜蜂"嗡嗡"的纷纷向狐狸飞去，狐狸撒开四条腿飞快的没命逃走。

母鸡按时回到家吃晚饭。

一组幼儿的表演剧本：

狐狸：我的肚子饿得咕咕叫，到哪儿找点好吃的呢？（这是幼儿模仿《小熊请客》里狐狸的话）

母鸡：我叫萝丝，住农场里，我每天都要散步。（说完，开始散步）

狐狸：哈哈，这么大的大肥鸡，可以饱餐一顿了。（说着，就跟在萝丝的后面）

（一幼儿站在旁边，讲述话外音：萝丝走过院子）

狐狸一脚踩在钉耙上：哎哟，疼死我啦！（狐狸抱脚揉头，做痛苦状）

（话外音：萝丝绕过池塘，萝丝继续向前走，狐狸跌进池塘）

狐狸：啊！（做喝水状，爬起来）

青蛙：快看，狐狸来了，他怎么掉进池塘里呢？哈哈！（说完，跳到一边）

（话外音：萝丝越过干草堆，萝丝继续向前走，狐狸钻进了干草堆里）

狐狸：哎哟！怎么回事，讨厌的草。（说完，拍拍身体）

小老鼠：谁谁，谁在往里钻，啊，狐狸怎么来了，快跑！（说完，跳到一边）

（话外音：萝丝经过磨坊，萝丝继续向前走，狐狸一下趴在地上）

狐狸：哎哟！谁打着我了，我要——我要，咳咳咳……

（话外音：萝丝穿过篱笆，萝丝继续向前走，狐狸跟着）（篱笆由三个小朋友组成）

狐狸：我怎么过不去，用劲！（用身体使劲从篱笆中穿过去，摔了一跤）

（话外音：萝丝来到蜜蜂房，萝丝继续向前走，狐狸跟着）（蜜蜂房由小朋友扮演）

狐狸（撞倒了蜜蜂房，抱着头逃命）：哎哟！救救我呀，妈呀！（幼儿扮演小蜜蜂，追着狐狸跑）

母鸡：我要回家吃饭了！

## 活动分析

《母鸡萝丝去散步》的阅读活动由三个教学活动展开进行。

第一个活动采用看小图讲故事的教学策略来阅读图书。活动前，教师在只有一本大书的情况下，将书中主要正文画面做了一些改变。把在同一个地方发生的事情，分上、下两张小图合并在一张图上，不仅利于幼儿进行对比观察、讲述，更加使关注图片中细节表现，而且能有效地帮助幼儿理清书中故事的线索。

在第二个活动中，教师运用谈话、辩论的策略。首先引导幼儿观察图片讲述内容；接着教师引导幼儿提出疑问，进行讨论与辩论，这也是第二个活动的重点部分。在活动中，幼儿提出"为什么母鸡不会有危险，而狐狸却总是遇到危险"的问题，并且在这个问题的讨论中，形成了新的争论话题"母鸡是知道狐狸跟在后面，还是不知道狐狸跟在后面"。幼儿中很快形成了两种看法，并进行了互相的、激烈的讨论。在辩论中，幼儿对图书内容更加深刻的理解，对角色的性格特征有了更加深刻的认识。

有了前两次活动的经验与基础，教师在第三个活动中引导幼儿用动作、表情来表现读本，诠释对读本的理解。在活动中，教师充分利用幼儿对两个角色的不同看法，鼓励幼儿用身体动作、表情来表达，让孩子自由选择表演伙伴，制作所需要的简单道具，没有统一的表演剧本，让孩子凭借自己对图书的感知，来合作表演。孩子们欢天喜地，兴致昂扬。活动结束后，许多孩子意犹未尽，又产生了许多新的想法。

在这次对经典图画书阅读的系列活动中，我真正体验到什么是"让阅读走进幼儿的心里"，感谢与孩子的共同学习。

作　　者：张海燕

工作单位：江苏省南京市长江路小学幼儿园

# 三只小猪上幼儿园

## 教学班级

托班

## 活动背景

每年九月份的幼儿新生入学，是幼儿、家长、教师们最难熬的日子。如何使这些幼儿尽快消除焦虑和不安，让幼儿愿意并喜欢上幼儿园，使其对家长或亲人的依恋顺利转向幼儿园、教师和同伴，是教师工作的重点。幼儿初入园时，情绪还不太稳定，对幼儿园的常规生活也不太熟悉，因此，教师设计的游戏和常规训练活动，要既能让幼儿尽快适应幼儿园里的新生活，又能减轻幼儿的焦虑情绪，满足幼儿游戏的欲望。

阅读这本书可以帮助幼儿感受和认识到，幼儿园是一个好玩的地方，可以和老师、小朋友一起玩游戏。它不仅可以缓解幼儿对上幼儿园可能产生的焦虑，还可以引发我们与幼儿丰富对话，引导幼儿联系自己的生活经验，谈谈自己是怎样上幼儿园的。

## （一）

## 活动目标

1. 观察画面内容，初步了解故事的主要情节。
2. 观察图书中三只小猪的行为变化。
3. 根据服饰区分猪小弟和猪小妹。

## 活动准备

1. 《三只小猪上幼儿园》故事大书。
2. 图画书《三只小猪上幼儿园》，人手一本。
3. 小猪指偶。

## 活动过程

### 1. 活动导入。

＊ 教师：今天老师带来了一本好看的图书，你们想看吗？好！我们一起来分享。

＊ 教师：这是什么地方？为什么这里有这么多的小猪呀？

### 2. 引导幼儿观察图书画面，了解故事内容。

＊ 与幼儿一起看书，用提问的方式帮助幼儿观察和讨论画面内容，理解故事情节

的发展。

✳ 教师：刚刚我们认识了三只小猪，他们分别叫什么名字？

✳ 教师：三只小猪发生了什么事情呢？

✳ 教师：猪妈妈把三只小猪送到幼儿园，他们又会发生什么事情呢？

✳ 重点引导幼儿观察图画书的第2—3页、第8—9页，说说三只小猪在服饰装扮上有什么不同，怎么样判断猪小弟和猪小妹，帮助幼儿认识猪小弟和猪小妹的特征，并找一找其中有几只猪小弟和猪小妹。

**3. 幼儿自由翻阅图书。**

✳ 指导幼儿学会一页一页地翻阅图书，并引导幼儿注意观察封底的画面。

**4. 结束活动。**

✳ 教师：我们把这本好看的图书带回去和其他同伴们一起分享吧！

# （二）

### 活动目标

1. 学说打招呼的礼貌用语。
2. 养成勇敢、活泼的性格。
3. 树立热爱上幼儿园的情感。

### 活动准备

1. 小猪头饰（数目与幼儿人数相等）。
2. 《三只小猪上幼儿园》故事大书。

### 活动过程

**1. 回忆故事。**

✳ 教师：小猪们上幼儿园了，他们在幼儿园做了什么事呢？

✳ 出示故事大书，和幼儿一起寻找答案。

**2. 有礼貌的小猪。**

✳ 教师：妈妈送小猪来上幼儿园，到了幼儿园会见到谁呢？

✳ 教师：见到老师要怎么说呢？

✳ 教师：放学的时候要和老师说什么呢？

**3. 我们都来做有礼貌的小猪。**

✳ 给幼儿戴上小猪的头饰，请一位老师扮演小猪的妈妈。

✳ "猪妈妈"送"小猪"来上幼儿园，见了老师，和老师打招呼。"猪妈妈"根据幼儿的反应，决定是否给出示范。

**4. 表演活动。**

✳ 幼儿扮演小猪、猪妈妈和老师，引导幼儿说打招呼的礼貌用语。

# （三）

## 活动目标

1. 通过阅读图画书，熟悉故事内容。
2. 理解故事中三只小猪上幼儿园的情绪变化。
3. 懂得向他人表达自己的情绪。

## 活动准备

1. 与幼儿人数相等的表情娃娃（笑、哭、悲）脸谱。
2. 图画书《三只小猪上幼儿园》。

## 活动过程

**1. 引导幼儿回忆故事的内容。**

＊ 请幼儿说说三只小猪上幼儿园发生的事情，他们跟着老师、小猪们一起玩什么游戏，做什么活动。

＊ 借助图画书来引导幼儿回忆故事内容。

**2. 指导幼儿阅读图画书。**

＊ 引导幼儿以正确的阅读方式完整阅读图画书。

＊ 引导幼儿观察书中三只小猪的表情，用动作表情表现小猪们高兴和不高兴的样子。

**3. 和幼儿一起讨论。**

＊ 教师：三只小猪在幼儿园有哪些高兴和不高兴的事情呢？

＊ 引导幼儿用表情娃娃脸谱来表示，说到高兴的事就用"笑"的脸谱遮住自己的脸，不高兴的事情就拿"哭"的脸谱遮住自己的脸。

**4. 结合幼儿的生活经验，引导谈谈自己在幼儿园遇到开心和不开心的事情。**

＊ 请幼儿用手中的三种脸谱分别来表现自己在参与这些活动时的情绪，如"早上来园""晨间活动""上课""游戏""吃饭""午睡"等。

## 活动材料

中川李枝子/文，山协百合子/图，郑明进/译，《三只小猪上幼儿园》，南京师范大学出版社，2003。

## 活动分析

小朋友刚上幼儿园，第一次离开了熟悉的生活环境，第一次过上了集体生活，他们很不适应。

"三只小猪上幼儿园"是结合幼儿的实际情况展开的。它以三只小猪被妈妈带到幼儿园去产生的情绪变化展开故事，带领幼儿逐渐认识集体，走入集体生活，并渐渐地喜欢集体生活，在活动中渗入礼貌用语，如：老师早、老师好、老师再见等，培养幼儿在日常生活中使用一些常用礼貌用语，锻炼幼儿的语言能力。为了安抚幼儿的情绪，融入集体的快乐，教师在观察故事封面的时候运用指偶摆动引出三只小猪，增加幼儿对故事的兴趣，在活动中还让幼儿一起边讲故事边表演。故事语言生动，运用拟人、比喻等修辞手法，符合托班幼儿语言学习的特点，能够引发幼儿的学习兴趣，满足他们的学习需要。

活动结束，幼儿有很大变化：更加喜欢上幼儿园，并逐渐学会在讨论中与人交往，也通过自身生活经验知道怎样上幼儿园，在幼儿园里应该和其他小朋友一起游戏。幼儿从不认识到成为伙伴、朋友，初步学会了关心、安慰同伴，形成了一个温馨的集体氛围。

作　　者：张翠香
工作单位：广东省广州市桥育新幼儿园

# 好饿的小蛇

## 教学班级

小班

## 活动背景

小班幼儿最喜欢小动物。前段时间，我班开展了"动物是我的好朋友"主题活动，帮助幼儿了解许多有关动物特征与生活习性等方面的知识。另外，在前期开展的一些阅读活动中，我班幼儿非常喜欢阅读图书，但是在阅读习惯、读懂图意、理解故事情节上还存在一些困难，因此常常会拿着图书要求老师讲给他们听。为了让幼儿逐步学会自主阅读，我选择了一个画面简洁、重点突出、情节有趣并且具有一定重复性的故事作为本次阅读活动的材料，希望通过多种多样的方法和手段调动幼儿多种感官参与阅读，多渠道提高幼儿理解和表达的能力，激发幼儿阅读的兴趣，培养良好的阅读习惯。

### （一）

## 活动目标

1. 观察画面，理解内容，乐意用语言及多种方式表现故事情节。
2. 学会逐页翻看图书。

## 活动准备

1. 根据图书内容自制幻灯片。
2. 《好饿的小蛇》教学大书。
3. 图画书《好饿的小蛇》人手一本。
4. 菠萝、葡萄、苹果树图片。
5. 角色对话录音。

## 活动过程

**1. 与幼儿欣赏大书，引导幼儿理解"第一天"和"第二天"的故事情节。**

﹡ 教师：图书的封面上有什么？引导幼儿观察封面上的小蛇。

﹡ 用谈话的方式引导幼儿观察画面，理解前两天的故事情节，鼓励幼儿用自己的语言表达，并学说小蛇的角色语言。

﹡ 教师：好饿的小蛇在哪儿散步？它是怎么散步的？

✳ 教师：好饿的小蛇发现了什么？想干什么？肚子发生了什么变化？

**2. 引导幼儿自主阅读图画书，通过观察画面理解书中的情节，并愿意边看边讲。**

✳ 引导幼儿找到图书封面，将书正置在面前。

✳ 带领幼儿边看边讲"前两天"的故事情节，指导幼儿学习一页一页地翻看。

✳ 用对话的方式，引导幼儿观察理解书中"第三天"的故事情节，并鼓励幼儿用自己的语言讲一讲。

✳ 幼儿自主阅读"第四天"至"第六天"的故事情节，鼓励幼儿边看边讲。教师关注幼儿正确翻看图书及理解图意的情况，给予个别指导。

✳ 用对话的方式引导幼儿观察书的封底，并将看完的书收好。

**3. 共同欣赏幻灯片，进一步体验有趣的故事情节。**

✳ 鼓励幼儿跟随画面边看边讲，并配以象声词和动作表现自己对情节的理解。

✳ 教师：小蛇吃饱了吗？树林里少了什么？苹果树到哪儿去了？

**4. 鼓励幼儿用动作学"吃饱的小蛇"的样子。**

# （二）

## 活动目标

1. 按照故事内容进行配对，尝试复述故事。
2. 表演故事内容。

## 活动准备

1. 《好饿的小蛇》幻灯片。
2. 故事中六种食物的图片，"第一天"至"第六天"六张字卡。

## 活动过程

**1. 回忆故事。**

✳ 观看幻灯片，回忆故事内容。

✳ 请幼儿说说小蛇吃了哪些东西。

**2. 配对游戏。**

✳ 出示故事中出现的六种食物，以及"第一天"至"第六天"六张字卡。

✳ 配对游戏：把食物和字卡正确配对。

✳ 请幼儿以配对游戏为线索，尝试复述故事。

**3. 角色表演故事。**

✳ 教师用音乐、游戏材料营造表演情景，引导幼儿积极愉悦地参与表演。

✳ 鼓励幼儿用语言、动作大胆形象地再现故事情节。

## 活动建议

1. 亲子共读《好饿的小蛇》。

2. 表演区投放小蛇头饰与故事录音，为幼儿提供表演故事情境的材料与环境。

## 活动材料

[日]宫西达也/文、图，彭懿/译，《好饿的小蛇》，二十一世纪出版社，2007。

## 活动分析

兴趣是幼儿学习的动力，如何抓住幼儿的兴趣，促进他们在看懂图意、用正确的方法阅读图书，愿意用自己的语言和动作表达表现故事情节上往前迈一步，是我希望通过本次教学活动实现的想法。

1. 让教学环节的层层递进为幼儿学习阅读、理解情节服务。

本次活动包括四个主要环节：在教师的带领下看大书、幼儿自主阅读小书、表演部分情节、欣赏幻灯片。具体来说，首先让儿童一页一页翻看图书，并初步理解故事的情节；然后把书中更多的内容留给了儿童自主阅读；表演部分让儿童通过多种感官的参与进一步理解有趣的故事情节；最后，观看这本书的幻灯片，再一次感受着这本书带来的愉悦。

2. 把握好本次教学活动的重点，给予幼儿充分地看图书、讲图书的机会。

幼儿自主阅读小书环节是教学重点。在这个环节中，我首先让幼儿找到书的封面，跟讲看大书时已经讲过的情节，然后将书中余下的内容留给幼儿独立阅读，最后带着对封底上那条"吃饱以后呼呼大睡的小蛇"的关注，合上图书，让幼儿体会完整地阅读一本书的感受。

3. 分析每一个教学环节的重难点，结合小班幼儿的学习方式，引领幼儿参与活动。

这本书与许多书的翻阅习惯都不一样，是从左往右翻。但是小班幼儿不可能通过讲解明白这本书的翻看顺序，于是我选择了认识封面、找封面等方式帮助幼儿了解这本书从哪儿看起。

作　　者：罗怡
工作单位：四川省成都市市级机关第二幼儿园

# 给大象穿裤子

## 教学班级

小班

## 活动背景

　　幼儿都喜欢动物，把动物作为自己的好朋友。当他们沉迷于扮演动物角色的游戏时，幼儿的情感也常常与动物角色同化，仿佛小动物就是自己身边的小玩伴，因此"给大象穿裤子"这一在成人眼中不可思议的事情，在充满童真的幼儿眼中，是再自然不过的事情。给没穿过裤子的大象穿条什么裤子呢？穿上裤子后的大象又像什么？这正符合幼儿喜欢想象、充满好奇的心理特点。因此，我将活动的重点放到了"想象"和"创编"上，让幼儿在过程中充分发挥自己的观察力，并用语言表述出来，为幼儿创设轻松幽默的氛围，在感受故事后让幼儿亲手为大象设计裤子，更大程度上满足幼儿的心理需求，最终为幼儿插上想象的翅膀，为其提供无限的想象空间。

## （一）

## 活动目标

　　1. 大胆讲述故事。
　　2. 感受作品中奇特的想象。
　　3. 创编故事，体验创编的快乐。

## 活动准备

　　1. 故事大书《给大象穿裤子》。
　　2. 与故事相关的物品图片（大象、毛茸茸的棕色裤、五彩缤纷的格子裤、绿色的条纹裤、红色的斑点裤、闪闪亮的金色裤等）。
　　3. 根据图书自制幻灯片。

## 活动过程

### 1. 活动导入。

＊ 教师：今天，老师带来了一个有趣的故事。故事里有一个可爱的小动物，你们看它是谁？出示大图书，请幼儿看第一页来猜一猜它是谁，是从哪看出来的。
＊ 教师：小朋友们都要和这只小象做游戏，可是它没有穿裤子，所以在害羞呢。

你们希望它们走吗？那我们怎么办才能让小象留下呢？

∗ 教师：如果你给大象穿裤子，你想给它穿什么裤子呢？

∗ 教师：给大象穿这些不同的裤子，它一定会非常高兴。下面请听故事《给大象穿裤子》。

**2. 阅读理解故事。**

∗ 观看幻灯片前半部分。

∗ 教师：大象穿上毛茸茸的裤子，变成了熊。穿上了彩色裤，它觉得自己像马戏团的小丑！穿上绿条纹裤，它觉得像西瓜啊！出示圆形面板，边讲述边按照以大象为圆心向周围发散的射线形路线贴上不同图片。

∗ 想象故事后半部分情节。

∗ 教师：这可是一只非常特别的大象，它穿上不同的裤子，就会觉得自己变成不同的东西呢！

∗ 教师：大象穿上了毛茸茸的棕色裤像小熊、五彩缤纷的格子裤像小丑、绿色的条纹裤像西瓜。它穿的裤子真不少！你们猜猜，接下来大象还想穿什么样的裤子呢？

∗ 理解故事后半段。

∗ 教师：大象究竟又穿了什么裤子，变成了什么呢？把瓢虫图片贴在黑板上，请幼儿想象，大象穿了什么样的裤子。

∗ 教师：大象为什么变成了一只瓢虫？它穿了什么样的裤子？大象穿上了红色的斑点裤，它觉得自己怎么样呢？

∗ 教师：大象变成了金项链！它又穿上了什么裤子呢？

∗ 欣赏完整情节。

# （二）

## 活动目标

1. 大胆表达自己最喜欢的图页。
2. 尝试制作自己的故事书。

## 活动准备

1. "故事转盘"和各种不同的裤子图片（如背带裤、灯笼裤、细腿裤等）。
2. 绘画工具。

## 活动过程

**1. 回忆故事内容。**

∗ 出示故事大书，一起阅读。

∗ 幼儿独自阅读图画书，和同伴分享自己最喜欢的图页。

**2. 分组操作。**

✳ 幼儿分为四小组。其中的两组每人准备一张大象转盘，请幼儿为大象穿上不同的裤子；另外两组自由设计创作，并将完成的作品贴在各组的黑板上，分组讲一讲自己的设计与构想。

✳ 将各组幼儿的作品装订成书，写上作者，激发幼儿的自豪感。

## 活动建议

1. 把幼儿制作的小图书投入语言区，延续活动。

2. 将大象穿空白裤子的图片投入美工区，幼儿可以自行选择材料进行操作，提高幼儿的审美能力与想象力。

## 活动材料

张明红、王雯/主编，《给大象穿裤子》，选自《分级阅读·第 3 级》，武汉出版社，2007。

## 附　　录

### 幼儿作品展示

## 活动分析

幼儿能在故事中获得什么经验？我又获得了什么？这两个问题不断在我脑海中出现。在反思中，我意识到：一定要尽量体验作品的幽默风格。因此在教学的第二个环节，我把重点放在引导幼儿理解作品特点上，利用故事面板，随着情节的推进，慢慢呈现不同的裤子图片等，用箭头逐一连接，最后故事在面板上留下了"轨迹"，向幼儿暗示了作品的特点。其实，这个故事的特别之处正在于它散发的奇特想象力。

在故事中，我不断提问幼儿：大象穿上这条裤子像什么？还想为大象穿上什么样的裤子？但这却忽略了深层发掘问题后面的深层精髓：为什么会有这种想法？这样无形当中将幼儿的想象阻挡在了一个较浅的层面上。因此在下一次活动中，教师还可以将提问对下一环节的引导作用作为重点来思考。

作　　者：张殊娅
工作单位：河北省石家庄外国语小学附属双语幼儿园

# 蜘蛛先生要搬家

## 教学班级

大班

## 活动背景

在一次认识昆虫的活动中，我请幼儿回家收集有关昆虫的图片。没过几天，幼儿就带来了各种各样的昆虫图片，其中有一张图片是蜘蛛，引发了幼儿的讨论："蜘蛛是昆虫吗?"有的幼儿说："它有六条腿，是昆虫。"有的幼儿说："它没有触角，没有翅膀，不是昆虫。"针对幼儿的表现和反映，我没有及时回答他们的问题，而只是提出了一个小小的建议："小朋友你们不能确定蜘蛛到底是不是昆虫，是因为你们对蜘蛛没有很深的了解和认识。如果你们去观察了它、了解了它、认识了它，那你们就会找到答案的。你们愿意去认识它吗?"孩子们回答："愿意。"

结合幼儿的兴趣，接下来我和幼儿准备收集有关蜘蛛的许多资料。而我除了收集有关蜘蛛的科学性知识外，还为幼儿找到了《蜘蛛先生要搬家》一书，希望帮助幼儿更深刻了解蜘蛛的一些习性特征，将幼儿对蜘蛛的兴趣进行延续，从而有持续探索的愿望。

我班幼儿虽说是大班年龄的幼儿，但在阅读方面的能力还不是很强，主要因为他们从小班到现在没有系统地接受过早期阅读，只有语言教学的活动中对阅读有很少接触，再加上阅读书籍的有限性，我们开展阅读活动有一定的困难，以往阅读的教学行为常常是发生在区角活动的个别指导和家庭教育。因此，我班幼儿的阅读水平有很大差异，我也希望孩子们有享受阅读的权利，希望通过阅读活动，促进幼儿口语发展，提高幼儿主动学习的兴趣，发展幼儿良好的个性品质。

（一）

## 活动目标

1. 仔细观察画面，自主阅读图画书。
2. 从阅读中寻找问题的答案。
3. 用自己的方式绘制路线图。

## 活动准备

1. 观察了解过蜘蛛的外形特征与织网生存环境。
2. 自制没有文字的大图书一本，幼儿每人一本图书《蜘蛛先生要搬家》。

3. 蜘蛛结网图，两个小朋友的手偶。

## 活动过程

**1. 和幼儿一起阅读图画书。**

❋ 教师（出示蜘蛛结网图）：这是谁的家呀？

❋ 教师（出示无字大书的封面）：今天我把蜘蛛请到了我们身边。瞧！请你们从头到脚、从左到右认真看一看，这只蜘蛛是先生还是小姐，为什么？它的样子有什么特别的地方？

**2. 以手偶对话的方式，引发幼儿阅读图书的兴趣。**

❋ 手偶（男）问："喂，你说谁呀？"

❋ 手偶（女）答："我说蜘蛛先生啊！"

❋ 手偶（男）问："蜘蛛先生怎么了？"

❋ 手偶（女）答："蛛蛛先生要搬家了，这本大书里全都说了，小朋友看看吧。"

**3. 和幼儿一起完整阅读图画大书。**

**4. 提出阅读要求，幼儿带着问题有目的地自主阅读。**

❋ 给幼儿每人一本图画书。

❋ 提出问题，请幼儿带着问题去阅读图画书。

❋ 教师：蜘蛛先生为什么要搬家？蜘蛛先生什么时候搬？怎么搬？它经过了哪些地方？

❋ 阅读结束后，请幼儿自由回答问题。

❋ 继续提出新的问题，请幼儿去图画书中寻找答案（根据幼儿的阅读经验，可以分组进行，每组完成一到两个问题）。

❋ 教师：蜘蛛先生能找到建新家的地方吗？在什么地方？

❋ 教师：蜘蛛先生用什么造它的房子呢？蜘蛛先生是怎样造的？会成功吗？

**5. 绘制蜘蛛先生搬家的路线图。**

❋ 幼儿分组，讨论并按照自己的方式绘制蜘蛛先生搬家路线图。

❋ 展示幼儿绘制的路线图，并请幼儿上台讲述。

# （二）

## 活动目标

1. 感知体验故事的问答式结构。
2. 学习使用问答式结构讲述故事。

## 活动准备

1. 故事大书《蜘蛛先生要搬家》。
2. 图画书人手一本。
3. 手偶玩具。

## 活动目标

**1. 回忆故事。**

✴ 两人一起阅读图书，一边看一边讨论。

✴ 教师：你发现了书中什么很有趣？你看懂了哪些图？它们表示什么意思？请你讲给大家听。

✴ 教师：你有什么问题可以向大家提？

**2. 师幼以问答形式共同阅读大图书。**

✴ 教师：我们来看书的第2－3页，故事里面讲的是谁呀？幼儿在观察画面的基础上根据画面内容进行回答，不用限定幼儿一定要按照书上的内容回答。

✴ 教师：蜘蛛先生怎么啦？你从哪里看出来的？它的房子怎么了？引导幼儿观察蜘蛛先生的表情是忧虑、担心。

✴ 教师：蜘蛛先生为什么要搬家？引导幼儿观察是和扫把小姐的裙子缠在了一起，观察为什么说是位小姐，及其蜘蛛先生和扫把小姐挤在一起的痛苦表情。

✴ 教师：现在蜘蛛先生的表情又是怎样？你来猜猜他为什么这么开心？

✴ 教师：蜘蛛先生是什么时候搬家的？怎么搬？

✴ 教师：开始他来到什么地方？有没有找到家？爬到屋顶以后还继续搬家吗？怎么搬？蜘蛛先生搬家经过了哪些地方？引导幼儿观察画面了解蜘蛛先生搬家的路线。

✴ 教师：蜘蛛先生找到盖房子的地方了吗？在哪里？用什么盖房子呢？他吐出的丝是什么样的？

✴ 教师：蜘蛛先生对自己的新房子满意吗？为什么？那他现在的表情是什么样的？他为什么很开心呢？

**3. 幼儿两人结伴，再次自由讲述。**

✴ 幼儿两两结伴，用自己的语言讲述故事给同伴听。在倾听别人讲述后，听者可以进行提问，让说故事者进行解答。

✴ 用一问一答的方式共同进行故事的讲述，允许幼儿讲的和书上有差别。

✴ 鼓励幼儿两人一组结伴在集体面前讲述。

**4. 利用手偶一问一答，完整讲述故事。**

✴ 教师：这个故事和我们以前的故事有什么不同？

✴ 教师：你们讲的和老师讲的是不是一样？

✴ 请幼儿根据自己对故事的理解进行提问。

**5. 幼儿自由讨论，续编故事。**

✴ 教师：蜘蛛先生以后会再搬家吗？我不知道，你们认为呢？为什么？鼓励幼儿续编故事情节，结束活动。

# （三）

## 活动目标

1. 了解蜘蛛的生活特性，产生对科学活动的好奇心和探索欲。
2. 初步了解蜘蛛的捕食及蜘蛛网的形成过程。

## 活动准备

1. 收集有关蜘蛛的图片资料，了解蜘蛛的生活习性和蜘蛛网的形成。
2. 在自己生活的地方寻找蜘蛛网，观察蜘蛛的捕食过程。
3. 蜘蛛的标本，蜘蛛和蜘蛛网的图片，关于蜘蛛活动的影像。

## 活动过程

### 1. 谈话。

✳ 教师：在上次"蜘蛛先生要搬家"的活动中，你们都见过蜘蛛了，它长得什么样子？

### 2. 出示蜘蛛标本，请幼儿分组观察蜘蛛。

✳ 教师：看看蜘蛛的身体上有什么？
✳ 教师：蜘蛛的头上有几只眼睛？
✳ 教师：蜘蛛有几条腿？

### 3. 幼儿自由相互讨论、提问并解答。

✳ 教师：小朋友在家都收集了资料，我们也阅读了"蜘蛛先生要搬家"的图书，小朋友有好多有关蜘蛛的问题，现在你就可以问问你的小伙伴或者老师，听听他们是怎么解答的，好吗？

### 4. 引导幼儿进一步了解蜘蛛。

✳ 教师：现在我们来看看蜘蛛的动画片，听一听科学家是怎么介绍蜘蛛的。
✳ 教师：刚才在动画片里我们看到听到蜘蛛喜欢生活在什么地方？
✳ 教师：蜘蛛喜欢吃什么？
✳ 教师：蜘蛛为什么要结网？蜘蛛网有什么用？蜘蛛是怎样结网的？
✳ 教师：当蜘蛛饿了的时候，它怎样才能吃到食物？蜘蛛是怎样捕食的？
✳ 教师：蜘蛛的丝是怎样吐出来的？（针对兴趣点"蜘蛛的丝是从哪里来的？"）
✳ 教师小结：在蜘蛛的屁股末端，有几对"小型纺织器"，蜘蛛丝就是从那里"加工"后，从小孔里流出来的。蜘蛛丝的主要成分是蛋白质，它和蚕的丝一样。黏液刚刚流出来时，还是一种黏乎乎的"胶水儿"，但当它一接触到空气，就变成硬的了。这就是我们所说的蜘蛛丝了。

### 5. 教师小结。

✳ 教师：蜘蛛是一种卵生动物，它喜欢吃昆虫，它的身体上有头、胸、腹。头上有八只眼睛，也有的蜘蛛有六只、四只、两只眼睛的。蜘蛛有八条腿，腿上有毛。它喜欢生活在土中、树上、草间、石下、洞穴、水边、低洼地、灌木丛、房屋的墙角等地方。蜘蛛非常能干，常常自己捕食食物，它会自己织蜘蛛网，利用蜘蛛网的黏性来捕捉食物。

## 活动建议

**活动延伸** （1）和幼儿在户外寻找蜘蛛网并观察蜘蛛织网捕食的过程。（2）在活动区里，提供纸、笔及一些废旧物品，如：泡沫板、毛线等，供幼儿制作蜘蛛网。

# （四）

## 活动目标

1. 产生对线组成的蜘蛛网的兴趣。
2. 尝试用不同的材料织蜘蛛网。
3. 用自己的方式记录编制程序。

## 活动准备

蜘蛛胸饰若干个，各种毛线，废旧纱窗网，布带，丝线，塑料带，有孔的篮子，纸盒等。

## 活动过程

**1. 参与"走钢丝"游戏，激发幼儿参与活动的兴趣。**

＊"小蜘蛛"跟着妈妈，边念儿歌边"走钢丝"路：小蜘蛛，走钢丝；走来走去真自如；掉下来，别着急；嘴里咬根保险丝。

**2. 学习蜘蛛织网的方法。**

＊ 教师：看，这是什么呀？这是我们蜘蛛织的网，织网是我们最大的本领。小朋友看看这些网是用什么织出来的？运用了哪些材料？

＊ 教师：谁来说给大家听？

＊ 教师：小朋友看，这里还有不同的蜘蛛网，快来看！猜猜看，这张网是怎样织出来的？

＊ 教师：哇，这里还有不同的蜘蛛网！这又是怎样织的呢？

**3. 幼儿操作，教师观察指导。**

＊ 向幼儿介绍材料，提出编织要求。

＊ 教师：我们蜘蛛的本领真大，会织这么多不同的网，我们也来织一张网吧，你想把蜘蛛网要织得密密的还是疏疏的？是什么形状的？为什么？

＊ 教师：这里有好多材料，你们自己去选几样织，也可以两三个好朋友一起织一个大网，比一比谁织的网又密又结实，形状又有特色。

＊ 幼儿自由选材料操作，教师个别指导，鼓励幼儿发挥创造，编出形态各异的蜘蛛网。

**4. 记录自己的编织材料和编织程序。**

＊ 请幼儿把自己选择的编织材料和编织程序记录下来。

＊ 把记录和作品贴在一起，进行展示。

### 活动材料

汪敏兰/文，赵国宗/图，《蜘蛛先生要搬家》，南京师范大学出版社，2003。

### 活动分析

　　我认为，早期阅读活动不是一种纯粹的学习书面语言的活动，因而在开展活动时注意将早期阅读活动与其他方面的活动有机地结合在一起，目的在于帮助幼儿进行不同经验的相互转换，引导幼儿将阅读经验迁移于其他活动中，发展幼儿的创造性思维。我班虽然收集了许多幼儿感兴趣的图书，但活动区游戏时都少有人选择，选择的幼儿持续性不够，幼儿对书很难产生浓厚的兴趣。针对这些情况，我设计了本系列教学活动。

　　《蜘蛛先生要搬家》一书非常符合我班幼儿的心理特点。幼儿对世界上的事物都很好奇，探索欲强烈，总是问个不停。而《蜘蛛先生要搬家》用问和答的方式构成故事，非常适合幼儿的阅读需要和特点。只要是感兴趣的事物，他们会向你提出许多的问题。如在阅读活动中，幼儿问到："蜘蛛为什么会吐丝？蜘蛛是怎样结网的？为什么蜘蛛总是在网上爬个不停？蜘蛛网会像房子一样避雨吗？为什么蜘蛛网会把房子连起来？……"幼儿在自由阅读的环节中谈论得热火朝天，意犹未尽。而产生的许多答案整理连续起来，就是一个非常生动有趣的故事。有的答案是可以解决上述问题的，有的则会更深入引发我们的探索与思考，让我们有新的发现。因此在阅读活动后，我们又开展了有关蜘蛛的系列活动。

　　在活动中，以下两方面还可以做进一步完善：

　　1. 在活动中可以为幼儿准备些蜘蛛生活的背景图示（房顶、大树、电线杆、窗户边、楼房等）和蜘蛛的图片。利用复合片的原理，让幼儿自己选择场景，按情景讲述心中构思的故事。幼儿在灵活的组图讲述中能动手、动脑和动口，激发幼儿兴趣，促进了幼儿大脑语言中枢和思维中枢的同步协调发展。

　　2. 幼儿自由阅读和讲述的时间可以加长一些。要放手让幼儿在有限的时间和空间里，自己质疑解疑。提出问题的过程就是积极思维的结果。问题意识是思维的起点。只有当个体思维活动感到自己总要问个"为什么""是什么""怎么办"的时候，思维才算真正地得到启动，是进行阅读反思的开始。

**作　　者：**甘立锐　周静

**工作单位：**重庆市第三军医大学西南医院幼儿园

# 大声回答"哎"

## 教学班级

托班

## 活动背景

随着托班幼儿逐渐适应幼儿园生活，他们的情绪逐渐变得平稳而愉悦。而2—3岁的幼儿又处于秩序发展的敏感期，各种行为习惯日渐养成，礼貌教育在他们的生活中开始占据重要地位。班级活动要有意识培养他们的良好一日生活习惯。同时，他们的语言刚刚开始发展，模仿性非常强，语言学习也是这个年龄段发展的重要任务，但我们发现有时候在叫名字的时候，他们即使听见也不能很好地回应，要么无动于衷地站着，要么看着教师，不知道应该怎么回答。出于以上两方面原因，我们在图书区投放了"小熊宝宝"绘本《大声回答"哎"》。这本小巧玲珑、短小精悍、画面单纯、故事情节简单的图书非常适合托班幼儿阅读。

## （一）

## 活动目标

1. 有顺序地阅读图画书。
2. 基本能理解故事情节。

## 活动准备

1. 小熊、小老鼠、小企鹅、小兔子、小猪的手偶各一个，漂亮的大盒子（样子与图画书上的动物有区别）。
2. 图画书《大声回答"哎"》。

## 活动过程

**1. 活动导入。**

✳ 出示图画书，和幼儿一起来进行封面阅读。

✳ 教师：这是谁呀？你们看这个小熊的嘴巴是什么样子的？

**2. 阅读图画书。**

✳ 和幼儿一起完整地阅读图画书。

✳ 和幼儿讨论故事内容。

✳ 教师：图画书中出现了哪些小动物？他们都会说什么？

### 3. 手偶表演故事。

✳ 出示小熊手偶，让幼儿熟悉小熊，介绍其他动物。

✳ 所有手偶都"躲"在盒子里边，然后依次从中拿出一个，每拿出一个小手偶，教师用神秘的声音加上生动的表情问："你们看，这是谁？"

✳ 以手偶的口吻示范点名游戏，动物的点名顺序和书中各种动物出场顺序一样。

✳ 现场练习回答"哎"，帮助幼儿建立起对呼唤应答的动作行为反应。

# （二）

## 活动目标

1. 学习礼貌回答别人对自己的呼叫并逐渐形成习惯。
2. 自主阅读图画书。

## 活动准备

1. 图画书《大声回答"哎"》。
2. 动物头饰。

## 活动过程

### 1. 回忆故事内容。

✳ 出示图画书，和幼儿谈论故事内容。

✳ 教师：故事的名字叫什么？

✳ 教师：故事中有哪几个小动物？

✳ 教师：他们有礼貌吗？

### 2. 故事表演。

✳ 请幼儿选择自己喜欢的小动物，把头饰戴好。

✳ 大家一起来表演故事，看谁回答的声音最响亮。

### 3. 我也会说"哎"。

✳ 教师喊幼儿的名字，引导幼儿大声回答"哎"。

✳ 请幼儿喊自己朋友的名字。

## 活动建议

**活动延伸**　将书重新放入图书区，幼儿可以在自由活动时间或者家长接送孩子的时间阅读。

## 活动材料

［日］佐佐木洋子/文、图，蒲蒲兰/译，《大声回答"哎"》，连环画出版社，2007。

## 活动分析

活动结束之后，幼儿经常会自己翻阅《大声回答"哎"》这本书，然后自己讲故事讲得趣味盎然。特别有意思的是，有一天小荷的妈妈来接小荷，小荷要求妈妈讲这本书，然后妈妈叫一声小动物的名字，小荷用非常响亮的声音回答："哎！"引得小荷妈妈连连发出惊叹。这次活动后，每当叫名字的时候，幼儿都用非常响亮的声音回答，甚至连平时最为害羞的幼儿也开始用响亮声音答应。

对这么小的孩子来说，反复正强化和刺激能够让幼儿形成一定习惯，而榜样的力量也是无穷的，幼儿在这个过程中开始了观察学习历程。礼貌来源于榜样的示范和周围成人的正向强化。就是这样的环境，这群孩子开始了社会化过程，变成了一个个有礼貌的孩子。书籍和故事表演相结合，重复场景在同一个时间段反复出现，更强化了幼儿对某个行为的接受和认同，让幼儿很快建立了行为模式。

对托班幼儿来说，建立某个习惯只凭说教可能会取得一定的效果，但是如果能够用更加生动形象的方式让自己体验到某种行为的乐趣，那么建立某种行为的主动性会很快被调动起来。故事表演和书本呼应让幼儿能够更快地理解图书，从而让他们更喜欢读书，而读书反过来又强化某种行为的发展。

作　　者：崔艳丽
工作单位：北京师范大学附属实验幼儿园

# 丑小鸭

## 教学班级

大班

## 活动背景

我园在"十一五"探究学习中引入了美国李普曼创建的"儿童哲学"观点，具体特质表现为："爱智慧"、哲学的探询过程、乐于思考敢于辨析、产生精彩观点等。阅读活动《丑小鸭》就是运用"儿童哲学"理念设计并组织的一次尝试。

之所以选择《丑小鸭》是因为：第一，该经典作品渗透了作者的艰辛、智慧、热情和希望，伴随了一代代人的成长并启迪心扉。第二，我们通过运用"儿童哲学"理念反复研究与分析，发现可以从中挖掘出有别于传统式的提问，以新视角引发幼儿基于生活经验上的思考甚至质疑；搭建对话平台，创设类似于"头脑风暴"的讨论情景以激活幼儿思维；注意培养幼儿良好的人生态度，呵护并激发幼儿生命的活力，从而让这个经典之作重新焕发迷人的光彩。第三，随着大班幼儿自我意识的发展、生活经验的积累，他们开始对事物有了自己的认识，语言表达能力也有所增强；加之通过小中班学习，已具备了初步的阅读技能并积累相关经验。所以，在《丑小鸭》的系列阅读活动中，无论是图书阅读、讨论辨析，还是自制图书，幼儿都能积极主动地参加、愉快大胆地表现，特别对故事情节的发展、矛盾冲突的发生、人物经历的变化等表现出浓厚的兴趣和探究的欲望。

## （一）

## 活动目标

1. 仔细观察画面，大胆地用流畅完整的语句进行表述。
2. 理解故事内容，了解人物特点并感受其内心世界。
3. 能认真翻阅图书，并通过复述故事，对故事有所体会。

## 活动准备

1. 图画书《丑小鸭》人手一本。
2. 黑板、夹子。
3. 录音机、《丑小鸭》儿歌磁带。
4. 《丑小鸭》教学大书。

## 活动过程

**1. 播放《丑小鸭》歌曲，出示大书封面，引起幼儿兴趣。**

* 教师：它是谁？你觉得它是怎样的？
* 教师：今天要讲一个关于"丑小鸭"的故事。

**2. 集体阅读大书《丑小鸭》。**

* 教师：翻开这一页，你有什么感受？说一说原因。猜猜鸭妈妈此时心里高兴吗？为什么？说说你看到的图中那些小鸭是怎样的呢？
* 教师：你看到了什么？感觉怎么样？画面中的鸭子们在干什么？说些什么呢？你觉得鸭妈妈会喜欢这只丑小鸭吗？为什么？
* 教师：你觉得小鸭们快乐吗？你是怎么知道的？你觉得丑小鸭快乐吗？为什么？如果你是那只被大家欺负的丑小鸭，你会怎么样呢？
* 教师：丑小鸭为什么哭了？它要去哪里？猜猜丑小鸭可能会遇到哪些情况呢？
* 教师：发生了什么事？丑小鸭该怎么办？
* 教师：丑小鸭又来到了哪儿？有谁？丑小鸭是受欢迎的吗？鸡和猫喜欢丑小鸭吗？你是怎样知道的？
* 教师：丑小鸭在湖边看见了谁？它们长得怎么样？为什么丑小鸭要眼巴巴地望着那些白天鹅？你认为此时丑小鸭心里在想什么呢？丑小鸭为什么一直在湖中游泳？
* 教师：什么季节到了？你怎么知道？丑小鸭怎么了？有人会救它吗？
* 教师：丑小鸭在谁的家里？发生了什么事？农妇为什么生气地追打丑小鸭？丑小鸭心里是怎样的？
* 教师：丑小鸭是怎样过冬的？如果你是它，你希望得到怎样的帮助呢？
* 教师：在这一页中，你看到了什么？有什么感受？为什么没有丑小鸭了而是一只白天鹅？你觉得它看上去怎么样？那些孩子们喜欢这只白天鹅吗？你是怎么知道的？你喜欢它吗？为什么？

**3. 教师完整连贯地讲述故事。**

**4. 幼儿自主阅读图书，鼓励幼儿自由大胆地谈论交流自己对故事的认识与感受。**

# （二）

## 活动目标

1. 学习从不同角度积极思考问题，大胆表达自己真实的想法与观点，敢于辨析。
2. 认真倾听同伴发言，理解并尊重他人意见，分享不同的观点。

## 活动准备

1. 故事《丑小鸭》幻灯片。
2. 幼儿围坐在教师跟前。

## 活动过程

**1. 共同回忆故事情节。**

❋ 引发幼儿认真倾听故事的兴趣。

❋ 播放幻灯片，教师声情并茂地讲述故事。

**2. 展开对话与辩论，鼓励幼儿大胆表述自己真实想法并辨析。**

❋ 教师：丑小鸭为什么要独自离家出走？

❋ 教师：丑小鸭走后，鸭妈妈会怎么样呢？

❋ 教师：丑小鸭在家里和在外面都遇到了很多欺负笑它的人，你认为他们算不算坏人呢？为什么？

❋ 教师：如果你是丑小鸭你会离家出走吗？

❋ 教师：最后丑小鸭变成了美丽的白天鹅，它展翅高飞，你认为它会回去看鸭妈妈吗？为什么？

❋ 请幼儿按照自己的想法调换座位分成两组，形成"正反方"。

❋ 鼓励支持双方幼儿各自大胆发表意见、观点并辨析；教师适当回应、与幼儿对话。

**3. 鼓励引导幼儿自我评价。**

❋ 教师：丑小鸭认识了自己，发现自己是美丽的，那老师想听听小朋友对自己的看法，你认为你是一个怎样的孩子呢？

❋ 教师：其实我们每个小朋友都像丑小鸭一样，在成长的过程中总会遇到很多困难和问题。当我们遇到这些困难和问题的时候，应该多想想自己该怎么办，说话做事时多想想别人的感受，这样我们才能一天天懂事长大，最终变成一只美丽的白天鹅！

## 活动建议

1. 围绕"生活中的变化"，积极愉快自制《你看你看——它在变》的主题图书并大胆展示交流，在分享中学习"用发现的眼光去看待生活"。

2. 拓展游戏：(1) 歌表演《丑小鸭》：在户外感受寒风，想象"我无家可归，我只能……"(2) 户外活动《打野鸭》：捡落叶铺满一小块"自己的地盘"，打扮自己并大声说："我就是我！我是一个……的孩子，大家喜欢我吗？"(3) 绘画：画母鸭和小鸭在戏水、捉鱼；画一只"丑小鸭"和"丑小鸡"；画田野和湖泊、大风和落叶、蓝天和天鹅；画可爱的自己、幸福的"全家福"；画表情脸：高兴、难过、气愤、害怕。

## 活动材料

［丹麦］安徒生/文，《海豚童话：丑小鸭》，北京少年儿童出版社，2004。

## 活动分析

阅读活动《丑小鸭》具有"儿童哲学"的独特视角，因此也就凸显了教师和幼儿双方的智慧。教师的智慧表现在提问的设计上，并不是故事中的每一个情节都值得生成提问。我们通过分析与判断，以"丑小鸭的离家出走"这个幼儿既有一些经验又经验不足的话题为起点，选择了四种类型的提问：①基于不同角色的换位思考型问题；②基于矛盾冲突的问题；③基于儿童生活经验与感受的问题；④带有关怀性思考的问题。这样环环相扣形成了一个问题的情景，让幼儿与同伴、与教师之间产生更多的思维碰撞和思想交流。同时，教师的智慧还表现在教育机智上，如：回应幼儿中反问"那它又算不算好人"，及时捕捉到值得跟进的点，让幼儿对问题有深入的思考。儿童的智慧则表现在积极思考、大胆回答并敢于辨析上。在这样一个过程中，每个成员都贡献着自己的智慧，发出更多的"原声音"。各自不同的答案有助于幼儿从另外的角度思考整理自己的经验，学习在自我表达的同时倾听尊重他人的意见，分享不同观点。

作　　者：王飏
工作单位：四川省成都市青羊区第五幼儿园

# 花格子大象艾玛

## 教学班级

大班

## 活动背景

在大班上学期主题活动"特别的我"开展过程中，幼儿逐渐认识又熟悉又陌生的"我"，也就是自己。"我和别人哪里不一样""我为什么与别人不一样"，是他们最喜欢问的问题。随着活动的不断深入，幼儿对自己、对班级同伴、对班级里群体产生了浓厚的兴趣，对各不相同的小朋友在同一个班集体的日常生活以及大家各不相同的行为表现也开始产生探究兴趣。

《花格子大象艾玛》是一个活泼、风趣、美妙的图画故事，讲述了一只独特的大象与众多大象之间友好相处、快乐生活的情景。故事令人轻松愉快，可以让幼儿通过阅读充分体验、感受故事里的热情、欢快、温暖的情感。这种感觉也正是幼儿此刻正逐渐建立起来的、关于"我"在集体中生活所需要的美好情感。

所以，借助这个读本，我们设计了一系列早期阅读活动，试图引导幼儿通过运用语言、绘画、动作等形式创造性表现自己的理解，开展语言、艺术有机结合的渗透性教育活动，使幼儿获得多方面的发展。

## （一）

## 活动目标

1. 初步看懂画面，感受故事的有趣情节。
2. 大胆想象、猜测，并讲述自己对画面理解。

## 活动准备

1. 大图书《花格子大象艾玛》。
2. 小图书《花格子大象艾玛》每人一本。

## 活动过程

### 1. 谈话导入。

＊ 教师：你们见过大象吗？你见过的大象是什么样子的？

＊ 教师：如果有一只大象和你们见过的很不一样，你认为他的心情会怎样？他会

怎么去做？

**2. 利用大书引导幼儿观察书的封面，了解故事名称，激发兴趣。**

✳ 教师：封面上有谁？他是一只怎样的大象？

✳ 教师：你能猜猜这本书的书名吗？

✳ 教师：你能猜猜这本书里讲的什么吗？教师翻开故事开头一页和故事结尾部分，引导幼儿观察，鼓励幼儿大胆说出自己的想法。

✳ 教师：在这本书里，讲了这只花格子大象和其他许多大象在一起的故事。他们之间到底发生了什么事情，我们一起来看看吧。

**3. 幼儿自由阅读图书，教师适当引导。**

✳ 指导幼儿安静看书，仔细观察每页图画，并注意观察前后画面的变化，猜测故事情节。

✳ 幼儿与同伴小声讨论，相互交流。

✳ 在幼儿充分阅读后，教师进一步引导幼儿观察画面。

✳ 教师：艾玛和大家在一起开心吗？你是从哪里看出来的？

✳ 教师：艾玛是怎样改变自己身上的颜色的？他为什么要改变？

✳ 教师：大象们身上发生了怎样的变化？猜猜为什么？

**4. 幼儿讲述。**

✳ 请幼儿讲述自己猜测的内容，也可以请幼儿介绍自己最喜欢的画面，并说明理由和想法。

**5. 再次利用大书封面，介绍故事名称和图画书的作者、译者。**

### 活动建议

1. 将大书放在班级图书角，让幼儿自由翻阅。
2. 收集有关大象的一些图片和资料，供有兴趣的幼儿自由观察讨论。
3. 在美工区角投放画笔和若干张画有大象图案的画纸，供幼儿自由设计装饰。

# （二）

### 活动目标

1. 仔细观察故事画面，加深对故事内容的理解。
2. 学习独立、有序地翻阅图书，讲述自己对故事的理解。
3. 体验故事角色的天真及故事内容的幽默和有趣。

### 活动准备

1. 大书、故事磁带、录音机。
2. 花格子大象图片 2 张、灰色大象图片 2 张。
3. 字卡 "溜" "果树" "雨" "化装节"。
4. 图书《花格子大象艾玛》人手一本。

## 活动过程

**1. 玩词语游戏，导入活动。**

✽ 教师：小朋友，你们知道哪些词语可以用来表示颜色呢？

✽ 教师：那我们就用"颜色"这个词作为"花心"，玩一下"词语开花"的游戏吧。

✽ 鼓励幼儿说出更多表示颜色的词语，教师快速记录下来。

**2. 大书阅读。**

✽ 师幼一起看大书，回忆故事的名字。

✽ 逐页观察画面，理解故事内容。

✽ 教师：有一群象，他们都是什么颜色？他们长得一样吗？哪里不一样？

✽ 教师：艾玛身上是大象的颜色吗？他身上都有哪些颜色？

✽ 教师：艾玛和大家玩得开心吗？你是怎么看出来的？

✽ 教师：艾玛为什么要离开大家？他是怎样离开的？教师出示字卡"溜"，贴在图书第4页艾玛旁边，引导幼儿认读，并请幼儿做一做"溜"的动作。

✽ 教师：艾玛到了什么地方？遇到了哪些动物？他们怎样互相打招呼？请幼儿扮演动物，模仿他们的对话。

✽ 教师：艾玛在干什么？他为什么要这样做？他成功了吗？从哪里可以看出来？引导幼儿利用回翻策略，仔细观察图书第5页、第8页，比较两画面的异同，引导幼儿理解动物们前后两次打招呼的不同及其原因，并相应出示字卡"果树"，引导幼儿认读，再次请幼儿扮演动物，模仿他们的对话。

✽ 教师：艾玛回到象群，象群发生了什么变化？为什么有这种变化？引导幼儿观察第9页到第13页，重点观察象群的表情和动作的不同。

✽ 教师：后来发生了什么事情？教师出示相应字卡"雨"，引导幼儿认读。

✽ 教师：象群是怎样举行"艾玛化装节"的？教师出示相应字卡"化装节"，引导幼儿认读。

✽ 师幼一起完整看大书，帮助幼儿熟悉故事内容。

**3. 小书跟读，进一步完整熟悉故事内容。**

✽ 幼儿听故事录音，并翻开小书。

✽ 引导幼儿看小图书，跟读故事一遍。

**4. 利用字卡和图片，进一步理解故事情节。**

✽ 幼儿翻阅小书，看看艾玛身上的颜色有几次变化，每次变成什么样？

✽ 根据幼儿回答出示大象图片，请幼儿上前按顺序摆放图片。

✽ 讨论变化的原因，出示字卡"果树""雨水""化装节"，帮助幼儿进一步梳理故事情节和内容。

**5. 讨论交流。**

✽ 教师：艾玛最终变成了灰色的象吗？他什么时候才会变成灰色的象？你喜欢他们的化装节吗？说说你的看法。

✽ 教师：如果我们也来举行"化装节"，你准备怎么做？

## 活动建议

1. 充分调动幼儿及其家长共同做准备，引导幼儿讨论、商量举行"化装节"需要哪些道具以及如何分配角色等。

2. 在班级活动区域投放多种相应材料，制作表演需要的道具、服装等，并鼓励幼儿分工合作。

3. 开一个小型的"化装节"，并邀请家长参加。

## （三）

## 活动目标

1. 熟悉故事内容，分角色运用合适的语言、表情、动作等进行表演，体验表演的乐趣。

2. 在表演中进一步感受故事角色的可爱和情节的有趣。

## 活动准备

1. 大图书。

2. 幼儿自己制作好化装道具（包括头饰、服装等），用皱纹纸制作的彩色、灰色、绿色等手链各若干。

3. 用几棵小树（塑料树）把活动室分成三个区，即象群生活区、森林动物生活区、果树林。

## 活动过程

**1. 阅读图书，回忆故事内容。**

＊ 教师出示大书，引起幼儿注意。

＊ 教师：这本图书叫什么名字？你们看过没有？

＊ 师幼共同看书讲述故事。

＊ 教师：我们一起来看看书，讲讲故事吧。

**2. 进一步理解故事，学习故事中角色的语言、表情、动作等。**

＊ 教师：故事中有哪些角色？艾玛和其他的象在一起时都干什么？他们开心吗？

＊ 教师：有一天晚上，艾玛忽然有心事，他怎么想的？他又是怎么做的？谁愿意来学学？

＊ 教师：艾玛离开象群时碰见谁了？他们怎么打招呼的？艾玛回来时又碰见谁？他们又是怎么打招呼的？

＊ 教师：艾玛走后，象群发生什么变化？艾玛回来后，象群又有什么变化？谁愿意扮演象群？大家一起学学，注意表情和动作。

＊ 教师：艾玛是怎样改变身上颜色的？象群是怎样改变身上颜色的？谁来表演表演？

**3. 幼儿自主分配角色，表演故事。**

＊ 教师协助幼儿分为两个小组，介绍分配角色的方法，如：扮演艾玛的戴彩色手链，扮演其他大象的戴灰色手链，扮演其他动物的戴绿色手链。

＊ 各小组成员按意愿分配角色，佩戴手链，自由表演。

＊ 幼儿分组轮流表演。

### 活动建议

1. 在表演区继续投放服装、道具，供幼儿表演。

2. 鼓励家长在家里开展一个"家庭化装舞会"，引导家长和孩子共同商量、讨论制作计划书，制作道具，进行故事表演等。

### 活动材料

［英］大卫·麦基/著，任溶溶/译，《花格子大象艾玛》，少年儿童出版社，2007。

### 附　录

#### 幼儿绘画作品：　我给大象化装

### 活动分析

《花格子大象艾玛》其实是一个美丽的童话。故事里的主人公是一只有着美丽颜色的大象，关于它的故事也是美妙无比、充满童趣的。通过这个读本，幼儿感受童话故事的奇异美妙，欣赏故事图画的美妙意境，同时培养语言表达能力、观察力及表现能力。

在第一个活动开始时，我注意调动幼儿已有经验，让幼儿在前期收集资料的基础上大胆讲述；接下来在引导幼儿进行看图猜测时，改变了以往常规的按顺序解读的方式来阅读，先让孩子了解故事的开始和结尾，以此来推测故事的中间高潮部分，对幼儿来说更有挑战性，更有意义。

在第二个活动的大书导读环节，我把重点放在对故事的整体理解和把握上，引导幼儿捕捉细节，抓住故事中的关键点，同时以"图夹文"的形式让幼儿理解图片内容和文字的有机联系，试图渗透幼儿早期阅读活动目标之一——发展幼儿前识字能力。特别是第四个环节的进行，对幼儿完整理解故事起到提纲挈领的作用，也潜移默化地给了幼儿一个阅读的方法。

阅读给孩子带来无穷的乐趣，而故事表演是幼儿阅读活动的一个重要形式，在以往活动基础上，我为幼儿创设条件，满足他们的表演需要。所以在第三个活动中，幼儿充分展示自己，获得真正的快乐。

作　　者：张红梅
工作单位：中国人民解放军通信指挥学院幼儿园

# 啊呜和小小的信

## 教学班级

大班

## 活动背景

本班幼儿有一定的早期阅读经验，认识一定量的汉字。有一次，代课老师因生病很长时间没来，很想念我班幼儿，所以托人带了封信给班上的小朋友。孩子们对这封信非常感兴趣，很想知道老师在信里写了什么。这让我想到了很早以前在一本幼儿读物里看到的一个有关信的故事，于是就将该故事作了些小小修改，生成系列的早期阅读活动。

通过这些活动，我希望能够达到以下主题目标：（1）了解人类早期和现今的通信方式，感受现代信息传递的迅速便捷。（2）乐意与人交往，知道写信、打电话等与人交流的方法，能感受父母、老师和同伴的爱，知道除语言和文字外，还有很多方式方法可以表达自己的想法，并学习用多种形式去表达对他们的爱。（3）学习用书信的方法与人交流，学会自主阅读理解书信内容，乐意书写一些文字、标志。（4）学会关心周围的人，体验关爱他人带来的愉悦情感。

## （一）

## 活动目标

1. 尝试有目的地收集资料。
2. 了解古代和现代不同的信息传递方式。

## 活动准备

1. 幼儿事先各自收集关于信息传递的相关图书、图片或资料。
2. 教师事先准备好的信。

## 活动过程

**1. 举办"知识交流会"，引导幼儿了解我国古代的一些通信方式。**

＊ 鼓励幼儿展示自己收集的资料，并根据资料讲述自己知道的古代信息传递方式。出示挂图，归纳幼儿搜集的相关知识。

烽火传军情：我国古代用以传递军事情报的一种通信方法，始于商周，延至明清，相习几千年之久。

信鸽传书：根据历史记载，信鸽主要用于军事通信，就是把军情写在布匹上，绑在信鸽的脚上，让信鸽带到指定的地方。

驿站通信：专门传递官府的公文，由驿使拿着公文骑马送到指定的地方。

✳ 教师：原来，我们的祖先早在很久以前就通过一些工具，用语言、图画、文字符号、动作、声音等多种形式向别人传递信息，到后来又发展到把要说的事情写在竹简或布匹上，用信鸽或派驿使骑马送信，但是要把一封信送到收信人手上却需要用很长一段时间，有时甚至是两三个月，所以古代的通信速度很慢并且很不方便。

### 2. 交流现在常用的信息传递方式。

✳ 引导幼儿讨论现在生活中会使用哪些信息传递方式。

✳ 引导幼儿说一说自己使用过什么样的信息传递方式。

✳ 教师：现代通信方式更加多种多样，有电话，电报、传真、邮件、快递等，比如：发一封电子邮件仅需几秒钟时间，十分方便快捷，节省了人们的时间和成本，方便人们随时沟通交流，而且传递快，信息量大，及时准确，同时还可以传递声音、图像、文字，提高了人们的生活工作效率。

### 3. 传阅老师的信。

✳ 教师：这是昨天老师送来的一封信，她把要对你们说的话用写信的方式告诉你们，现在我们一起来看看这封信。

### 活动建议

1. 在家长的帮助下，鼓励幼儿用多种方式给老师回信。

2. 把幼儿搜集的图片、文字、海报张贴在活动室的一角，设为"你知道吗"，作为一个区角。

## （二）

### 活动目标

1. 理解信的内容，知道除语言外还有很多方式可以表达自己的意愿。

2. 尝试大胆运用不同方式表达自己心中的想法。

### 活动准备

1. 根据故事内容自制大书。

2. 小小和啊呜的头像。

3. 故事中的信件、人手一张信纸。

### 活动过程

### 1. 出示角色头像，激发幼儿兴趣，引出主题。

✳ 边操作教具边讲述故事前半部分，引发幼儿对故事的思考。

* 教师（出示头像）：我是一只狮子，叫小小。我是一只老虎，叫啊呜。我们俩是一对很要好的朋友。啊呜住在河的上游，小小住在河的下游。它们天天在一起玩耍，最喜欢在河边赛跑、戏水，累了就躺在河边的草地上休息。可是最近，啊呜有几天都没来河边玩了，小小有些想念它。
* 鼓励幼儿通过自己的前期经验去设想小小使用的通信方式。
* 教师：你们说小小会用什么方法让啊呜知道自己在想念他呢？
* 根据自制图书，继续讲述后面的故事情节。
* 教师：小小后来请妈妈给啊呜发了条 QQ 留言，说："啊呜你这几天没来小河边玩，我很想你。"一天，小小正坐在家门口发呆，突然看见邮箱里有一封信，拿出来一看，是啊呜写来的。小小高兴得合不拢嘴，连忙拆开看。今天，老师把啊呜的这封信带来了，我们也来看看这会是一封什么样的信？

**2. 出示信件，引导幼儿理解信的内容，鼓励幼儿把信的内容连起来。**

* 引导幼儿观察这封信。
* 教师：说一说这封信与以前看到的信有什么不同？
* 鼓励幼儿尝试理解信的内容，并能大胆表达出来。
* 教师：啊呜和你们一样，也有许多字不会认，不会写，所以他就想了这些办法来代替。啊呜真是聪明的孩子，可这样的信小小能读懂吗？好，那我们一起来看看信里说了什么？

**3. 据信的内容，讲述故事结尾，体会故事蕴涵的对同伴的关爱之情。**

* 教师：小小看了这封信后明白了。原来啊呜这几天是生病了，他肯定很孤单，我要带上他最爱吃的东西、最喜欢的书和玩具去陪他，让他变得开心起来，让他的病好得更快一些。于是，小小很快收拾好东西，直奔啊呜家去了。

**4. 给父母写一封信，感谢他们对自己的关爱。**

* 鼓励幼儿结合生活经验说说在自己生病时，父母是如何关心自己的。
* 教师：孩子们，你们在生病时，是谁来关心、照顾你们的？他们是怎样做的呢？
* 教师：正是爸爸妈妈把他们全部的爱给了你们，对你们全心全意的关心和照顾，你们的病才会很快的康复，这样就能很快上幼儿园，和你好朋友、老师见面，和他们一起做游戏上课。
* 教师：爸爸妈妈为你们付出这么多，你们有什么话想对爸爸妈妈说呢？我知道你们有好多的心里话想要说，那么把这些要说的话也来写封信告诉他们吧！
* 幼儿用自己的方式给爸爸妈妈写一封信。

### 活动建议

**活动延伸** 引导幼儿寻求更多不同的可以表达自己想法和情感的方式。

## （三）

### 活动目标

1. 知道邮寄信件的主要过程，了解邮政与人们的关系。

2. 用书信的方式表达自己对灾区小朋友的关心和祝福。

## 活动准备

1. 活动室张贴一些地震受灾的图片。
2. 根据大量的地震重建图片制作的幻灯片。
3. 提前观看有关邮局工作人员的工作流程视频。
4. 事先联系好一所幼儿园作为寄信地址。

## 活动过程

**1. 引导幼儿自主观看地震图片，鼓励幼儿相互交流自己的感受。**

＊ 教师：现在四川地震发生已经整整一年了，因为地震，震区的人民没有家，没有学校……这一年里他们过得怎样了？小朋友们，知道不知道呢？我们来看一组图片，看看现在的四川和那里的人们。这时你们有什么话想要对四川的小朋友说呢？

**2. 用正确的格式给灾区小朋友写信，鼓励幼儿用多种方式表达自己对他们的祝福。**

＊ 教师：是啊，老师也有好多的话想和灾区的小朋友说，那我们就快快把想说的话写在信纸上吧。
＊ 教师出示范本，示范正确的格式。

**3. 组织幼儿到邮局寄出自己的祝福信。**

＊ 引导幼儿观察邮局的标志和颜色、工作人员的着装、邮筒上文字的颜色等。
＊ 请邮局工作人员为幼儿介绍邮局的工作流程，了解怎样寄信。
＊ 请幼儿欣赏各式各样的邮票，知道邮票的作用。
＊ 幼儿自己将信投入信箱，寄出自己的祝福信。

## 活动建议

1. 鼓励幼儿自己设计邮票。
2. 将幼儿设计的作品封塑，布置美工区。

## 活动分析

一系列活动都源于活动（一）中幼儿对代课老师那封信的兴趣。在开展活动时，幼儿都收到一封老师写给自己的信，这是他们从未体验过的。在家长的帮助下试着给老师回信，使幼儿积累了很好的前期经验。

活动（二）中，教师以故事为线索贯穿活动的始终，整节活动，幼儿都被故事情节吸引，幼儿沉浸在很轻松自然的阅读环境中，教师的提问环环相扣，幼儿在这种氛围中，能大胆去猜想，去表达。课堂气氛有静有动，静是安静倾听，安静阅读；动是乐意急切得想表达，敢想敢说，这就说明幼儿真正静下心去阅读了，理解了画面，体会到故事的内涵。在写信环节中，幼儿表现出对文字的书写兴趣，为培养幼儿的前书写前阅读能力，打下良好的基础。

活动（三）是幼儿难忘的一次经历，首先回忆地震带给人们的悲痛，再是观看地震重建的图片。幼儿心情从沉重转为明朗，在这样的情感前提下，让幼儿对和自己年龄相仿的灾区小朋友说些什么，幼儿还是有很多想说的。他们在写信时也在相互交流，由于有前面的几次写信经验，幼儿在表达方式上更大胆、更丰富。直到带幼儿到邮局去寄信，幼儿更多的是欣喜，想象灾区小朋友收到信的情景，幼儿沉浸在美好的期待中。这时老师的一句问话："你们知道我们的信又是怎样寄到四川小朋友的手上的呢？"很自然地把幼儿带到下一个环节——参观邮局，了解寄信的过程。"你在邮局看到什么"，因为活动前已观看了有关邮局工作的视频，幼儿的观察更直接更具体。他们时不时会发现各处的标志与文字，把阅读自然融入了实际的生活环境中去。

作　　者：李英姿
工作单位：湖北省咸宁市直属机关幼儿园

# 小老虎的大屁股

## 教学班级

中班或大班

## 活动背景

　　《小老虎的大屁股》是一篇富有喜剧色彩的图画故事，故事讲述了小老虎的大屁股给他带来烦恼以及帮他获得朋友的有趣情节。故事中的小老虎形象就像班里天真、热情、憨厚而又冒失的个别小男孩。引导幼儿阅读故事，有利于帮助幼儿建立行为和后果之间的关系，教育幼儿原谅别人的无意过失，培养幼儿思维的辩证性。

　　本活动可以结合"我喜欢的动物"主题，在引导幼儿观察感知动物特征的基础上，用绘画和歌唱表演的方式表现各种动物，怀着愉悦的心情欣赏阅读《小老虎的大屁股》的故事，用连贯的语言表达自己喜欢的动物，同时学会与人交往等各种能力。

## （一）

## 活动目标

　　1. 喜欢阅读图画书，能看懂图画书的主要内容。

　　2. 理解故事内容，感知生动有趣的故事情节。

　　3. 积极参与讨论，能讲述对故事情节的看法。

## 活动准备

　　1. 图画书《小老虎的大屁股》幼儿人手一册。

　　2. 用回形针从第 15 页开始将后面的书夹起来。

　　3. 《小老虎的大屁股》教学大书。

## 活动过程

### 1. 幼儿自主阅读图画故事书，感知故事内容。

＊ 幼儿自己看图画书从开始至第 14 页，然后请幼儿观察封面，猜猜这本书是讲谁的故事。

＊ 提醒幼儿注意观察画面中有谁，发生了什么事情。

＊ 请个别幼儿在集体面前说说：图画书里有谁？他们在做什么？发生了什么事情？

**2. 教师带领幼儿阅读图画书第 2—14 页，理解故事内容。**

❋ 教师：故事里有谁？小兔子在做什么？小猴子喜欢做什么？小老虎来了以后发生了什么事情？

❋ 教师：小兔子和小猴子喜欢小老虎吗？为什么？

**3. 幼儿自主阅读图画第 15—28 页，感知故事情节的发展。**

❋ 教师：后来，发生了什么事情？

❋ 教师：谁在欺负小动物？小老虎是怎样救小动物的？

**4. 带幼儿完整地阅读图画故事，感知理解故事内容。**

❋ 教师：小老虎的大屁股做了什么坏事情？小猴子和小兔子高兴吗？小老虎高兴吗？

❋ 教师：小老虎的大屁股后来做了什么好事情？

**5. 通过讨论引导幼儿进一步理解故事内容与角色性格特征。**

❋ 教师：为什么刚开始的时候，小兔子和小猴子不理小老虎？小老虎是故意坐坏皮球和车轮的吗？他为什么要让小兔和小猴打他的屁股？

❋ 教师：后来，小兔子和小猴子还怪小老虎的大屁股吗？为什么？

❋ 教师：你喜欢小老虎的大屁股吗？为什么？你喜欢这个故事吗？你觉得这个故事什么地方好玩？

### 活动建议

**重点指导** （1）本次阅读活动中，首先要引导幼儿理解故事内容，感受故事的趣味性。在此基础上，引导幼儿理解小老虎与同伴的矛盾冲突及解决过程，感受小老虎与同伴相互原谅的快乐。（2）阅读中，应注意引导幼儿观察画面细节，如角色的表情与动作，发现故事的线索，感受角色的情感。如，观察第 2—3 页中弯曲的栏杆，引导幼儿发现小老虎的大屁股；观察第 7 页小老虎的表情，感受小老虎坐坏小猴子的三轮车后的惶恐不安；观察第 10 页，感受小老虎失去朋友后内心的孤独与痛苦；观察第 11—12 页，判断地上圆坑的来源等。

**日常活动** 引导幼儿在日常活动中，阅读图画故事书，进一步观察故事中的各个角色的身体姿态和动作表情，进一步提高幼儿的阅读能力。

## （二）

### 活动目标

1. 感知画画的有趣，理解故事的寓意。
2. 知道不小心伤害了别人要道歉和原谅小朋友无意过失的道理。
3. 尝试用动作和语言表演故事。

### 活动准备

1. 图画书《小老虎的大屁股》幼儿人手一册，教学大书。

2. 皮球、小自行车（或自行车替代物）若干。

3. 头饰：小老虎、小猴子、小兔子、狐狸、大灰狼。

## 活动过程

**1. 带领幼儿阅读图画书，感知画面细节和故事情节的有趣。**

＊ 幼儿自主阅读图画书，提醒幼儿观察画面细节，如人物的表情、动作。

＊ 教师：你最喜欢哪个画面？你觉得哪一幅画面最有趣？

＊ 教师展示大书中的画面，引导幼儿一起分享画面中的趣事。

＊ 教师边翻阅图画书，边带领幼儿看画面讲述故事。

**2. 引导幼儿尝试扮演角色表演故事。**

＊ 启发幼儿根据画面中角色的表情、动作，模仿表演相应的角色。

＊ 教师：画面上的小动物是什么样子的？你想模仿哪个小动物，也来做一做动作。

＊ 每 5 名幼儿一组，幼儿协商扮演角色，分组表演故事，教师巡回观察，了解幼儿的表演情况，并适当给予帮助和指导。

＊ 教师：你扮演的是什么角色？你是怎样表演的？教师和同伴给予评价。

＊ 请两组幼儿分别上来表演故事。

**3. 调动幼儿生活经验，开展谈话活动。**

＊ 教师：小老虎不小心弄坏了小猴子的车轮和小兔子的皮球，后来，他是怎样道歉的？

＊ 教师：假如你不小心弄坏了别人的东西，你会怎样道歉呢？

＊ 教师：如果别人不小心弄坏了你的东西，向你道歉，你会怎样做呢？

＊ 教师：假如我们不是故意的伤害了别人或弄坏了别人的东西，首先，我们要承认自己错了，真诚地向别人道歉，做个诚实、可爱的好孩子。以后做事时要小心，不要再犯同样的错误。如果别人不小心弄坏了你的东西，来向你道歉，你应该原谅他。

**4. 请幼儿将书翻到最后一页，激发幼儿想象，续编新的故事情节。**

＊ 教师：小老虎和小兔、小猴子在干什么？你觉得他们在说什么？

＊ 教师：你觉得小老虎的大屁股还会发生什么有趣的事？

## 活动建议

**活动延伸**　（1）引导幼儿为托班、小班的小朋友表演故事，通过情境表演，让幼儿进一步感受故事的趣味，理解故事的寓意，同时发展幼儿的同伴交往能力。（2）围绕"小老虎的大屁股还可能发生什么有趣的事"，引导幼儿续编新的故事情节。

**重点提示**　（1）本次活动的重点是引导幼儿理解故事的寓意，知道即使不是故意伤害别人，也应该真诚道歉的道理，此外也应该向小兔和小猴那样，原谅朋友的无意过失。（2）阅读时，应注意引导幼儿联系自己的生活，讨论同伴交往中应该遵守的规则及礼貌行为，使幼儿通过本书的阅读，理解和掌握与同伴友好交往的策略与方法。（3）注意引导幼儿理解小老虎的大屁股的两面性，了解它的好处与坏处，培养幼儿从多个角度认识和思考问题。

**日常活动** 日常生活过渡环节，鼓励幼儿说一说与小朋友交往中发生过的冲突和解决冲突的方法，引导幼儿体验自己受到伤害后的感受，明白对别人造成伤害后应该真诚道歉的道理。

**家园共育** 鼓励孩子将《小老虎的大屁股》的故事讲给父母听，父母可根据书中的故事情节提问一些问题。和孩子一起讨论日常生活同伴交往中可能发生的矛盾，引导孩子说说：如果不小心伤害别人，应该怎么办？如果别人不小心伤害自己了，应该如何原谅别人？

## 活动材料

冰波/文，黄缨/图，《小老虎的大屁股》，教育科学出版社，2008。

## 活动分析

1. 在阅读活动中，把握阅读内容的重点，根据故事画面，采用提问和讨论的方式，引导幼儿感知阅读画面中人物形象的动作和表情，幼儿在教师的引导下，能够积极参与讲述，并结合自己的生活经验大胆地表达自己的想法。

2. 故事人物形象特点鲜明，人物对话交流简洁，非常有利于幼儿进行故事表演，所以在幼儿阅读理解的基础上，给幼儿自主表演的机会，特别是幼儿在分组表演时很放松，他们自己商量分配角色，并根据自己对作品的理解，用喜欢的动作方式表演有趣的故事，体验故事的幽默和趣味，效果较好。

3. 在幼儿阅读、表演故事的基础上，引导幼儿结合自己的生活经验开展谈话活动，进一步拓展阅读内容。幼儿在讨论活动中，能大胆地讲述自己的观点，启发幼儿学会在日常生活中与同伴交往、学会谅解别人无意的过失等。

**作 者：**金小梅
**工作单位：**南京市建邺区南师大中海幼儿园

# 我要拉屁屁

## 教学班级

小班

## 活动背景

对于小班幼儿来说，阅读的目的是喜欢看书，知道看书的基本方法，能初步看懂单幅图画书的主要内容，能用口头语言将儿童图画书的主要内容说出来，开始感受语言和其他符号的转换关系，对文字感兴趣，能在成人的启发下认读最简单的文字，在活动中以描画图形的方式练习基本笔画。

开学初，我们对每位幼儿进行了阅读测查活动，了解幼儿在阅读上的已有经验，更有针对性地进行后读教育活动。测评的 27 名幼儿的表现如下：水平 1，有 13 名幼儿，表现在单篇指认，没有形成故事，如：指着小猴说："小猴子"，不再关注其他，也没有任何表述。水平 2，有 12 名幼儿，表现在单篇讲述，没有形成故事，如：指着一页说："小猴子和小羊拜拜"，再讲下一页的内容，与前一页没任何联系，能初步看懂单幅图画书的主要内容。水平 3，有 2 名幼儿，表现为能够前后页连贯讲述，形成有一定情节、较为连贯的故事，能用口头语言将图画书的主要内容说出来。

## （一）

## 活动目标

1. 初步认识图画书中的主人公。
2. 学习按顺序逐页阅读图画书。

## 活动准备

1. 图画书中的动物图片分别贴在盥洗室、卫生间、活动室。
2. 小动物的头饰。

## 活动过程

### 1. 谈话引起幼儿兴趣。

✳ 教师：今天咱们班上来了几位新朋友，你们想知道是谁吗？

✳ 教师：分别出示河马、小猪、小老鼠、鳄鱼与幼儿打招呼。

**2. 阅读图画书。**

✳ 出示图画书，引导幼儿仔细观察。

✳ 教师：这本图画书中有刚才我们认识的几位新朋友吗？

✳ 教师：他们在哪里，你能找出来吗？

✳ 教师：他们在做什么呢？我们一起来看看这本书就知道啦！

✳ 引导幼儿按照顺序阅读图画书。

✳ 指导幼儿逐页翻看图画书。

**3. 游戏：我的朋友在哪里？**

✳ 教师：在教室中找一找好朋友（小动物）在哪里，说一说他们在做什么？

✳ 教师：戴上头饰学一学新朋友。

# （二）

## 活动目标

1. 根据提示从图画书中寻找信息。

2. 观察图画书的细节，理解重点页面内容。

## 活动准备

用纸盒自制厕所，门上贴有与图书中第 6—7 页相符的图片。

## 活动过程

**1. 出示自制厕所，引起幼儿兴趣。**

✳ 教师：这是什么呢？

**2. 新朋友们是怎么上厕所的？**

✳ 出示图画书。

✳ 教师：找一找新朋友们上厕所的图页在哪里？

✳ 一起阅读这几页图画书，仔细观察，请幼儿讨论。

✳ 教师：这三只小动物在干什么？

✳ 教师：你是从哪里看出来的？引导幼儿观察三只小动物的表情及动作。

✳ 教师：学一学他们在做什么？猜一猜他们会遇到什么事情？

**3. 讨论。**

✳ 教师：为什么小鳄鱼大吃一惊？我们在如厕前应该怎样做？

# （三）

## 活动目标

1. 理解故事内容，喜欢阅读图画书。

2. 大胆想象，猜测故事的发展。

## 活动准备

《我要拉臭臭》图画书、视频展示台、四种小动物的头饰。

## 活动过程

**1. 出示四种小动物，请幼儿观察。**

＊ 教师：还认识他们吗？

**2. 与幼儿一起看图画书，边看边讨论故事内容。**

＊ 教师：这本书讲的是什么事？（利用回翻策略，反复看小动物如厕的场景）

＊ 教师：你发现什么了？为什么小鳄鱼会拿着一条短裤？地上为什么会放一个盒子？

**3. 猜测故事的情节发展。**

＊ 教师：小鳄鱼会怎么办呢？鼓励幼儿大胆想象大胆表达。

## 活动材料

［日］佐佐木洋子/编绘，张慧荣/译，《我要拉臭臭》，二十一世纪出版社，2006。

## 活动分析

活动（一）主要是为帮助幼儿理解故事内容做的前期铺垫。在活动中，给小动物起名字比较困难，幼儿自我意识很强，很难为四只小动物起名字，所以在活动时并不刻意强调。当幼儿看到盥洗室贴的图片后，规则意识增强，如厕时能很自觉地排队。经过前期铺垫，幼儿对故事已经有初步的了解，在后续（二）（三）阅读过程中没有遇到明显的困难，都能够用自己的语言讲述故事内容。

作　　者：刘颖
工作单位：北京市崇文区第二幼儿园

115

# 花斑马永远快乐

## 教学班级

中班

## 活动背景

在以往的图书阅读活动中，我们只是对图书进行单一阅读。而主题阅读活动则挖掘了图书的所有可利用资源，以图书为平台，在阅读中生成与之相关的活动，使阅读活动得到拓展，主题活动中形成的经验迁移到阅读活动中，起到相互促进作用。

进入中班，幼儿对事物的理解能力逐渐增强。中班是培养阅读能力的关键时期。中班开展主题阅读活动，关键是帮助幼儿学习构建多元、多领域的学习关系网，引导他们在活动中提取更多有价值的经验，使他们对阅读活动产生持久兴趣，从而爱上阅读。

《花斑马永远快乐》是"无字书棒棒糖卷"系列之一。图书只有图画没有文字，可充分发挥孩子的观察力、想象力和语言表达能力。此外，中班幼儿正处于有意性行为及情感萌芽阶段，此书讲述的是花斑马助人为乐的故事，而助人为乐的品质恰巧是独生子女所欠缺的，该书可以给他们起到很好的榜样与指引作用。

## （一）

## 活动目标

1. 学习用比较完整的句子表达画面内容。
2. 与同伴共同阅读，发展相互合作学习的能力。
3. 积极参与讨论，大胆表达自己对图书的理解。

## 活动准备

图画书《花斑马永远快乐》若干本。

## 活动过程

**1. 幼儿阅读图书。**

＊ 幼儿自选图书，独立阅读或与同伴合作阅读。

＊ 请幼儿仔细观察图片，引导合作阅读的幼儿对图书内容进行交流。

**2. 师幼共读图书，边阅读边讨论。**

＊ 教师：这本图书与其他图书有什么不一样的地方？引导幼儿发现无字书的特点。

✳ 根据画面内容进行讨论。

✳ 教师：花斑马开着车去哪里？花斑马在路上遇见谁，它有什么困难？

✳ 教师：花斑马用什么方法帮助它？

✳ 教师：花斑马每次帮助别人后的心情怎么样？你从哪里可以看出来？引导幼儿观察花斑马帮助别人后的表情，从花斑马的表情感受它快乐的心情。

✳ 教师：为什么花斑马的车一个轮子也没有了，它依然快乐？引导幼儿说出小动物得到花斑马的帮助都很开心，所以花斑马也感到快乐。

✳ 教师：在最后一页，你从画面的什么地方可以看出花斑马是快乐的？引导幼儿观察花斑马吹着口哨的画面。

**3. 教师完整讲述故事，并小结内容。**

✳ 教师：花斑马一次又一次帮助小动物，虽然它的车最后一个轮子也没有了，但依然感到开心，原来帮助别人是一件多么令人快乐的事情呀。

✳ 教师：虽然图书没有用文字告诉大家花斑马快乐的心情，但我们可以通过观察图片中角色的表情、动作等进行判断。只要在看书的时候认真地观察，你一定会发现图书更多的秘密。

## 活动建议

将主题图书放置于阅读区域供幼儿阅读。

# （二）

## 活动目标

1. 大胆运用线条，以线条画的方式表达对快乐的理解。
2. 乐意与人分享自己的感受。
3. 结合自己的生活经验，体会帮助别人的快乐。

## 活动准备

1. 图画书《花斑马永远快乐》。
2. 画纸、画笔。

## 活动过程

**1. 共读图书，和幼儿一起讨论。**

✳ 教师：为什么花斑马总是感到快乐？

✳ 教师：你试过帮助别人吗？你帮助别人后的心情是怎样的？为什么？引导幼儿回忆已有经验，说出帮助别人的过程及心情。

**2. 请幼儿用图画的方式把自己助人为乐的事情表现出来。**

✳ 教师：我们除了可以用语言来表达生活中快乐的事情外，还可以用什么方式表达对快乐的理解呢？

✳ 教师：在生活中我们常常会帮助别人或者是得到别人的帮助，想想那种感觉，发挥你们的想象力，把互相帮助的快乐画下来，让我们共同发现生活中更多的快乐。

✳ 幼儿作画，教师巡回指导，适时与幼儿交流绘画的内容，鼓励幼儿大胆运用多种线条表现画面。

**3. 展示作品，说出自己对助人为乐的体会和感受。**

## 活动建议

和幼儿共同把作品用于环境布置。

# （三）

## 活动目标

1. 能正确分类并点数各类型车的数量，尝试用简单符号进行记录。
2. 主动参与活动，发展观察力、思维力和归类能力。
3. 乐意与同伴合作完成活动，体验合作的快乐。

## 活动准备

1. 各种不同数量轮子的车的图片：独轮车、幼儿体育活动用的独轮推车、轮椅、手推车、滑板车、自行车、摩托车、三轮车、幼儿骑的四轮自行车、小汽车、面包车、火车等。
2. 可以让幼儿归类统计的图表。
3. 水彩笔。

## 活动过程

**1. 共读图书。**

**2. 结合生活经验讨论。**

✳ 教师：图书中有多少种车？这些车有什么不同之处？引导幼儿发现图书中各种车轮子数量的不同。

✳ 教师：你还认识什么车？它们是几个轮子的？鼓励幼儿回忆已有经验说出：自行车是两个轮子的、小汽车是四个轮子的……

**3. 小组操作活动：按轮子数量对车进行分类。**

✳ 幼儿以三人为一小组进行分组。

✳ 观察操作材料，学习进行操作活动的方法。

✳ 观察图表：车应该放在图表的哪个位置？

✳ 教师：怎样才能数清楚车的数量？引导幼儿从左到右口手一致点数。

✳ 教师：用什么符号可以记录车的数量？请个别幼儿示范，引导幼儿用简单符号记录，如圆点、圆圈等。

✳ 幼儿进行操作活动，教师指导。

**4. 展示幼儿操作活动图表，小结完成情况。**

※ 重点小结车的摆放位置、点数的结果是否正确。

## 活动建议

把操作材料投放在活动区域中供幼儿操作。

## 活动材料

沈帆、孔冰蕾/编绘，《宝宝看图讲故事：花斑马永远快乐》，河北少年儿童出版社，2006。

## 附　录

### 统计表

| 轮子数量 | 车　　　　　辆 | | | | | 合计 |
|---|---|---|---|---|---|---|
| 1 | | | | | | |
| 2 | | | | | | |
| 3 | | | | | | |
| 4 | | | | | | |
| 5 | | | | | | |
| | | | | | | |

## 活动分析

本次主题阅读活动中，幼儿在各领域活动中都积极地参与，特别是在语言、社会领域中的发展比较突出。虽然并不是每个活动都有阅读图书的环节，但由于活动的内容与主题图书紧紧相扣，所以很多幼儿在区域等活动中都喜欢与同伴交流图书内容，使幼儿的图书阅读与大胆讲述的能力得到发展。

班上成立的"爱心队"定期关心、帮助有需要的人和群体，使幼儿的认知不仅仅在于表面，而是内化为幼儿的行为，得到大家的肯定。图书的阅读不再只停留于语言领域的单方面发展，它的影响是多方面的，同时也为幼儿爱上阅读打下了坚实的基础。

在主题阅读活动的开展中，我们要注意的是它与一般的主题活动是不同的，最终的目的是让幼儿在阅读方面有所提升，我们不能因为追求表面的丰富性而偏离主题，忽视幼儿阅读能力的发展，这也是较难把握同时也是一定要注意的。

作　　者：梁洁纹
工作单位：广东省广州幼儿师范学校附属幼儿园

# 爱心树

## 教学班级

大班

## 活动背景

"从前有一棵树……它喜爱上一个男孩儿。"这个故事如此展开。作者谢尔·希尔弗斯坦以其丰溢的才华创造了优美的图文，予人深切寓意。

男孩每天都到树前去吃苹果、荡秋千，靠在她的树干上……树好开心喔！可是男孩一天一天长大，他对树的要求也愈来愈多，树则尽其所能地一再施予。

这是一个由一棵有求必应的苹果树和一个贪求不厌的孩子，所共同组成的温馨又略带哀伤的动人故事。谢尔·希尔弗斯坦为各个年龄的读者创造了一个令人动容的寓言——在施与受之间，也在爱人与被爱之间。

本书图画线条简单，却耐人寻味；而故事中对于"施与受""爱与被爱"等主题，留给读者很深的思考空间，寓意深远，读完此书后，不禁产生深切的感动。一本经典图画书的内涵是深沉和隽永的，每读一次都会令人产生不同的感觉。

"The Giving Tree"直译过来就是"一棵不断给予的树"，中文版书名被翻译为"爱心树"。作者谢尔·希尔弗斯坦为各个年龄的读者创造了一个令人动容的、温馨略带哀伤的、慰藉人们心灵的故事。和孩子常见的图画书不同的是，谢尔的《爱心树》与他所有的绘本一样使用钢笔绘画，以简单利落的黑白线条为读者营造出充满诗意又带有嘲讽幽默的意境。对每个读者来说，《爱心树》不仅是一个关于树的故事，更是一个关于爱的故事，还是一个关于生命的故事。

## （一）

## 活动目标

1. 根据情节，感受大树对男孩的爱。
2. 初步认读简单的符号和文字，并按照页码要求进行自主阅读。

## 活动准备

1. 大书一本、图画书《爱心树》幼儿人手一本。
2. 背景音乐：《托赛利小夜曲》《舒伯特小夜曲》《爱心树》。
3. 故事第 47—52 页录音、幻灯片。

**4.** 折叠翻翻纸条 4 张及汉字纸条 1 张（见下图）。

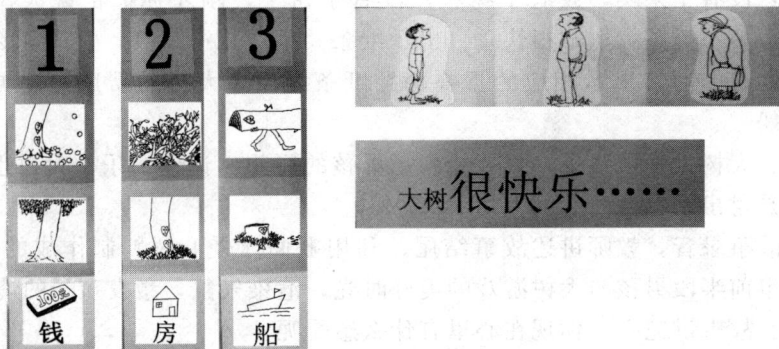

大树 很快乐……

## 活动过程

**1. 观察封面：认识故事的主角。**

✳ 教师：今天我给大家带来了一棵树，它有一个特别的名字——"爱心树"。

✳ 教师："什么是"爱心树"？这到底是怎样的一种树呢？

✳ 教师：今天教师要给大家讲的就是这棵"爱心树"和一个小男孩之间的故事，让我们一起来走进这本图画书。

**2. 阅读理解：感受大树与男孩间的爱。**

✳ 教师播放背景音乐《托赛利小夜曲》，讲述男孩童年时和大树共度的美好时光，讲述故事过程中有意识停顿，让幼儿有机会参与故事的讲述。

✳ 教师：时光流逝，孩子渐渐长大，有了自己的朋友，很少再回来看望大树，大树常常感到寂寞，长大了的男孩还会回来看望大树吗，接下来大树和男孩又会发生什么事情呢？请你们仔细看书的第 31－46 页，看一看，想一想，男孩回来了吗？回来了几次？做了什么事情？

✳ 幼儿自主阅读书的第 31－46 页，教师巡回指导，了解幼儿自主阅读的情况。

✳ 教师：男孩回来了吗？利用折叠翻翻纸条少年、中年、老年男孩，帮助幼儿解决阅读中的困难：回来的三个人都是男孩，然后小结：男孩会像大树一样渐渐长大，渐渐老去。

✳ 教师：男孩回来了几次？可与幼儿一起翻书数数男孩回来了几次，帮助幼儿解读阅读中的困难：故事是需要连起来看的，31－34 页讲的是男孩第一次回来，让幼儿有初步的分段阅读的意识，找找第二次回来是第几页到第几页？第三次呢？

✳ 教师：回来做了什么？请幼儿一次一次说，把话说完整，根据幼儿的回答出示相应的折叠翻翻纸条画面。

✳ 教师：男孩第一次回来，摘走了树上的苹果，大树没有了果实。男孩第二次回来，背走了大树的树枝，大树没有了树枝。男孩第三次回来，扛走了大树的树干，大树没有了树干。

✳ 教师：大树的心里会怎么样呢？让幼儿呈现已有的情感经验：伤心、难过……

**3. 教师读故事，幼儿理解倾听。**

✻ 教师：没有了果实，没有了树枝，没有了树干，刚才你们都说大树会很难过，很伤心……但是大树却很快乐（出示纸条"很快乐……"），它为什么还快乐呢？根据幼儿的回答出示相应的折叠翻翻纸条画面，大树的帮助，让男孩有了钱、房、船。

✻ 教师：大树太爱男孩了，只要能满足男孩的愿望，让他快乐，大树也觉得快乐，即使是付出了自己所有的一切。

✻ 播放故事录音，教师讲述故事结尾，利用歌曲《爱心树》制作成的幻灯片，加入故事前半段男孩与大树游戏的美好时光，渲染气氛，激发孩子的情感。

✻ 教师：故事讲完了，你现在心里有什么感受呢？

# （二）

### 活动目标

1. 能将故事内容转化为自己的生活经验，感受生活中的爱。
2. 尝试用多种形式记录爱心故事，能适时对家人和朋友说出感恩的话。

### 活动准备

1. 背景音乐：《爱心树》。
2. 折叠翻翻纸条 4 张及汉字纸条 1 张、卡纸若干。

### 活动过程

**1. 回忆故事：表达自己对故事的感受与理解。**

✻ 引导幼儿回忆故事，简单表达故事的大意，教师根据幼儿讲述适时在黑板上出示故事图片。

✻ 教师：你觉得大树爱小男孩吗？你觉得大树快乐吗？为什么？

✻ 教师：你觉得小男孩这样做应不应该？

✻ 教师：大树好爱小男孩，所以愿意为小男孩付出关怀。想一想，你认为什么是"关怀"？

✻ 教师：你觉得爱心树的"爱"像什么？为什么你会这样认为？

**2. 画一棵"爱心树"，感受生活中的爱。**

✻ 引导幼儿回忆身边有像爱心树一样爱你、帮助你的人，幼儿讲述，教师配上简单的绘画（人物——事件）。

✻ 教师：听了这个故事，让你想起了谁？

✻ 引导幼儿在提供的卡纸上画一棵"爱心树"，并在树上用简单的文字和符号记下爱你、关心你的人和事。

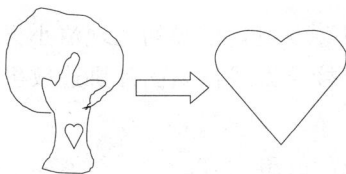

**3. 交流分享。**

❋ 请幼儿讲述自己爱心树上的爱心故事。引导幼儿用完整的语言描述：×××是爱我、帮助我的人，他们为我做……

❋ 教师：对于爱你关心你的家人和朋友，你想对他们说什么？

❋ 教师：你有没有像爱心树一样帮助过别人？你快乐吗？

# （三）

## 活动目标

1. 根据图片发挥想象力，初步组织成口语表达的内容。
2. 尝试合作组成故事进行表演。

## 活动准备

1. 字卡：小男孩、少年、成人、中年、老年。
2. 图片 5 张：小男孩与树、少年与树、成年人与树、中年人与树、老年人与树（见下图）。

## 活动过程

### 1. 引导幼儿回忆故事。

❋ 教师：这个故事中有两个主角分别是谁？

❋ 教师：小男孩和爱心树接触分几段？分别是哪五个阶段？以小男孩的成长阶段为时间轴线，并以字卡提示：小男孩、少年、成人、中年、老年，幼儿认读。

### 2. 故事接龙。

❋ 将幼儿分为五组，三人一组。

❋ 每组选择一张图片，分别是：①小男孩与树；②少年与树；③成年人与树；④中年人与树；⑤老年人与树。

❋ 要求：互相商量，推选一名幼儿做代表，讲述图片所示的阶段故事；讲述语言清楚、完整。

＊ 重点指导"小男孩与树"一组，引导幼儿理清小男孩与大树的几个游戏。

＊ 按故事发展的顺序，以接龙方式依据图片讲述故事。

**3. 故事表演。**

＊ 分组排练本小组相对应的故事内容。

＊ 要求：一名幼儿担任讲述任务，另两名幼儿分别扮演大树和男孩；语气要有变化，动作可以尽量夸张。

＊ 交流展示，按顺序分小组表演故事。

## 活动建议

1. 将图书投放到小书房，供幼儿继续阅读。

2. 引导幼儿将表演延续到班级的表演角。

3. 鼓励幼儿活动结束后或者回家后拿上绘制的"爱心树"，对"树上"的朋友和家人面对面说出感谢的话。

## 活动材料

［美］谢尔·希尔弗斯坦/著，傅惟慈/译，《爱心树》，南海出版社，2007。

## 活动分析

首部曲：读一本"爱心树"——这样一本图画书对大班幼儿来说意味着什么？我们尝试采用集体阅读和自主阅读的方式，让幼儿理解故事的前半段及后半段男孩的四次回来、大树的四次给予，充分感受大树对男孩的爱。教学过程中，采用抒情缓慢的弦乐音乐作为阅读的背景，渲染气氛，以激发幼儿的情感，从而让我们的幼儿迁移经验，感受生活中的爱。

二部曲：画一棵"爱心树"——将故事的内容，转化为自己的生活经验，激发幼儿感受生活中的爱，尝试用简单的符号和文字绘画爱心树上的爱心故事，能适时地对家人和朋友说出感恩的话。

三部曲：演一出"爱心树"——能根据图片发挥想象力，并初步组织成口语表达的内容，尝试合作组成故事进行表演。

**作　　者：孙叶　郁婷**
**工作单位：上海市嘉定区实验幼儿园**

# 坐井观天

## 教学班级

大班

## 活动背景

　　成语是中华民族文化宝库中的一朵绚丽奇葩，形式简洁意思精辟，有定型的词组或短句，每一个成语都有一个韵味隽永的故事，包含着丰富的知识和道理。平日里我们经常欣赏一些成语动画小故事，如：画蛇添足、守株待兔、一心一意、三心二意、亡羊补牢等。幼儿很喜爱成语故事，也学会了在日常生活中使用，如：上课要一心一意，不能三心二意。适当地教给他们一些通俗易懂、朗朗上口的成语，对启迪幼儿智慧、陶冶幼儿心灵以及发展幼儿口语表达能力都会起到积极的作用。

　　"坐井观天"的字面意思，幼儿通过看听说，很容易便知道：坐在井里看天。可是，"坐井观天"是个成语，它具有一定的寓意。而体会它的寓意，对于幼儿来说，还具有现实的指导意义，因为他们对事物的认识往往是片面的。因此，让幼儿从中体会这则成语的寓意，需要从阅读、讲述、情景游戏、读写记录等多层次、多角度让幼儿喜欢上阅读喜欢上成语故事。

　　在教学过程中，我充分相信：教师是引导者、组织者，同时也是支持者和帮助者。教师既要在前引导，又要从旁帮助，和幼儿一起合作、探究，实现和谐的互动，共同完成学习目标。孩子们对故事中的两位主人公特别感兴趣，所以我们将故事做成了系列活动，通过多领域、多角度满足幼儿的兴趣与爱好。

## （一）

## 活动目标

1. 养成阅读成语故事的兴趣。
2. 理解"坐井观天"的含义。

## 活动准备

1. 谜语条。
2. 幻灯片。

## 活动过程

**1. 猜谜语导入活动。**

✳ 教师：我有个谜语，请大家来猜一猜：绿衣小英雄，水里呱呱呱，从不吃庄稼，只吃小害虫。

✳ 教师：这是什么动物啊？（出示图片卡）

✳ 教师：青蛙在什么地方呀？它在干什么呢？

✳ 教师：我还有一个谜语：椎子尾，橄榄头，最爱头尾壳内收，走起路来慢又慢，有谁比他更长寿。

✳ 教师：这个是什么动物呢？（出示图片卡）

✳ 教师：乌龟和青蛙碰面了，猜猜他和青蛙说什么呢？

**2. 阅读图画书。**

✳ 教师：小朋友说了这么多自己的观点，我们一起来看看这个好看的故事，到底讲得是什么内容？（演示幻灯片《坐井观天》）

✳ 教师：故事的名字是什么？发生在哪里？主人公是谁？乌龟告诉青蛙外面的天和海是什么样的？

✳ 教师：这个好听的故事其实就是一个成语故事，故事的名字"坐井观天"就是一个成语。

**3. 解释成语。**

✳ 教师：什么是成语呢？

✳ 教师：成语就是人们长期使用的，简洁、精辟的词组或短句，表示一定的意义，大都是 4 个字，还有一个有意思的故事。

**4. 阅读故事。**

✳ 教师：这个好听的成语故事就藏在我们的书里，现在请小朋友翻开书自己阅读，看一看两位好朋友之间的对话，再想一想为什么小青蛙说"天和井口一样大，海和井水一样大"？幼儿带着问题自主阅读。

✳ 教师：为什么小青蛙说"天和井口一样大，海和井水一样大"？

**5. 游戏。**

✳ 教师：现在和大家玩个小游戏，你就知道为什么青蛙说天和井口一样大，海和井水一样大了。

✳ 教师：请拿起座位下面的纸，卷成一个望远镜，透过圆孔看看教室，说说你看到了什么？

✳ 教师：你们能够完整看到全部小朋友吗？能够看清楚整个教室吗？

✳ 教师：因为我们的视线被局限在这个小圆孔里了，所以只看到了一点，不能全面的看到它真正的全部。

✳ 教师：所以青蛙待在井下才会说天和海只有井口一样大，那是因为它没有真正看到一望无际的蓝天和大海。

# （二）

## 活动目标

1. 学习运用成语。
2. 表演理解故事并体验成语学习的乐趣。

## 活动准备

1. 自制大书《坐井观天》一本、幼儿用书人手一本、白纸人手一张。
2. 头饰 2 个（青蛙、乌龟）、道具（井一口）、字卡、图片、青蛙小头饰幼儿人手一个。

## 活动过程

**1. 回忆成语故事。**

✳ 出示自制大书"坐井观天"。

✳ 和幼儿一起阅读故事大书。

**2. 学习使用成语。**

✳ 教师：这个故事的内容可以用一个成语来表示，是什么成语呢？

✳ 教师：这个成语是什么意思呢？

✳ 教师：你能用这个成语来说句话吗？

**3. 发现新的成语。**

✳ 教师：在这个成语故事里还藏着一个成语，谁能找到他？

✳ 教师：一望无际是什么意思呢？

✳ 教师：那你知道还有哪些一望无际的景象吗？

✳ 教师小结幼儿的回答并演示幻灯片：一望无际的沙漠、一望无际的海洋、一望无际的天空、一望无际的草原。

✳ 请幼儿观察图片内容说一句完整的话，教师做示范。

**4. 故事表演。**

✳ 情景再现，加深幼儿对故事的理解，增加对成语故事的喜欢。

✳ 教师：现在"魔秀大舞台"要上演新剧目《坐井观天》了，有请小演员进行自我介绍。

✳ 幼儿进行故事表演。

**5. 自由表演。**

✳ 教师：我发现每个小朋友现在都跃跃欲试，那么就请所有小朋友一起来扮演小青蛙，自由自在地表演吧！

✳ 教师：人手一个青蛙头饰，进行表演唱：小青蛙呱呱呱，地上住住，水里游游，咕呱咕呱咕呱，我不吃庄稼，我吃害虫。

## 活动建议

1. 成语纸张作业。

幼儿先进行已学成语的复习，理解图片的含义并与成语的匹配，然后将成语剪下，对应贴在其含义图片的下面。

2. 分组区角游戏。

表演区：将头饰、背景图投放到表演区，幼儿可自主进行区角表演。

手工区：投放绿色卡纸，幼儿学习折叠青蛙、乌龟，制作青蛙、乌龟的指偶。

语言区：将自制大书放置语言区，幼儿可自主分享讲述。

# （三）

## 活动目标

1. 完整讲述故事里发生的事情。
2. 学习如何保护环境，养成环保意识。

## 活动准备

手偶两个（青蛙、乌龟）、幻灯片《大海探秘》、字卡、图标、自制大书一本、碟片。

## 活动过程

**1. 活动导入。**

﹡ 教师：自从乌龟哥哥带青蛙弟弟看到了波涛起伏、一望无际的大海后，青蛙弟弟就对大海无限的向往，希望能去畅游大海。

﹡ 教师：终于有一天，他们出发啦！两名教师在背景后表演手偶剧《青蛙与乌龟》。

**2. 阅读故事《大海探秘》。**

﹡ 教师：青蛙和乌龟准备去干什么去呀？大海有没有边际呢？

﹡ 观看幻灯片。

﹡ 教师：他们去寻找了吗？在旅途中又发生了什么事呢？让我们一起看看这个故事吧。

**3. 欣赏故事《大海探秘》。**

﹡ 播放幻灯片《大海探秘》。

﹡ 教师：故事看完了，想想这个故事的名字是什么？旅途中他们先后遇见了谁？他们都对青蛙和乌龟说了什么？（出示图标与字卡）

﹡ 共同阅读故事大书，讨论故事内容。

﹡ 教师：轮船最后告诉他们地球是圆的，所以无论怎么游都没有边际。

## 活动材料

选自《学前教学用书·大班语言（上册）》，西安出版社，2007。

## 附　录

**（自编）[故事]**　　　　　**大海探秘**

自从乌龟哥哥带青蛙弟弟看到了波涛起伏、一望无际的大海后，青蛙弟弟就对大海无限的向往，希望能去畅游大海。

这天，青蛙弟弟去找乌龟哥哥，问道："乌龟哥哥，大海看上去一眼望不到边，那是不是真的没有边际吗？也许我们游过这片海就能看到大海的另一边呢？大海的另一边是什么样呢？会不会是另一个世界呢？我们一起去发现这个秘密好吗？"乌龟哥哥心想："其实我也不知道大海是否有边际，倒不如去看看。"

于是，他们兴高采烈地来到了大海里畅游了起来，刚游了一会儿就碰到帆板，青蛙弟弟问："帆板哥哥，你知道大海的边际在哪吗？"帆板想了想："大海的边际没听过呀？"又随口说道："游过了这片海就到了。"告别了帆板，青蛙弟弟和乌龟哥哥继续向前游，碰到了海豚。青蛙弟弟问："海豚姐姐，你知道大海的边际在哪吗？"海豚想了想，好像在书上看过，说道："好像很远的，游过了这片海可能就是了。"告别了海豚，他们继续努力地游着。正当他们筋疲力尽时，碰到了轮船，乌龟哥哥问："轮船伯伯，帆板哥哥和海豚姐姐告诉我们游过了这片海就是海的边际了，可是我们游了好远好远还是没有看到大海的边际。您知道大海的边际在哪吗？"轮船笑呵呵地说："傻孩子，地球是圆的，大海是没有边际的，快点回家多看看书，学习学习吧！"

青蛙弟弟和乌龟哥哥垂头丧气地回家了。

## 活动分析

《坐井观天》通过青蛙和乌龟对"天有多大"的讨论，阐明了一个深刻的道理：遇事要多看多想，才能明白事情的真相。对于大班幼儿来讲，理解"坐井观天"的字面意思很容易，但是如果要理解并体会这个成语的寓意比较困难，因为这个年龄的幼儿对事物的认识往往正如文中的"青蛙"是非常片面的。

所以在活动设计上，我分为六部分引导幼儿逐渐理解成语故事：1. 在互动性原则基础上，通过音乐游戏和猜谜引出故事的两位主人公。2. 利用多媒体吸引幼儿对读本产生兴趣。3. 在体验性原则上，让幼儿通过自主阅读寻找答案，尝试玩望远镜，体会到青蛙"井口一样大的天，井水一样大的海"的观点。4. 一起阅读大书，理解"坐井观天"的真正含义。5. 拓展幼儿语言连贯性和完整性，运用已有经验学说完整的一句话。6. 通过情景再现的表演，激发幼儿对成语故事的喜爱。

通过本节活动，本班幼儿还是很喜欢阅读成语故事。在课后的区域活动中，幼儿对纸张作业的掌握还是很好，能够理解图片中成语的大概含义，对应寻找匹配的成语字条并剪下粘贴。在小剧场表演中，大部分幼儿都选择了此故事进行表演，兴趣很浓厚。

但活动仍有自己不满意的地方和诸多不足。幼儿自主阅读的时间应该再多些。当我提问时，有些幼儿还没有全部的阅读完。在提问时，有个别幼儿还未来得及表达自己的观点；在让幼儿对"一望无际"成语的理解上让幼儿说得少，应拓展幼儿的思维，创编想象："还有什么是一望无际的"，并及时记录下幼儿的词句，在第二课时可以进行读写记录活动；在"魔秀大舞台"表演时，可以让台上和台下的幼儿有互动，调动起大家的积极性，还可以依据幼儿的兴趣进行自选分组表演，尽量让每一位幼儿体验故事的人物角色。

总体说来，幼儿还是很喜欢成语故事，整节课上也都积极认真，理解的效果也很好。

作　　者：夏天
工作单位：陕西省政府机关幼儿园

# 没有不方便

**教学班级**

大班

**活动背景**

在我们的生活中，有很多人都存在这样或那样的不方便，特别是有残障的人。在我们班就有这样一位脚残障的幼儿，他的脚虽然有问题，但每次体育活动时，他都能积极参与。然而在生活中，难免会被别人用异样的眼光看待，活动中班上的幼儿也会偶尔排斥他。《没有不方便》这本图书很适合我班幼儿阅读，这个故事会让幼儿学会尊重、正确对待残障儿童。

我们班虽然已经是大班，但阅读活动在小班和中班都未开展过。自从开展早期阅读后，我发现幼儿有很浓的阅读兴趣，喜欢看各种各样的图书。幼儿的阅读习惯得到了一定的培养，如：阅读前知道洗手、接书时知道用双手轻轻地捧书，阅读能力也得到了不同程度的提高，如：能够用语言表述单页的故事情节，知道封面、扉页、封底及出版社等。但我班幼儿阅读还存在以下问题：如阅读时不能保持安静，不爱惜图书。部分幼儿不能较专注、细致的观察画面，想象力不够丰富，不能用较完整的语言表述故事内容。我们认为，阅读活动不是单一地阅读图画，而是根据幼儿的年龄特点和图书蕴涵的教育资源，整合成系列活动，再根据幼儿的实际发展情况进行教学，渗透到各领域。

## （一）

**活动目标**

1. 养成安静、专注、细致观察画面的阅读习惯。

2. 通过认真有序地阅读图书，能够用较完整的语言表述图画内容。

**活动准备**

图画书《没有不方便》人手一本。

**活动过程**

**1. 激发幼儿阅读图书的欲望，引导幼儿理解封面内容。**

＊ 出示图书，引导幼儿观察封面。

＊ 教师：你们看这本书封面上的小朋友在干什么？

✵ 教师：这个小朋友的脚怎么了？他走路的样子跟你们一样吗？
✵ 教师：这个故事的名字叫做《没有不方便》，故事里的这个残疾小朋友叫做王阿明。

### 2. 自主阅读。

✵ 交代看书前的要求：要求幼儿双手捧书；要求幼儿安静阅读，从封面看起，一页一页地翻阅；要求幼儿仔细观察画面，特别是小朋友的神态。
✵ 发放图书。
✵ 与幼儿一起自主阅读图书。

### 3. 讨论故事内容。

✵ 教师：王阿明小朋友怎么了？
✵ 教师：刚开始的时候他的表情怎么样？为什么？
✵ 教师：开始，王阿明有没有跟小朋友玩？
✵ 教师：后来有小朋友跟他一起玩吗？都玩了些什么？
✵ 教师：最后他的表情怎么样？为什么？

### 4. 活动小结。

✵ 教师：这本书告诉了我们不应该排斥、嘲笑行动不方便的小朋友，应该跟他们在一起玩，多关心、帮助他们。
✵ 请幼儿排队并双手捧着书还给老师，提醒幼儿应把封面摆放在上面。

# （二）

## 活动目标

1. 在阅读中融入自己的情感，体验理解故事内容。
2. 能够按故事发展的顺序进行阅读讲述。

## 活动准备

故事大书，故事小书。

## 活动过程

### 1. 引导幼儿理解阅读。

✵ 出示大书。
✵ 告诉幼儿图书的名字、作者的名字及出版社。
✵ 带领幼儿认读图书的名字、作者的名字及出版社。

### 2. 与幼儿一起阅读，帮助幼儿理解故事内容。

✵ 教师：王阿明的脚不方便，他的心情怎么样啊？
✵ 教师：刚开始，王阿明愿意跟班上的小朋友玩吗？为什么？
✵ 教师：小猴子跟在阿明后面做什么？小猴子为什么坐摩托车上课？
✵ 教师：小猴子开始会用拐杖走路吗？后来是谁帮助了他，教他用拐杖走路的？

✻ 教师：回家的路上，他们遇到了谁？

✻ 教师：小猴子的表现怎样？阿明的表现又是怎样的？从哪一页可以看出？阿明有没有给小猴子带来不方便呢？

✻ 教师：在生活中阿明有的时候会有些不方便，书上的小朋友是怎样帮助阿明的？

✻ 教师：后来班上的小朋友愿意跟王阿明一起玩吗？他们都玩了些什么？最后小猴子跟王阿明怎么样了？

### 3. 教师完整地讲述故事一遍。

✻ 请幼儿学会安静倾听故事。

✻ 教师边讲故事边翻图书。

### 4. 再次共同阅读图书。

✻ 发放图书。

✻ 幼儿逐页翻阅图书。

✻ 幼儿可以小声讲述故事内容。

# （三）

## 活动目标

1. 懂得与不同特点的同伴友好相处。
2. 体验帮助身边残障人的乐趣。

## 活动过程

### 1. 回忆故事。

✻ 教师：昨天我们看了一本书，名字叫什么？

✻ 引导幼儿讲故事《没有不方便》。

### 2. 和幼儿讨论。

✻ 教师：在我们班上有没有像王阿明这样身体残疾的小朋友？

✻ 教师：他是谁？

✻ 教师：我们能不能嘲笑、排斥他？

✻ 教师：你们应该怎么帮助×××呢？

### 3. 总结谈话。

✻ 教师：残障并不需要普遍同情，他们更需要来自社会的尊重与欣赏。其实他们和我们一样，有自己的生存之道，有对生活的态度，也可以开心、快乐地学习与生活。

✻ 教师：在生活中还有很多的残疾人，我们应该尽自己的能力去帮助他们，让他们对生活充满信心。

### 4. 游戏活动。

✻ 请幼儿上台表演怎样帮助班上的特殊孩子×××。

## 活动建议

1. 组织一次社会实践活动，带孩子走向社区或者儿童福利院去帮助残障人，体验与残障人相处的乐趣。

2. 在主题墙上布置与故事相符合的内容，让孩子画上如何帮助残障人的图画，然后贴在墙上。

3. 在活动区投放一些与故事内容相符的材料、道具，让幼儿能随时进行表演，并制作一系列图书供幼儿翻阅。

## 活动材料

施政廷/文、图，《没有不方便》，南京师范大学出版社，2003。

## 活动分析

阅读活动《没有不方便》分三次进行教学。整个活动流程都围绕着主题目标进行教学，每个目标都能很好地达到，学习效果挺不错。第一个活动中，我充分让幼儿自主阅读，培养幼儿的阅读习惯及阅读能力。在自主阅读的过程中，幼儿大都能保持安静，而且能较专注的观察画面，基本能把自己看到的用语言表述出来。第二个活动中，我充分让幼儿理解阅读，在理解阅读的过程中，我只起到引导作用，更多的是让幼儿融入自己的情感来理解故事内容，在理解的基础上能按照故事的发展讲述。第三个活动中，因为班上有一个残障的小朋友，我抓住这个机会让幼儿付出他们的实际行动，体验帮助残障人的乐趣，懂得与不同特点的同伴友好相处。当然，在教学活动中也存在了一些问题，幼儿的口语表达能力较弱，句子缺乏完整性，能集中注意力阅读图书的时间不长，不能安静倾听同伴的想法，在集体面前不能大胆地说出自己的想法，缺乏自信心。在以后的阅读活动中，我将会重点抓这些方面，让幼儿的阅读能力得到进一步提高。

作　　者：吴亚丽
工作单位：贵州省玉屏县实验幼儿园

# 三等奖

# 大猩猩

## 教学班级

大班

## 活动背景

这是一个奇妙的故事。小女孩安娜最喜欢大猩猩，她很想让爸爸陪她，可爸爸总是忙于工作很少理她。就连安娜过生日，爸爸也只是送她玩具猩猩。深夜，大猩猩不断变大，大到可以穿上爸爸的衣服带安娜去动物园看真正的大猩猩！安娜度过了美丽梦幻般的一夜：和大猩猩互相搂着到动物园，一起看电影《超人》，一起享用丰盛的一餐，一起在月下草坪上起舞，还有幸福的吻别……

《大猩猩》一书曾荣获多项重要大奖，是安东尼·布朗经典作品。他利用"父亲"和"大猩猩"的共同点——高大威武却亲切温和，描绘了一个忙忙碌碌、不擅表达，却用行动来体现伟大父爱的感人故事，也细致地刻画了幼儿心中的孤独害怕，渴望父亲所给予安全感的心理。而大猩猩的梦幻形象的出现，更是使幼儿产生强烈的认同感……

像安娜这样的幼儿在生活中应该说不是少数，而幼儿又不知该如何表达自己内心的孤单，也不能很好地体会父母的辛劳。因此，这样一本温馨而又巧妙的图画书既可以送给幼儿，又适合父母阅读，用来亲子阅读更是贴切。

另外，大班幼儿对阅读兴趣逐渐浓厚，如何行之有效地引领幼儿进一步学会阅读，并通过阅读在认知、情感、社会交往等各方面都最大限度地有所获得？本次系列活动重在引领幼儿通过细致观察图画书画面，打开思路，敞开心扉，畅所欲言，在懂得和家人需及时沟通并知道如何沟通的同时，能深切感受来自父母的真爱，懂得体谅他们的辛劳并且在孤单时努力让自己快乐起来。

## （一）

## 活动目标

1. 仔细阅读，大胆提出疑问。
2. 初步理解图画故事内容。

## 活动准备

1. 图画书《大猩猩》幼儿人手一本。
2. 图画书《大猩猩》幻灯片。

3. 心形彩色卡纸人手一张。

## 活动过程

**1. 活动导入。**

✳ 引导幼儿阅读图画书封面，引起幼儿阅读兴趣。

✳ 和幼儿一起阅读图画书。

**2. 和幼儿讨论图画书内容。**

✳ 教师：谁能告诉我这本书的主人公是谁呢？

✳ 教师：故事主要发生在什么时候？

✳ 教师：看完这本书，你们一定会有一些自己的看法和疑问。谁来说说呢？教师操作相应幻灯片，鼓励其余幼儿参与交流和解答疑问。

✳ 教师：原来这是一本关于孩子渴望爱、渴望父母关注的图画书啊！

**3. 完整阅读图画书。**

✳ 教师边操作幻灯片边讲述故事。

✳ 教师：你觉得安娜的爸爸是一位怎样的爸爸？

✳ 请幼儿谈谈自己的爸爸和妈妈。

# （二）

## 活动目标

1. 进一步学习细致阅读图画书，发现并解决阅读中的问题。

2. 懂得和家人及时交流沟通的重要性，探讨与家人沟通的方式。

## 活动准备

1. 图画书《大猩猩》人手一册，图画书《大猩猩》幻灯片。

2. 部分家长的采访录像。

3. 父母寄语字卡，人手一张。

## 活动过程

**1. 出示图画书《大猩猩》，回忆故事。**

✳ 教师：这两天和爸爸妈妈一起看过这本书了么？书名是什么？

✳ 教师：封面上，我们的小主人公安娜和大猩猩正在干什么？

✳ 教师：看到这样的画面，你想说什么？

**2. 讨论图画书。**

✳ 教师：我们一起来聊聊这本书吧。告诉我你在书里看到了什么？有什么有趣的发现？

✳ 教师：在这个美丽的夜晚，大猩猩和安娜之间发生了许多美妙的事，这些事是真实的吗？你从哪里看出来的？

* 教师：为什么安娜会觉得孤单？你从哪里发现的？谁帮她走出了孤单？怎样帮她的？教师选择性点击幻灯片，并和幼儿适时地"体验"安娜的快乐，如：想象大猩猩和安娜之间"用餐"时的温馨谈话、模仿"超人""跳舞"等。

* 教师：在梦里，安娜是那样快乐！回到现实以后呢，安娜发现了什么？她怎么做的？又会说些什么？引导幼儿观察细节，充分体会主人公的心情，并予以想象表述。

* 教师：爸爸又是怎么做，怎么说的呢？哪幅画面告诉了我们这个答案？这幅画面跟前面的哪幅画面感觉很像？又跟哪幅画面对比很明显？引导幼儿观察对比画面，勇于探索发现。

* 教师：现在的安娜好快乐……这幅画面好像在哪儿见过，你能找出来吗？两幅画有什么一样和不一样的地方？书里面还有哪些看上去感觉很像和对比很明显的画面？继续引导幼儿观察对比画面，培养幼儿阅读的细致性，这是初次尝试让幼儿如此敏锐地阅读，幼儿若不能一下子有所发现，可选择有代表性的参照画面，引导幼儿及时发现。

* 教师：那些看上去很相似但还有区别很大的画面让我们逐渐知道，安娜终于走出了孤单，走进了快乐！那你曾经有过和安娜一样孤单的时候吗？平时你的爸爸妈妈是怎样的？你心目中的爸爸妈妈又是怎样的？怎样让他们知道你的心里话？鼓励幼儿倾吐心声，并尝试用各种方式与父母沟通。

* 教师：有了心里话就用各种方式及时向爸爸妈妈表达出来，这样，爸爸妈妈才会知道你真正的需要！你才会和安娜一样获得真正的快乐！

* 教师：如果爸爸妈妈暂时不能陪我们，孤单的我们怎么办？鼓励幼儿学会孤单时的自我调节。

### 3. 完整阅读图画书。

* 教师：你们真的很能干哦！一起来完整地读一读这本书吧！教师讲述图画书，幼儿安静倾听，引领幼儿再一次进入故事情境。

* 教师：和安娜的爸爸一样，爸爸妈妈只要发现了我们需要他们，就会尽自己最大的努力满足我们。可爸爸妈妈会有什么心里话想要告诉我们呢？我们一起来听听。播放录像，请幼儿听听爸爸妈妈的心声。

* 教师：原来爸爸妈妈也有很多无奈的地方啊！那我们应该怎么做呢？

### 4. 分享爸爸妈妈的寄语。

* 教师：在你们的书后藏着你们的爸爸妈妈要对你们说的心里话，爸爸妈妈已经读给你们听过了吧？现在让我们一起来相互分享和感受一下吧！教师随机抽读几名幼儿的父母寄语字卡。

* 教师：现在告诉老师，你们的爸爸妈妈爱你们吗？对了，只有相互体谅和理解，我们和爸爸妈妈才会更加相爱哦！

## 活动材料

[美] 安东尼·布朗/文、图，林良/译，《大猩猩》，河北教育出版社，2007。

（活动分析）

　　活动方案是经过几次活动实践不断摸索、改进后的最终稿。这样的尝试对教师来说是富有挑战性的。而对于幼儿来说，这样的阅读也是新鲜而有所获得的。在这过程中，笔者的教育教学理念和究竟如何引导幼儿阅读图画书方面都有了微妙的提升。但愿我们的孩子能从小爱看书、会看书、看懂书⋯⋯感谢这次早期阅读方案设计活动带给我们的磨炼和促进！

作　　者：曹丽莉
工作单位：江苏省扬州大学第一幼儿园

# 贪吃的小猫

## 教学班级

大班

## 活动背景

5—6岁是儿童语言表达能力明显提高的时期，他们不但能系统地叙述生活中的见闻，而且能生动有感情地描述事物，看图讲述能力也明显提高，儿童在讲述时能根据图片内容想象角色的神态表情和心理活动。图画书《贪吃的小猫》重在展现生动有趣的故事情节，描绘了小猫丰富多变的神态表情变化，适合发展大班幼儿的故事讲述能力，于是我选择该图画书进行阅读活动。

该图画书画面内容包含的信息量不大而且没有复杂的情节，幼儿非常容易理解，但包含一定难度的语言知识点，特别是量词的使用。平常在阅读活动后，我观察到幼儿在美工区活动时喜欢剪些图形，并拼凑出其他物品，如粘成项链、领带、耳环等，然后互相炫耀：我做了一对耳环，我做了一块手表……这不就是量词的使用吗？于是我萌发了采用简单手工活动的形式，以量词为切入点进行阅读拓展活动，目的在于引导幼儿发散思维，拓展幼儿量词的词汇量。

# （一）

## 活动目标

1. 仔细观察画面，注意细节，大胆讲述小猫贪吃的不同表情。
2. 用完整、连贯的语言根据画面讲述故事情节。

## 活动准备

1. 图画书《贪吃的小猫》。
2. 关于小猫表情（害怕、贪婪、满足、狡猾、逃跑、勇猛等）的幻灯片。

## 活动过程

**1. 观察小猫表情幻灯片，引入故事。**

＊ 教师：你们看小猫的表情是什么样的？能不能用一个简单的词语形容？幼儿每说出一个词语，就在黑板上写出相应的词语。

＊ 教师：原来小猫有这么丰富的表情和神态啊，那么在什么情况下会出现这些表

情呢？

＊ 教师：今天老师带来一本关于小猫的图书，我们一起来看看，书中讲了一个什么故事？小猫的神态都有哪些变化？

### 2. 引导幼儿观察图书，看图讲述。

＊ 教师（封面，遮住书名）：这只猫看起来怎么样？它想干什么？这个袋子里装了什么？你猜小猫和袋子之间发生了什么故事？

＊ 教师（第1页）：这幅图上有谁？小猫在干什么？它的动作和表情是怎么样的？谁来学学看？妈妈和小女孩在干什么？他们发现小猫在偷吃东西吗？

＊ 教师（第2页）：小猫现在是什么动作？它想吃袋子里东西吗？你能想象它的表情吗？谁来模仿一下？妈妈知道小猫偷吃吗？你猜小猫心里会怎么想？

＊ 教师（第3页）：接下来妈妈和小女孩准备去哪里？小猫跟在后面想干什么？它的表情和神态是怎么样的？它心里会想什么？

＊ 教师（第4页）：小猫现在在干什么？它的表情是怎么样的？从哪里看出来？它做了什么动作？它心里在想什么？

＊ 教师（第5页）：这次妈妈买了什么？妈妈知道小猫偷吃东西了吗？她是怎么知道的？你猜她想怎么对付小猫？小猫在干什么？它的动作和表情怎么样？

＊ 教师（第6页）：小猫这次是怎么吃的？妈妈在哪里？她的表情是怎么样的？她生气了吗？为什么？

＊ 教师（第7页）：小猫去哪里了？什么东西撒了一地？小猫这次偷吃的是什么？你猜它会去干什么？

＊ 教师（第8页）：小猫怎么了？它的神态和表情是怎么样的？它为什么会这么难受？它还会这么神气吗？

### 3. 讲述表演故事。

＊ 教师把全部页面展示在幻灯片上，请幼儿边看边回顾，完整讲述故事。

＊ 教师：我们一起来看看小猫都有哪些表情和神态？你知道它们的意思吗？谁能表现出来？引导幼儿认识词语：神气、狡猾、满足、惊慌失措。

＊ 幼儿三人一组进行角色表演，教师帮助幼儿分析故事的角色，着重分析小猫的神态和表情。

## 活动建议

**活动延伸**　以"亲子小任务"的形式让幼儿讲述故事，并记录下来带回班级。

**区域活动**　在区域里投入小猫、妈妈、小女孩的头饰进行故事表演活动。

**重点提示**　活动环节二中，教师要注意引导幼儿观察小猫的神态和表情，幼儿每说出形容表情和神态的词语就写在黑板上，以便进行小结和认知，预先准备词语：神气、狡猾、满足、惊慌失措。

# （二）

## 活动目标

1. 初步了解量词的意义，熟悉图画书中的量词。
2. 丰富幼儿的常用量词，学会正确使用量词。

## 活动准备

1. 废旧宣传单若干、剪刀人手一把、大白纸四张、双面胶。
2. 关于图画书中量词的幻灯片。
3. 图画书《贪吃的小猫》。

## 活动过程

**1. 观察图画书中量词的幻灯片，初步了解量词的意义。**

❋ 教师：我们已经读过《贪吃的小猫》这本书了，还记得它都偷吃了妈妈买的什么东西吗？书中是怎么说的？幼儿每回答一个，教师点击幻灯片上的相应物品，物品下面要突出量词，如"几根香肠"，量词"根"随点击放大。

❋ 教师：我们一起来读读红色的字"根、个、包、块、瓶"，它们都是量词，是形容物品的。引导幼儿指读幻灯片上红色的量词。

❋ 教师："根"除了形容香肠，如一根香肠，还可以形容其他什么物品呢？引导幼儿围绕书本量词进行想象和讲述。

**2. 筹备量词超市，学习量词的使用。**

❋ 教师：老师这里有一张长方形的纸，只要对折剪一下，它就能变出用量词"个"形容的物品来，你看看是什么？教师示范，把长方形的纸对折，剪成两个长方形，引导幼儿使用剪的方法变出量词。

❋ 教师：如果是你，只剪一刀，你能变出什么物品来？你们来试一试，只有1分钟时间哦。给幼儿提供人手一张长方形的纸和一把剪刀，要求不能有碎纸。引导幼儿通过简单裁剪，变出使用"个"量词的物品。

❋ 教师（把幼儿剪出的图形展示在第一张白纸上）：我们一起来看看，你们都变出了什么物品？他们都是什么？

❋ 教师：刚才你们只剪了一刀就变出了许多用"个"量词形容的物品来，真聪明。如果现在还用一张纸，不限制你剪多少下，不管你用什么方法，可以折、可以搓，你可以变出用什么量词形容的物品呢？引导幼儿发散想象可以剪出的、折出的物品，通过剪和折的方法，变出其他量词。

❋ 幼儿尝试探索，人手一张纸，一把剪刀，提醒幼儿剪出的碎纸放在固定的篮子里。

❋ 教师（把幼儿的作品展示在第二张白纸上）：我们一起来看看这回变出了多少量词来。请幼儿介绍自己变出的物品，要求幼儿用"我用……方法变出了……"句

143

式完整介绍，如：我用剪的方法变出了一根面条。

＊ 幼儿合作，变出更多量词。

＊ 幼儿两两合作尝试探索，为幼儿提供人手一张纸、一把剪刀，还有糨糊、双面胶、水彩笔等辅助材料，提醒幼儿剪出的碎纸放在固定的篮子里。

＊ 教师（把幼儿的作品展示在第三张白纸上）：我们一起来看看这回变出了多少量词来。请幼儿介绍自己变出的物品，要求幼儿用"我变出了……，……还有……"句式完整介绍，如：我变出了一根面条、一块饼干、一块三文治，还有一个手镯。

**3. 总结出现的量词并进行归类。**

＊ 教师（把前面三张白纸上展示的物品再次呈现在幼儿面前）：我们一起来看看一共变出了多少量词来？幼儿每说出一个不同的量词，就出示相应的量词字卡贴在第四张白纸上，如：幼儿说变出了一条小蛇，就把"条"字出示，并带幼儿一起认读。

＊ 教师：刚才我们又认识了一些新的量词，你能把变出来的物品放到相应的量词下面吗？请幼儿把展示在白纸上的物品转移到相应的量词下面，并进行简单总结，根据量词进行物品分类，初步了解量词使用的简单规律。

## 活动建议

**活动延伸** 以亲子任务的形式拓展量词"根、个、包、块、瓶"的使用，至少用每个量词来形容5种物品，由幼儿口述，家长记录。

**环境创设** 可将本活动中幼儿的作品贴在固定的地方，在本活动基础上，继续拓展不常用的量词，如串、双、架等，并收集相应的物品形成"量词超市"主题墙和主题区。

## 活动分析

本方案是由图画书《贪吃的小猫》的阅读活动以及其延伸活动组成。前面的阅读活动，幼儿基本能掌握故事的情节和内容，通过故事讲述、故事表演等形式帮助幼儿理解故事情节，并表演体验了不同的神态表情，更好地理解了"神气、满足、惊慌失措"等词语。阅读活动后，我把故事搬到了表演区，给幼儿提供了购物环保袋、小猫头饰和读本中的食物，幼儿表演得很生动。

"量词超市"活动后，幼儿更加喜欢到美工区，不论女孩子还是男孩子都喜欢剪剪折折、拼拼贴贴，做出各种各样的物品来。开始只是平面的，后来渐渐出现了一些立体、组合的物品，如：有一个男孩子折了一艘小船，再配了两根桨，还剪了几条小鱼放在船里。他还为这些物品编了个故事，幼儿对量词的使用越来越熟练。我把量词的使用延伸到家长合作中，请家长和幼儿收集10个不同的量词物品并带到幼儿园，并把他们的成果投放在阅读区里，更加丰富了幼儿的量词词汇量。

作　者：李艳仪
工作单位：广东省广州市开发区第二幼儿园

# 月亮的味道

## 教学班级

中班

## 活动背景

《纲要》明确指出"引导幼儿接触优秀的儿童文学作品，使之感受语言的丰富和优美，并通过多种活动帮助幼儿加深对作品的体验和理解"。优秀的文学作品并能让幼儿快乐自主的学习，是我们选材的依据。

故事《月亮的味道》立意新颖、极富童趣，"月亮是什么味道？真想尝一小口啊！"故事一开始就抓住了幼儿的好奇心，进而引人入胜地一步步揭开谜底。更可贵的是，故事巧妙地融入了大量的教育元素，如"心中有目标就坚持到底""遇到困难能寻找帮助""合作的精神"，这些对于幼儿意志品质的培养都大有裨益。同时，故事并不缺乏童趣，大胆想象，将一件几乎不可能的事情描述的合情合理，又留给幼儿大量想象的空间，给人一种"不怕做不到，只怕想不到"的勇气。另外，故事虚幻和现实的结合，"山顶看起来离月亮最近""水中月亮的倒影"的自然现象，让幼儿对自然充满好奇和探究的欲望。正是看到了故事中丰富的教育内涵而用之。

## （一）

## 活动目标

1. 愿意大胆表述自己猜测的画面内容。
2. 想象故事中角色的语言。

## 活动准备

图画书《月亮的味道》、角色图片。

## 活动过程

**1. 故事猜想。**

＊出示故事中的主要角色，请幼儿猜测他们在一起会有什么样的故事？

**2. 幼儿自主阅读。**

＊幼儿自由翻看图书，根据画面猜测故事的情节，提醒幼儿要一页一页地翻书。

**3. 集体交流。**

✳ 请幼儿在小组内讲述自己猜测的故事。

✳ 个别幼儿在集体前交流。

# （二）

## 活动目标

1. 体验阅读的快乐，初步感受合作的力量。

2. 推测故事的发展，理解故事内容。

3. 能倾听同伴的发言，大胆表达自己的想法。

## 活动准备

幻灯片、故事大书、角色图片、操作板。

## 活动过程

**1. 和幼儿讨论。**

✳ 教师：你喜欢吃什么味道的东西？

✳ 教师（出示月亮图片）：夜晚的天空上有什么？你们吃过月亮吗？猜猜月亮会是什么味道的？

**2. 结合幻灯片，引导幼儿猜想故事的情节。**

✳ 猜想小乌龟摘月亮的方法。

✳ 教师：小乌龟会找谁来帮忙？随着故事情节的发展，猜想角色的对话。

**3. 完整欣赏，师幼共读大书。**

✳ 录音欣赏，大书阅读。

✳ 教师：动物们觉得月亮好吃吗？是什么味道的？师幼共同小结，感受合作的力量。

✳ 教师：月亮是小老鼠一个人抓到的吗？他们是怎样吃到月亮的？

**4. 鼓励幼儿合作，回忆故事主要情节。**

✳ 个别幼儿在集体前操作学具材料，带领大家回忆故事中的语言。

✳ 分组操作学具材料，尝试说出故事中的语言。

**5. 分享月亮的味道。**

# （三）

## 活动目标

1. 愿意独立阅读图书。

2. 理解画面内容。

3. 能简单复述故事，并和同伴进行表演。

## 活动准备

图画书《月亮的味道》、故事角色毛绒玩具或手偶或头饰。

## 活动过程

**1. 回忆故事情节。**

✳ 教师：小动物们尝到月亮的味道了吗？它们觉得月亮的味道如何？

✳ 教师：哪个小动物第一个下决心要去尝一尝月亮？

✳ 教师：哪些小动物搭成了天梯？你觉得它们中间谁很了不起，为什么？

**2. 自主阅读图书。**

✳ 教师：一个小动物能吃到月亮吗？是什么让小动物们都吃到了月亮呢？

✳ 教师：每一次叠加，小动物们都有什么变化呢？

✳ 教师：水中的月亮是哪里来的呢？水中的月亮能吃吗？

**3. 分组表演。**

✳ 表演前，引导幼儿大胆说出故事中角色的语言。

✳ 分组表演故事：教师当解说，分发给幼儿毛绒玩具（或手指偶），请幼儿来扮演不同的小动物，根据故事情节进行自由表演。

✳ 分组观看表演：教师提醒幼儿可以运用夸张的肢体语言，然后请幼儿进行"精彩点评"。

## 活动建议

1. 可以把故事的背景和角色手偶放在活动区，供幼儿表演、游戏。

2. 幼儿分组制作《月亮的味道》的海报，宣传"团结就是力量"的道理。

## 活动材料

[瑞士] 麦克·格雷涅茨/文、图，漪然、彭懿/译，《月亮的味道》，二十一世纪出版社，2007。

## 活动分析

活动（一）用故事角色让幼儿猜测故事情节，扩展幼儿的思维，发展幼儿的表达能力，带着对故事的期待进入自主阅读。在自主阅读过程中，教师不具体讲解故事的情节，而是让幼儿根据自己的猜测来交流，幼儿说出的故事不尽相同，给幼儿一个自由看故事、看画面、说故事的空间。

活动（二）开始用一个自然而简单的提问"你喜欢吃什么味道的东西？"营造了一个轻松的语言环境。对于吃，幼儿再感兴趣和再熟悉不过了，自然能愿说、敢说也会说。"我喜欢吃甜甜地酸酸的东西（是什么？——教师追问）""我喜欢脆脆的、咸咸的薯片"……进而教师提出悬念"你们知道月亮是什么味道的"，一下子激发了幼儿的好奇，而"月亮像什么，你猜猜月亮的味道"等发散幼儿的思维，大胆表达自己的想法。

活动的重点部分是理解故事的情节和学习故事的语言。我运用了幻灯片，在讲述、提问、讨论中一步步展开，不断变换角色，有时是故事中的一个角色，有时是教师的引导，有时是一个故意设问的幼儿，总之在活动中创造幼儿能运用思维和语言的机会，有"小乌龟有什么办法能吃到月亮"的开放性问题，有不断给小乌龟鼓励的加油声，幼儿自发说出"坚持就是胜利"，有代替角色的对话"你跳到我的背上来，说不定我们就够得着了"，有对动物部分特征的猜测，有动物角色动作模仿。幼儿始终是一个积极主动、快乐的学习者，形成了非常好的师幼互动。

活动的提升部分是通过大书的完整欣赏，让幼儿完整理解故事的内容，并能更加专注地倾听作品的语言，感受语言的美。活动通过对故事的回顾"月亮是小老鼠一个人摘到的吗"，让幼儿体会合作的力量，幼儿说出了"合作的力量""一个人做不到，要大家合作才能完成""要和大家一起分享"等。

活动的结束部分为了让大家都知道"合作的力量"，实际也是一个集体回顾故事，再次丰富角色语言的机会。为了满足幼儿在活动（一）中提到"我也想尝尝月亮的味道"，我巧妙地让幼儿一起分享不同味道的"月亮"，幼儿在意犹未尽中结束活动。

活动（三）是在理解故事、熟悉故事的基础上对故事的再现，要求幼儿按照故事的主要情节，想象故事角色之间的对话，然后分角色进行表演。在后期还可以进行故事书的自制活动，在活动区提供可操作的材料让幼儿边操作边讲述故事。

作　　者：刘蓉
工作单位：武汉大学幼儿园一分园

# 我希望

## 教学班级

中班

## 活动背景

经过近一年阅读课程的实施，我班幼儿在阅读能力、想象能力及对诗歌的创编能力上均有了很大提高。幼儿现在不但能够大胆描述自己看到的、听到的、想到的，甚至慢慢尝试用表演、绘画等方式表现出来，这些都是幼儿乐此不疲地表现理解、想象与创造的几种最有效的方式。《我希望》图画表现力强，幼儿很容易通过画面猜想、描述内容。诗歌语言优美、句式随意，留给幼儿想象的空间比较大。同时，本诗歌能够有效提高幼儿与同伴间的沟通和交流能力，以及幼儿的语言表达能力、想象力、发散性思维能力，使每个幼儿在参与过程中都能享受到成功的快乐。

## （一）

## 活动目标

1. 大胆讲述自己的希望。
2. 通过帮同伴想办法，体验关心别人和被别人关心的美好情感。

## 活动准备

幼儿呈半圆形围坐于教师身边。

## 活动过程

**1. 和幼儿讨论。**

✳ 教师：你有特别希望做的事情吗？当你有希望做的事情时你是怎么做的？

**2. 鼓励幼儿大胆讲述自己的希望，请其他幼儿帮同伴想出实现愿望的办法。**

✳ 将幼儿分为两人一组，互相讲述自己的希望，并互相帮忙想实现愿望的办法。

✳ 教师：每个人的心里都装了许多希望做的事情，有了美好的希望，要像今天这样告诉同伴、老师、爸爸、妈妈和你身边的人，这样你的愿望就能很快实现。

# （二）

## 活动目标

1. 理解诗歌表达的意思。
2. 尝试用领诵、配乐诗朗诵等形式朗读诗歌，体会诗歌优美的意境。

## 活动准备

大书及一段优美舒缓的音乐。

## 活动过程

**1. 出示大书，引导幼儿读图，自由讲述。**

✳ 教师：你看到了什么？小朋友在干什么？他为什么要画和小朋友手拉手的画呢？

✳ 教师：如果是你，你希望画些什么呢？

**2. 教师有感情地朗诵诗歌一遍，幼儿完整欣赏。**

✳ 教师：诗歌里的小朋友希望做哪些事情呢？

**3. 师幼一起探索。**

✳ 教师：怎样读才能让诗歌变得更美？引导幼儿用领诵、分组朗诵、配乐诗朗诵的形式来朗读诗歌。

# （三）

## 活动目标

1. 愿意用绘画方式表达自己的希望，能够根据绘画内容仿编诗歌。
2. 能将仿编的诗歌用配乐诗朗诵的方式朗读出来，体验阅读诗歌的乐趣。

## 活动准备

1. 优美舒缓的音乐。
2. 绘画工具人手一套。
3. 订书器及自制图书需要的封面和封底。

## 活动过程

**1. 回忆诗歌。**

✳ 幼儿表演配乐诗朗诵《我希望》。

✳ 教师：诗歌里的小朋友希望做哪些事情？

**2. 迁移表达。**

✳ 鼓励幼儿大胆讲述自己的希望，请配班教师帮忙做记录，将幼儿回答的问题记录在画纸的一角。

﹡ 教师：每个小朋友的心中都藏了许多希望，你心中的希望是什么呢？说给大家听一听。

﹡ 将配班教师做过记录的画纸发给小朋友，请幼儿画一画自己的希望。

﹡ 幼儿作画，教师巡回指导，并与个别不善表达的幼儿交流绘画的内容。

### 3. 仿编诗歌。

﹡ 鼓励幼儿根据自己的绘画作品进行仿编。

﹡ 教师：你想把希望的事情告诉好朋友吗？有了好朋友的帮忙，我相信你希望的事情一定会很快实现。

﹡ 幼儿边唱《找朋友》的歌，边自由结伴。待幼儿找好朋友，放优美舒缓音乐，引导幼儿随音乐互相朗诵自己仿编的诗歌。

﹡ 引导幼儿将自己仿编的诗歌配上音乐朗读。

### 4. 自制图书。

﹡ 将幼儿的绘画作品装订成册，订上事先准备好的封面和封底。

﹡ 组织幼儿为图书取名字。

### 5. 结束活动。

﹡ 教师：孩子们，你们想知道老师现在最希望做什么吗？和小朋友一起，把我们自己制作的小图书，读给所有的小朋友听。

﹡ 教师：你们和我想的一样吗？让咱们一起读给其他班小朋友听吧。

## 活动建议

**活动延伸** 将幼儿自制的图书《我希望》投放到阅读区，以便幼儿随时翻阅。

## 活动材料

张明红、王雯/主编，《我希望》，选自《分级阅读·第6级》，武汉出版社，2007。

## 活动分析

中班幼儿心中有了希望是藏在心里呢？还是向老师、家长或同伴一吐为快呢？为了引导幼儿大胆说出心中的希望，因此我将活动（一）的内容设计为"说说我的希望"，幼儿在活动中畅所欲言，并积极帮同伴想实现愿望的办法，体验关心与被关心的情感。活动（二）中将"怎样使诗歌听起来更美"的问题抛给幼儿，幼儿顿时开始热烈探讨起朗读诗歌的艺术，对诗歌的意境有了更深体验。活动（三）中教师鼓励幼儿说出自己的希望，引导他们自己创编诗歌，并自制成图画书，幼儿的积极性很高。

**作　　者：**丁双红
**工作单位：**河南省漯河市临颍县南街村幼儿园

151

# 猴子捞月亮

## 教学班级

大班

## 活动背景

"猴子捞月亮"是幼儿非常熟悉的故事，故事本身既有趣也给幼儿提供了一定的想象和分析推理的空间。把《猴子捞月亮》设计成一个系列活动，尽可能地挖掘其语言教育价值。在图画书阅读活动的基础上，结合我园的课程特色"皮影活动"，我们以自制皮影为载体，把单一图书阅读，拓展为多种符号阅读，并在此基础上大胆想象创编故事和自制图书，赋予老故事以新意。

幼儿已进入大班阶段，在《猴子捞月亮》的系列活动中侧重根据对画面的理解，进行分析推理和完整表达。根据皮亚杰提出"知识的产生有赖于幼儿对材料的操作和摆弄"，因此，我们设计了幼儿创编故事活动和自制图书的活动。

幼儿对本故事已非常熟悉。在已有创编故事的基础上，我强调幼儿主动参与，自己动手制作图书。所以，该活动既适应大班儿童的发展需要又满足幼儿的兴趣。

## （一）

## 活动目标

1. 理解熟悉故事内容，体验阅读的快乐。
2. 用清楚、完整的语句表达自己的意思，发展初步的分析推理能力。
3. 乐意用简单、形象的动作表现故事角色，初步学习故事中的对话。

## 活动准备

1. 大书《猴子捞月亮》。
2. 皮影戏《猴子捞月亮》。
3. 影偶、布置好背景的活动场地、音乐。

## 活动过程

### 1. 谈话导入。

※ 教师：小朋友们，你们看过《西游记》吗？

※ 教师：在《西游记》里，会七十二变的孙悟空是住在哪的呢？

✳ 教师：今天老师给小朋友带来的这个故事也是发生在花果山的，咱们一起来看看吧。

**2. 幼儿自主阅读图书。**

✳ 观察封面与扉页，幼儿进行简单想象、猜测并提问。

✳ 幼儿独立阅读图书。

✳ 教师：小朋友，你们在书里都看到了什么？

✳ 教师：你们觉得这个故事讲的是什么？

**3. 幼儿分组观察页面，自主想象述说，进一步感受图书结构。**

✳ 幼儿分 4 组，每组每人一页图书。

✳ 请几名幼儿向大家介绍自己看的一页。每个幼儿围绕一张图，能质量较高地观察想象。

**4. 阅读大书，尝试在倾听、理解的基础上，根据分析推理，学习角色中的对话。**

✳ 教师：小猴捞到月亮了吗？为什么？

✳ 教师：小猴在井里发现了什么？它说了些什么？

✳ 教师：大猴子、老猴子看见了井里的月亮，是怎样说的？

✳ 教师：小猴子它们是怎样去捞月亮的？

✳ 教师：它们捞到了吗，为什么？

✳ 教师：当老猴子发现了天上的月亮又说了些什么？

**5. 欣赏配乐皮影表演，进一步熟悉故事内容及角色对话。**

### 活动建议

　　根据幼儿的当时学习情况，把倒影作为延伸活动，引导幼儿想一想、说一说关于倒影的经验。

# （二）

### 活动目标

1. 进一步了解皮影艺术，培养幼儿热爱民间艺术的情感。

2. 大胆尝试用点、线、色设计装饰影偶，创编故事。

### 活动准备

1. 皮影戏《猴子捞月亮》。

2. 装订好的纸制影偶半成品、未经装订的纸制影偶身体各部位（形态各异）、针、线、马克笔、纸影。

3. 皮影影偶若干。

## 活动过程

**1. 请幼儿相互交流关于皮影的经验，激发兴趣。**

﹡ 教师：皮影是什么？

﹡ 教师：自己看过或演过什么皮影戏？

﹡ 教师：皮影是什么样？

**2. 将幼儿分为几组，观察、触摸、体会皮影实物，并讨论皮影是怎样装饰的。**

﹡ 教师：皮影上都有很多镂空的纹样，同我们平时的线描很相似，都是由点、线组成的。

**3. 展示教师制作的"纸影"范例，讲解制作要点。**

﹡ 可以根据自己的爱好，选择还没有装订好的纸影，用马克笔进行线描装饰。

**4. 制作皮影。**

﹡ 幼儿根据自己的兴趣与需求，选择不同的材料和操作小组，自由组合与他人合作完成，教师巡回指导。

﹡ 指导幼儿将做好的皮影动物各关节用针和线连在一起，先做好的幼儿可以拿上自己的皮影作品，去背景后试试。

**5. 分组表演。**

﹡ 幼儿 5 人一组，自由组合，商量分配角色，利用自己制作的皮影进行表演。

**6. 评讲。**

﹡ 教师：你觉得哪一组的小朋友表演得好，为什么？着重就幼儿之间的合作、表演特色等方面进行讲评。

## 活动建议

1. 可开展亲子活动，增加活动难度，如由家长和幼儿共同设计并剪裁制作。

2. 在区角提供材料、供幼儿自己设计、剪裁制作影偶。

3. 让幼儿将自制影偶带回家操作，和爸爸妈妈分享。

4. 将自制影偶、音乐投放在表演区，供幼儿角色游戏时进行表演。

5. 走进其他班级、走进社区，为大家表演。

# （三）

## 活动目标

1. 按自己的意愿自制图书。

2. 发挥想象，续编故事并能大胆表述。

## 活动准备

幼儿自制影偶，不同的动物、背景若干，胶水，水彩笔，8 开彩纸若干，图书制作流程图。

## 活动过程

**1. 表演皮影导入。**

✳ 出示幼儿上节课自制的影偶，引导幼儿根据原故事表演皮影。

**2. 幼儿在理解原有故事的基础上，发挥想象，续编故事。**

✳ 教师：孩子们，猴子最后捞到月亮了吗？

✳ 教师：猴子在没捞到月亮后，小朋友们猜猜看接下来又发生了什么事？

✳ 教师：续编的故事里有哪些动物朋友？讲了些什么？

**3. 幼儿了解图书构成，自制图书。**

✳ 出示图书，进一步熟悉书的基本结构，即封面，内页和封底，讨论封面上有什么？

✳ 组织幼儿按自己的意愿，根据《猴子捞月亮》创编的新故事，制作图书。

**4. 讲述自制图书内容，感受成功喜悦。**

✳ 幼儿共同分享阅读自制图书。

✳ 讲解图书内容和结构，为图书写上书名、作者、出版社等基本信息，为画面配上文字。

**5. 总结。**

✳ 教师：今天，小朋友不但和小伙伴共同创编了故事，而且还与小伙伴一起把故事做成了图书，真开心！我们还可以把你制作的图书和编的故事给其他小朋友看一看，讲一讲。

## 活动材料

石延博/文，《猴子捞月亮》，东北师范大学出版社，2001。

## 附录

### 自制图书步骤

1. 准备一张 4 开或 8 开的纸

2. 宽对宽对折

3. 宽对宽对折

4. 宽对宽对折

155

5. 打开到步骤2，然后从虚线正中剪到中心点　　6. 折叠成书

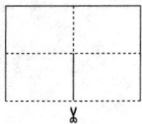

## 活动分析

　　大班年龄的幼儿，阅读的经验积累逐渐增多。在此次活动前期，幼儿通过观看皮影故事、制作皮影和表演皮影，为以皮影导入的形式开展早期阅读活动做好了铺垫。活动的操作材料和过程都充分体现了幼儿的自主性，教师以开放性的问题引导幼儿阅读，鼓励幼儿大胆创想，积极动脑，幼儿带着兴趣读书，整个阅读活动显得非常生动和活跃。

作　　者：杨曦　李昕玥
工作单位：四川省成都幼师实验幼儿园

# 小白兔玩颜色

## 教学班级

中班

## 活动背景

有一天，某位幼儿带来一本关于三原色的书，小朋友围在一起叽叽喳喳地讨论不停："为什么红色和黄色放在一起是橘色呢？""为什么蓝色和黄色放在一起是绿色呢？"甚至有的小朋友从手工区拿来了红纸和黄纸重叠放在一起，"咦，怎么没变色呢？"看到小朋友对这个话题有兴趣，于是，我设计组织了关于三原色的系列活动。

## （一）

## 活动目标

1. 知道故事名称，理解故事内容。
2. 按照字卡提示，学习用连贯语言完整地讲述故事。
3. 认识三原色，知道三原色可以调配出很多漂亮的颜色。

## 活动准备

1. 小白兔图片（红、黄、蓝、橘、绿、紫）。
2. 红、黄、蓝三种颜色小桶。
3. 字卡：红色、黄色、蓝色、橘色、绿色、紫色。
4. 故事大挂图。

## 活动过程

**1. 欢迎小白兔，激发幼儿的兴趣。**

＊ 教师（扮作小白兔一蹦一跳入场）：小白兔今天很不开心，因为它不喜欢自己的白颜色，请小朋友帮助小白兔想一个好办法，怎么样会变得更漂亮？

**2. 情景表演：小白兔玩颜色。**

＊ 教师利用图片进行情景表演，帮助幼儿理解故事内容，引导幼儿仔细观察小白兔变化不同颜色的过程，从而发现三原色可以调配出其他颜色。

**3. 熟悉故事情节，巩固学习故事的主要语言。**

＊ 教师：第一次，当小白兔跳进装有红色颜料的桶里，它变成了什么颜色？然后，

红色的小兔又跳进了装有黄色颜料的桶里，红色的小兔又变成了什么颜色？（出示红色、黄色、橘色字卡）

✳ 教师：第二次，洗完澡的小白兔首先跳进了装有蓝色颜料的桶里，它变成了什么颜色？然后，蓝色的小兔又跳进了装有黄色颜料的桶里，蓝色的小兔又变成了什么颜色？（出示蓝色、黄色、绿色字卡）

✳ 教师：最后一次，洗完澡的小白兔首先跳进了装有红色颜料的桶里，它变成了什么颜色？然后，红色的小兔又跳进了装有蓝色颜料的桶里，红色的小兔又变成了什么颜色？（出示红色、蓝色、紫色字卡）

**4. 讲述故事。**

✳ 引导幼儿按照挂图《小白兔玩颜色》完整地讲述故事。

✳ 对照字卡，按照故事发生的先后顺序引导幼儿自主阅读。

✳ 指导幼儿用连贯的语言完整地讲述故事。

# （二）

## 活动目标

1. 观察三原色调配颜色的变化过程，理解故事中不同颜色小白兔的变色过程。
2. 能与同伴合作完成实验。

## 活动准备

1. 三原色实验材料，四份。
2. 小白兔头饰。

## 活动过程

**1. 教师头戴头饰，扮作小白兔入场。**

✳ 教师：嗨！小朋友们好，在故事里，我一会儿变成绿色，一会儿变成紫色，那你们想不想知道我是怎么变色的？今天呀，小白兔就要告诉小朋友这个小秘密。

**2. 配色小游戏。**

✳ 示范如何用红色和黄色调配出橘色：将红色颜料水用吸管吸出，挤入空玻璃瓶中，然后将黄色颜料水也用同样的方法放入已装有红色颜料的瓶中，请幼儿仔细观察颜色的变化过程。

✳ 请两名幼儿用同样的方法调配绿色和紫色。

**3. 幼儿分组合作进行配色小游戏，教师巡回指导。**

# （三）

## 活动目标

1. 复习巩固故事内容。
2. 能按照游戏规则进行游戏。

## 活动准备

1. 幼儿已掌握儿歌内容。
2. 布置好的游戏场地：红色圈、黄色圈、橘色圈为一组；黄色圈、蓝色圈、绿色圈为一组；蓝色圈、红色圈、紫色圈为一组，三组排成一列，共两列。

## 活动过程

**1. 与幼儿复习故事内容，并为幼儿示范游戏玩法。**

＊ 示范游戏玩法，边跳圈边念儿歌进行游戏，幼儿观看。

＊ 介绍游戏规则：将幼儿分成两队，两队幼儿分别平行站在两列圈前面，圈对面为小白兔的家，两队幼儿边跳圈边念儿歌进行比赛，等前面幼儿回到家后，后面幼儿再进行比赛，哪队幼儿先全部跳回家为获胜。

**2. 幼儿分组比赛，教师为获胜队颁发小奖品。**

## 活动材料

［美］艾兰·贝克尔/文、图，漆仰平/译，《小白兔玩颜色》，贵州人民出版社，2007。

## 附　录

（自编）［儿歌］

### 小白兔玩颜色

小白兔，白又白，
蹦蹦跳跳出去玩。
玩什么，玩颜色，
红色黄色变橘色，
黄色蓝色变绿色，
蓝色红色变紫色。
小紫兔，真漂亮，
高高兴兴回了家。

## 活动分析

教师要随时关注幼儿产生的任何一个信息点，捕捉并反馈到他们的学习需要中，系列活动《小白兔玩颜色》就是这样产生的。当教师发现幼儿不能准确说出颜色之间的变

159

化时，活动（二）的配色游戏让幼儿的操作能力、观察能力得到了培养及锻炼。当教师发现幼儿自主学习有了新的进步时，活动（三）的游戏让幼儿充分体验成功的喜悦及游戏的乐趣。在开展具体活动时，我们还增加了一些幼儿感兴趣的活动，如：故事表演、手指游戏、亲子游戏等。这些活动不仅满足了幼儿学习的需要，更促进了幼儿各方面能力的发展。

我认为本次系列活动有以下不足之处：（1）在进行"教师提出问题，帮助幼儿回忆故事中小白兔是如何变化颜色"时，可出示相匹配的图片引导幼儿回忆。毕竟故事是新授内容，而小白兔的颜色变化又比较频繁，应再给幼儿一个感官上的刺激，而不是空谈。（2）环节过渡之间的导语要起到桥梁作用，每一个活动前教师要有明确要求，详细告诉幼儿接下来应该做什么，怎么做。在"配色小实验"这个环节，虽然教师示范了红色和黄色可以调配出橘色，但在请个别幼儿动手操作时，教师应用动作引导他们，用语言进行提示。

总体来说，活动目标完成较好，幼儿参与性很高，兴趣很浓，效果不错。

作　　者：赵琳琳
工作单位：陕西省政府机关幼儿园

# 好长好长的围巾

## 教学班级

中班

## 活动背景

中班幼儿在日常生活中，喜欢和同伴交流，能够清晰地表达自己的想法和意愿，并能用感恩的心态对待他人赠送的礼物。结合幼儿喜欢听故事的年龄特点和现有图画书资源，教师进行有效教育价值的选取，重新删减故事内容开展教育活动。活动以图画书为载体，用温暖的故事引出活动内容，并结合幼儿日常生活中的原有经验，让幼儿学会倾听，大胆回答问题，学会表达感激之情，从而学会互助与分享。

## （一）

## 活动目标

1. 通过阅读封面大胆猜测故事内容。
2. 按顺序阅读图画书。

## 活动准备

1. 一条长围巾、礼物箱。
2. 图片、图谱、黑板、画板。

## 活动过程

**1. "猜礼物"的游戏。**

＊ 教师：老师的这块布里包着一个神秘礼物，我想请小朋友来摸一摸、猜一猜，这礼物会是什么？请每位幼儿动手摸一摸，调动幼儿的感官体验，然后教师揭开谜底，展示漂亮温暖的围巾。

＊ 教师：这么漂亮的围巾，我们请小朋友试一试戴上，然后说说围巾的感觉吧！游戏重点突出"围巾长的可以把小朋友裹起来"的效果，呼应后文故事中"小老鼠马琳戴围巾"的效果。

＊ 教师：你们看，×××小朋友围上这条围巾好看吗？为什么呢？

＊ 教师：你们知道吗？有一只小老鼠还有一条比这还长的围巾呢！你们想不想来看看它的围巾，听听它的故事呢？

**2. 阅读图画书。**

✳ 阅读封面，猜测故事内容。

✳ 按照页面顺序展开图书，利用图片和幼儿进行互动式讲述，结合体态语、情感，和幼儿进行互动，辅助幼儿理解故事内容。

**3. 利用图谱提出问题，为幼儿梳理经验并进行讨论和分析。**

✳ 教师：老鼠奶奶给小孙子送的礼物是什么？

✳ 教师：老鼠奶奶为什么要送围巾？

✳ 教师：小孙子喜不喜欢这个礼物？那它适合戴着这个礼物吗？为什么？

✳ 教师：后来在三只小老鼠掉到悬崖下后，马琳用围巾做了什么？

✳ 教师：奶奶给马琳的围巾是一条，有一份温暖，那马琳要想让所有的人都感受到温暖，它做了什么？

# （二）

## 活动目标

1. 根据故事发生顺序给图画正确排序。
2. 大胆讲述故事。

## 活动准备

1. 一条长围巾（很多短围巾拼接起来的）、礼物箱。
2. 图画书、图画书中的关键图页。

## 活动过程

**1. 与幼儿一起阅读图画书，引导幼儿复述故事。**

✳ 教师（出示图画书）：讲讲这是一个什么样的故事。

✳ 出示关键图页，请幼儿排列顺序。

✳ 引导幼儿根据正确排序的图页讲述故事内容。

**2. 用故事中的围巾带领幼儿融入分享互助的故事氛围。**

✳ 教师（给幼儿呈现漂亮的礼物盒子）：小朋友们，你们能猜出这个盒子是做什么的吗？盒子里面会装着什么呢？

✳ 将好长好长的围巾围在所有幼儿身上，请幼儿自己想办法分享围巾的温暖。

✳ 将围巾分开，自己戴好一条条小围巾，引导幼儿动手发现连接围巾的小秘密。

## 活动建议

1. 结合阅读区的故事讲述，将图谱投入该区，为幼儿复述故事提供素材。
2. 作为日常户外游戏着装的红色长围巾，可以将围巾投入到表演区，作为区域游戏材料。

## 活动材料

[西] 杰玛·瑟勒斯 /文、图，方素珍/编译，《好长好长的围巾》，湖北美术出版社，2007。

## 活动分析

结合本园品德特色"爱"的主题教育活动，为促进幼儿亲社会行为的发展，培养幼儿良好的品德修养，我设计了中班阅读活动"好长好长的围巾"。

考虑到本班幼儿的年龄特点和原有经验以及中班幼儿的注意特点，我把原版故事内容进行了删减和重组，在环节中设置多个信息点吸引幼儿的注意力，由此我们看到了思路清晰，便于幼儿梳理经验的故事内容。

在教学活动中，活动引入环节运用游戏形式活跃气氛，调动幼儿感官经验，唤醒幼儿的原有经验，同时也为理解后文中小老鼠马琳裹长围巾不适合的场景做了铺垫。通过感官接触，幼儿不能猜到布里面是围巾，而是根据其软、轻的特点将其说成棉花等。但当揭开谜底的一刻，幼儿显然还是能够接受，这时他们的原有经验对于围巾温暖和柔软的记忆被再次唤起。

在故事讲述中，我原本是想完整讲述一遍故事，但是当讲到马琳想办法救三只小老鼠时，幼儿纷纷想到了贯穿活动的主线——"围巾"，提出将围巾当绳子和梯子。幼儿在后面的故事内容中印证了自己想出来的办法，体验到了成功助人的快乐。

后面的图谱和问题其实也是为了帮助幼儿理解故事内容并对其进行梳理和提升。在打开漂亮的礼物盒子时，幼儿惊喜发现了同故事中一模一样的围巾，这其实就是预先设计的活动小高潮，幼儿表现出惊讶和欣喜。

整个活动过程基本上是层层递进，环环相扣，首尾呼应的。当幼儿得到一条长围巾时，他们会马上反应到想办法把围巾分开，每人都得到一份温暖。

**作　　者：** 杨环
**工作单位：** 天津市河西区第十七幼儿园

# 不想飞的鹰

## 教学班级

大班

## 活动背景

《不想飞的鹰》的作者是德国的沃尔夫·埃尔布鲁赫，此书在 2006 年荣获"国际安徒生插图奖"。其情节发展是以"鹰飞了还是没飞"为线索和悬念，逐步激发幼儿的好奇心，在寻求答案的同时关注故事情节的发展。书中的人物对话反复出现，代表着两种观点并且还蕴涵着深刻道理。幼儿在阅读的同时随着教师的引导会不断思考，不断体会故事所蕴涵的意义。

我班幼儿正处在 5—6 岁这个阶段，具有很强的好奇心、求知欲，他们很乐意猜想，愿意表达自己的想法，很喜欢几个人一起看书、一起讨论，喜欢从书中获取知识。当看到这些时，我觉得选择《不想飞的鹰》这样一本读物能抓住幼儿的好奇心理，进行阅读能收到较好效果。

此活动为系列活动。教师与幼儿一同阅读图书，使幼儿对图书的主要内容和情节有了初步了解，为后面活动做好铺垫。幼儿在阅读的同时跟随教师引导，通过对画面观察、理解、思考，体会故事所蕴涵的意义。

## （一）

## 活动目标

1. 了解故事内容及表达的意思。
2. 欣赏故事的独特画面。
3. 学会正确阅读图书的方法。

## 活动准备

图画书《不想飞的鹰》。

## 活动过程

**1. 出示图书，进行介绍。**

＊ 引导幼儿观察图书封面，引出图书名称。

＊ 教师：这是封面，上面画了什么？

❋ 教师：为什么这只鹰会在画面的正中间？

❋ 讲解图书翻看的顺序，介绍图书作者，引出故事内容。

**2. 讲述故事内容，学习阅读方法。**

❋ 教师：画面上有谁，在什么地方，在干什么？

❋ 教师：鹰与鸡、鸭一起生活会发生什么事呢？

❋ 教师：多长时间过去了？谁来拜访养鹰人？他想干什么？

❋ 教师：学者和养鹰人为什么想要做个试验？

❋ 教师：学者说了什么？他为什么要这样做？鹰会飞吗？

❋ 教师：鹰为什么飞回了鸡舍？学者输了他会怎样？

❋ 教师：学者这次在干什么？她说了什么？这次鹰会不会飞呢？为什么？

❋ 教师：学者又输了，这次他会怎么样？

❋ 教师：学者再次决定实验，这次他会成功吗？为什么？

**3. 总结、理解故事所表达的意思。**

❋ 请幼儿回忆图书的名字。

❋ 与幼儿一同复述故事中的经典语句。

❋ 总结故事要表达的含义。

**4. 请幼儿再次完整欣赏阅读图书。**

## 活动建议

**活动延伸**　将图书投放到图书区，幼儿可与同伴进行分享阅读讲述。

165

# （二）

## 活动目标

1. 进一步理解故事情节，大胆讲述自己的想法。

2. 体会学者与鹰之间的情感，培养自信和坚持的品质。

## 活动准备

1. 课前与幼儿一起阅读图画书《不想飞的鹰》。

2. 图画书、幻灯片。

## 活动过程

**1. 幼儿完整阅读图画书。**

**2. 引导幼儿观察画面，理解故事情节。**

❋ 复述学者与主人的对话，进行对比。

❋ 观察学者三次放飞鹰的画面。

❋ 教师：每次实验学者都说一句同样的话，这句话是什么？

❋ 教师：为什么他三次都要说这句话？

✵ 教师：你从这三次试验中发现鹰有什么变化？

✵ 教师：第一次失败后，学者怎么做的？为什么？第二次失败后，学者又做了些什么？想了些什么？第三次试验后，鹰终于飞起来了，学者怎么了？为什么？观察三次放飞鹰后学者的表现，理解学者的对鹰的情感。

**3. 总结故事所表达的意思。**

✵ 教师：你听到过爸爸妈妈和老师对你说过鼓励的话吗？你们来说说？

✵ 教师：当别人失败的时候，我们应该怎么做？

## 活动建议

**活动延伸** 将图书投放到图书区，幼儿可与同伴进行分享阅读讲述。

## 活动材料

[德] 沃尔夫·埃尔布鲁赫/文、图，王星/译，《不想飞的鹰》，湖南少年儿童出版社，2007。

## 活动分析

有效的提问能激发幼儿对作品的兴趣，同时促使幼儿逐步理解作品内容。发散性的提问更能提供给幼儿想说、敢说的机会。在此活动的提问设计上，首先我对作品进行很多次阅读，在熟知每一页内容的情况下，依据后一页内容设计前一页提问，始终围绕故事发展情节，有铺垫、有描述、有猜想、有讨论。无论幼儿对问题的答案是什么，只要幼儿参与说和思考的过程，这次的阅读就是有意义的。

由于阅读活动是面向全体幼儿的，因此，在进行阅读时，我首先制作了大书，书摆放在每一个幼儿都能看到的位置上，因为我觉得每一位幼儿都应有享受这部作品的权力，不能因为这些小小的疏忽造成遗憾。

活动过程中，幼儿会回答出很多不一样的答案，这不同于以往的很多活动，教师总希望幼儿回答出自己预设好的答案。试想一下，这样的教学活动能促进幼儿个性发展吗？教师只是把自己当成主体，把幼儿又当成什么呢？对于"鹰飞没飞"的讨论中，孩子们的回答不一样，我在整个活动中对幼儿的回答从不给予对或是不对的评价，而是让幼儿从书中找寻答案，保护了孩子的积极性。

教师应该是幼儿的解读者，要想读懂他就要关心他、尊重他，这才能知道他的需要，并且支持他、引导他。我们有责任理解每一位幼儿，相信每一位幼儿，让我们的爱伴随着幼儿快乐成长吧！

作　　者：王培培

工作单位：甘肃省兰州石化公司幼教中心天鹅湖幼儿园

# 小鸡和狐狸

## 教学班级

中班

## 活动背景

我园承担的"十一五"市级课题是"促进幼儿语言发展的师幼互动策略研究",而我班则是从早期阅读开始切入研究。通过两年多的培养,幼儿已经具备正确的翻阅图书经验、读懂图书内容的经验、理解图画面文字与口语对应关系的经验,部分幼儿具备早期识字的经验。

上个月,我们一起阅读了《动物好朋友》。说到自己喜欢的动物,幼儿的话题特别丰富,所以本月活动主题是《我喜欢的动物》,我们希望通过收集有关动物的图书、图片、信息,进一步丰富幼儿有关动物的知识经验,培养幼儿热爱动物、保护环境的意识。而家长推荐的无字书《小鸡和狐狸》,引起了我的兴趣。本书没有一个文字,完全靠精美画面演绎完整故事,将故事变成了无声电影。狐狸抱走了母鸡,小熊、小兔、公鸡翻山越岭去追,历尽艰险,却发现狐狸和母鸡在壁炉旁友好地聊着天,狐狸没有吃掉母鸡,因为狐狸和母鸡是好朋友。无字书可以拓展幼儿的想象空间,每一位幼儿都可以根据画面和想象,创造出独特故事,使读书的过程成为享受创作的美好过程,使成人和幼儿可以共享奇妙想象和创作喜悦的过程。本次活动,我将借助于无字书培养幼儿的观察力、想象力、多向思维能力、语言表达能力,与幼儿一起感受阅读的快乐!

## (一)

## 活动目标

1. 仔细阅读,用清楚的语言表达自己的思考和发现。
2. 体验阅读预测和想象所带来的乐趣。
3. 初步感受和理解"特殊"的友谊。

## 活动准备

幻灯片、图画书《小鸡和狐狸》15本、画纸、笔、黑板。

## 活动过程

**1. 出示图书，引起幼儿的兴趣。**

✳ 教师：今天我给大家带来一本新书，可奇怪的是，除了封面有字，书里面一个字也没有！这下可把我给难住了，你们愿意和我一起看这本无字书吗？

**2. 阅读封面，请幼儿猜测故事名称和大概内容。**

✳ 教师：请你猜猜看，书名是什么？讲了一个什么故事呢？

**3. 使用幻灯片，和幼儿一起逐页阅读（第 17 页之前内容）。**

✳ 教师：狐狸为什么要抱走母鸡？

✳ 教师：母鸡被狐狸抱走了，它心里怎么想？

✳ 教师：母鸡被抱走后，它的朋友在做什么？他们有没有放弃？为什么不放弃？

✳ 教师：它们走过哪些地方？

✳ 教师：狐狸对母鸡怎么样？

**4. 猜测故事结局，并请幼儿记录和分享。**

✳ 故事在第 17 页暂停，请幼儿根据前面观察和分析，猜测故事的结局是什么。

✳ 请幼儿讲给教师听，教师帮助记录故事的结局。

✳ 将幼儿的结尾粘贴在黑板上，并分享 1—2 个有趣、特别的结尾。

**5. 阅读故事结局。**

✳ 给每位幼儿发一本书，请幼儿自己阅读、发现、讲述故事的结尾。

**6. 集体讨论。**

✳ 教师：母鸡为什么会帮狐狸求情呢？她会怎么为狐狸求情呢？

✳ 教师：你喜欢这个结尾吗？为什么？

# （二）

## 活动目标

1. 大胆想象，续编故事。
2. 尝试自制图画书。

## 活动过程

**1. 回忆故事。**

✳ 幼儿自主完整阅读图画书。

✳ 出示无字书《小鸡和狐狸》的最后一页大图，引导幼儿讨论。

✳ 教师：狐狸和小鸡生活在小岛上，会发生什么有趣的故事呢？

✳ 教师：小兔、小熊、公鸡坐船离开小岛，又会发生什么事情呢？

**2. 续编故事。**

✳ 引导幼儿大胆想象，续编故事。

❋ 把幼儿续编的故事书，绘画下来，制成自己的"无字书"。

**3. 故事表演。**

❋ 引导幼儿细致观察关键情景中的动物表情、动作等，请幼儿尝试设计表演中的对话、表情和动作内容。

❋ 引导幼儿进行讨论，可以怎样调整？表现"气愤""高兴""紧张"等表情的最佳方式是什么？

❋ 用大记录表将讨论内容用幼儿能看懂、读懂的方式记录，请幼儿在区域活动中尝试自己排练故事。

## 活动材料

［法］比亚蒂斯·洛迪格/著，《小鸡和狐狸》，接力出版社，2009。

## 活动分析

本次活动设计成集体阅读—独立阅读—集体讨论的形式，是基于对幼儿年龄特点和本书特点的分析，一方面尊重幼儿的表达愿望，另一方面给幼儿一个想象空间，拓展幼儿的思维。

幼儿一开始就被刺激的情节深深吸引，然后就像是一个个小侦探，尽力在图画中捕捉有价值的信息，一旦有所发现，就迫不及待地大声说出自己的看法。而每一位幼儿捕捉的点也不同，往往通过相互补充，就能迅速做出自己的猜测和判断！当大家意见不同时，他们不会随波逐流，而是坚持自己的观点，并且尽可能清楚说出自己的推理原因。当谜底一个个被揭开，当情节一步步地深入，他们会忍不住哈哈大笑！

在这样的环境氛围中，教师的角色有了新的变化，不再是故事的讲述者，"挑大梁、唱主角"的人，而是真正的"幕后推手"，引起幼儿的阅读兴趣，抛给幼儿思考的点，帮助幼儿学会抓住线索，进行大胆假设和推理。幼儿在思维和语言的相互碰撞中不断调整和学习，也学会了欣赏和接纳别人的观点。

本书能吸引幼儿的原因是很强的解说性，让幼儿透过图画看懂故事，由于没有文字，反而给了幼儿很大的想象空间，因为故事没有确定的词句，没有确定的修饰方式，没有确定的答案，更充满了无数的可能，让幼儿变得自信、变得敢说想说。只要说得有道理，只要说得有逻辑，都能成为故事的讲述者！

作　者：毛芳芳
工作单位：四川省成都市机关第一幼儿园

# 谁来帮助他

## 教学班级

中班

## 活动背景

日常活动中，我发现幼儿很喜欢和同伴一起玩，互相交往时语言也很丰富，但对于同伴间互相帮助的情感体验不深。《上海市学前教育课程指南》在学习活动部分明确指出，"接触各种富有情趣的作品，……理解他人的表达方式"是必需的基本经验。根据幼儿的早期阅读经验，初步形成对故事画面的理解，我设计了"谁来帮助他"这一活动，通过围绕阅读重点画面展开活动，试图让幼儿感受热心帮助他人的温暖，同时也向幼儿展现和谐的自然环境，潜移默化让他们了解事物之间的联系。

## （一）

## 活动目标

1. 大胆表达自己对画面及故事的理解。
2. 体会帮助别人和得到别人帮助的快乐情感。

## 活动准备

故事幻灯片。

## 活动过程

**1. 情景导入。**

✳ 教师（出示森林图）：孩子们，想一想森林里会住着哪些小动物？

✳ 教师（出示图1）：有一只小狐狸遇到了困难，有谁来帮助他呢？

**2. 理解阅读。**

✳ 教师（出示图1）：小狐狸在森林里发生了什么事情？你是怎么看出来的？会有谁来帮助他呢？大家来猜一猜。

✳ 教师（出示图2）：是谁来帮助小狐狸的？想一想火光能给小狐狸带来什么？

✳ 教师：你见过火光吗？你见过的火光能给人们带来什么？

✳ 教师（出示图3）：但是火光遇到了什么困难？为什么？

✳ 教师：猜一猜火光会得到谁的帮助呢？引导幼儿根据生活经验大胆讲述自己的观点。

✳ 教师（出示图4）：除了小屋，你认为还有谁能够帮助火光？说说你的理由。

✳ 教师（出示图5—7）：这时小屋遇到了什么困难？那么小屋得到了谁的帮助啊？我们猜猜看？小鱼是怎么帮助小屋的？

✳ 教师（出示图8—9）：可是小鱼帮助了小屋后，小鱼遇到了什么困难？为什么？猜一猜是谁帮助了小鱼？

✳ 教师（出示图10）：是谁帮助了小鱼？它们是怎么帮助它的？

✳ 教师：想想还有什么办法也可以救小鱼？鼓励幼儿想不同的方法。

✳ 教师：你们帮小鱼想了好多的方法，你们真棒！帮助了小鱼你们快乐吗？

✳ 教师（出示图11）：现在大家都得到了帮助。那最后小狐狸怎么样了呢？原来得到帮助也是一件快乐的事情！

**3. 完整欣赏。**

✳ 教师：故事中有谁帮助了谁？让我们来完整欣赏故事吧！

**4. 交流讨论。**

✳ 教师：如果是你在场，你会去帮助他们吗？

✳ 教师：说说自己在生活中曾经帮助过谁？又得到过谁的帮助？你的心情是怎样的？

✳ 教师：不管是帮助别人还是得到别人的帮助，都是一件很快乐的事情。并且，很多困难都需要大家的互相帮助才能克服。

### 活动建议

1. 在引导幼儿观察图片的同时，多引导幼儿观察图片的细节部分，从而推测故事内容。

2. 在每次小结时，可增加一些关于故事逻辑发展的话语，对幼儿进行故事发展方向的引导和暗示，便于幼儿想象。

3. 在交流讨论过程中，可多丰富一些关于现实生活的延伸活动，直观地帮助幼儿感受互相帮助的快乐之情。

# （二）

### 活动目标

1. 熟悉故事情节，与同伴合作表演。
2. 能在表演的过程中创编角色间的对话。

### 活动准备

大头饰（小狐狸、火光、小屋、鱼儿、大风、小雨点）。

### 活动过程

**1. 回忆故事。**

✳ 教师（出示大书）：这个故事主要讲述了一件怎样的事情？故事里有哪些角色？

171

这些角色间有什么联系？幼儿回答时，教师可根据幼儿回答出示相应的大头饰。

### 2. 谈话活动。

＊ 教师：讲一讲自己或周围的人遇到困难时，得到过别人帮助的情景。

＊ 接龙游戏：说说自己在班上曾经得到过谁的帮助？事情的经过是怎样的？然后帮助过人的这个幼儿接着说自己得到帮助的事情，依此类推。

＊ 教师：谁在游戏中被提到的次数最多？为什么？请他说说自己帮助别人后的心情。

＊ 教师：不管是帮助别人还是得到别人的帮助，都是一件很愉快的事情。并且，很多困难都需要大家的互相帮助，才能克服。

### 3. 创编故事。

＊ 教师：有一棵小树很冷，它很想得到帮助，可是谁来帮助它呢？

＊ 幼儿想到一个新事物，教师就将其画在黑板上，并引导幼儿想想它会需要帮助吗？依此类推。

＊ 引导幼儿看教师画的简笔画，以故事的结构创编出一个新的故事，教师记录下来，和幼儿一起读一读。

例如：

　　下雪了，有一棵小树感觉很冷。它真想得到帮助，可是谁来帮助它呢？"让我来帮助你吧，小树。"小朋友说。小朋友给小树穿上了厚厚的外套，小树不再冷了。

　　"呼呼呼"，大风把小朋友的帽子吹到了天上。小朋友很难过，他真想得到帮助，可是谁来帮助他呢？"让我来帮助你吧，小朋友。"小鸟说。

　　……

### 4. 和幼儿共同整理物品，结束活动。

## 活动材料

张明红、王雯/主编，《谁来帮助他》，选自《分级阅读·第6级》，武汉出版社，2007。

## 活动分析

这是一次富于想象的学习活动。此次活动的亮点在于，教师着力为幼儿创设一个想象讲述的空间：活动一开始，教师以小狐狸迷路为线索，让幼儿运用已有的生活经验展开想象，并运用语言大胆讲述。小狐狸害怕极了，可是谁来帮助他呢？大风向火光扑过来，可是谁来帮助他呢？大风把小屋吹进大海里去了，可是谁来帮助他呢？鱼儿被海浪推上了沙滩，可是谁来帮助他们呢？发散性的提问，为幼儿展开了自由想象的空间。发现故事中"鱼儿被海浪推上了沙滩，想想各种帮助鱼儿的方法"是活动的难点。

活动开始阶段，教师先让幼儿观看幻灯片，然后根据故事内容，提出一些回忆性、探究性和拓展性的问题，意在使幼儿结合自身经验发挥想象，从而激活幼儿的思维，激发幼儿的兴趣，为进一步学习和理解故事的内容作好铺垫。中间部分，教师注意提问的不同层次。不同的提问使师幼在交流中激活思维，升华情感，实现经验的整合与提升。在想象故事发展的基础上，幼儿用表情、动作语言表现故事情节，为理解故事作好铺垫。幻灯片的运用为幼儿提供了凭据，符合幼儿的年龄特点，让幼儿有话可说，经验的调动使活动进一步得以巩固和深化。

中班幼儿对于互相帮助的理解，比小班幼儿更情感化，他们可以看见家人、朋友等为自己做的事情，也已经有了清晰的关于"朋友之间要友好相处"的认识，在讨论帮助过别人和被别人帮助时，教师适时呼应，激发幼儿对帮助后快乐的情感体验，以自己的经历抒发快乐的情感，延伸到更广义的生活中，活动得以在饱满的情感中结束。

作　　者：戴浩婧
工作单位：上海市浦东新区好日子幼儿园

# 可乐换牙记

## 教学班级

大班

## 活动背景

随着身体发育，大班幼儿开始换牙，这一"突发事件"是幼儿身体成长的重要标志，也必然引发换牙主角乃至他身边群体的心理变化。

在平时各种正式和非正式的谈话活动中，我了解了幼儿的"换牙理论"：有的幼儿认为掉牙是一种特殊情况；有的幼儿认为是"吃了太多的糖"或是"碰伤了牙"造成的……基于这种认识，幼儿往往对换牙有恐惧心理。有的幼儿根据成人的只言片语，得出"换牙就是长大"的结论，这种直接移植成人想法到自己头脑中的幼儿对于换牙缺少具体了解，也缺少思考的愿望，也有个别幼儿从身边哥哥姐姐的经历中，了解了换牙各阶段会出现的情况，知道换牙是为了更好适应自己身体长大的需要。

此外，我还发现了初次换牙的幼儿有一些比较特殊的想法：（1）对换牙前牙齿的松动很担心，害怕掉牙；（2）对换牙时的轻微出血现象很恐慌，害怕流血；（3）因为身边成人和同伴对"缺牙巴"的调侃，对自己掉牙后的容貌感到自卑，对自己掉牙后某些发音不清晰感到自卑，害怕别人嘲笑；（4）对换牙后将会出现的情况感到困惑，甚至因为害怕会一直缺牙而焦虑。

了解了幼儿的已有经验，我开始着手设计一个针对大班上期幼儿，以换牙为主题的活动。我希望这个活动能激发幼儿更清晰地表达自己的各种解释和预测，让幼儿在讨论、讲述的过程中互相学习，发展自己的语言表达能力，另外也希望借助原创故事帮助幼儿完善自己的"换牙理论"，帮助他们用积极心态面对成长过程中的重大事件。

## （一）

## 活动目标

1. 通过图片阅读和对比，理解故事内容，理解可乐的情绪变化。
2. 积极参与讨论，围绕问题清楚地表达自己对换牙的看法。
3. 能够用积极心态面对换牙。

## 活动准备

1. 教师已经了解了幼儿对换牙的种种猜测和担心。

2. 幻灯片 1：小男孩可乐，旁边三个字：听、想、说。幻灯片 2：不断递进的"缺牙"可乐的图片。幻灯片 3—8：可乐的奇遇、可乐的担心、可乐的办法、可乐的恐惧、可乐的烦恼、可乐的奇迹。幻灯片 9：若干小朋友缺门牙的笑脸。

3. 幼儿中个别已经换牙，大部分幼儿尚未开始换牙。

## 活动过程

**1. 活动导入。**

＊ 出示幻灯片 1，提出今天讨论活动的要求。

＊ 教师：图片上有什么？发生了什么事情？

**2. 引出故事。**

＊ 出示幻灯片 2。

＊ 教师：猜猜看图片上这像什么？

＊ 教师：这是什么？你觉得这张嘴巴美吗？看到这张嘴巴你想说点什么？

＊ 出示幻灯片 3。

＊ 教师：他为什么哭呢，你们猜猜看？

＊ 教师：如果可以选择的话，你愿意选择像图片中的可乐那样掉牙（换牙），还是永远不要掉牙（换牙）？请幼儿按照自己对换牙的想法排成两队，分开就座。

**3. 理解故事，展开讨论。**

＊ 讲述第一段故事"可乐的奇遇"。

＊ 教师：这时可乐的心情是什么样的，请用一个词语来描述一下？在幼儿说出了"开心、得意"等简单词汇后，引导幼儿用更加复杂、个性化的方式来描述。

＊ 讲述第二段故事"可乐的担心"。

＊ 教师：你们猜猜闹闹对他说的什么话？

＊ 讲述第三段故事"可乐的办法"。

＊ 教师：你们觉得可乐的牙齿会掉吗？为什么呢？

＊ 讲述第四段故事"可乐的恐惧"。

＊ 教师：可乐在哭什么？聆听幼儿讲出自己的恐惧，请已经换牙的小朋友和大家分享自己的经验，确认幼儿的恐惧并不是真正可怕，引导幼儿在过程中移情、换位思考。

＊ 讲述第五段故事"可乐的烦恼"。

＊ 教师：可乐在烦恼什么？有没有小朋友能想办法帮帮他使他别那么烦恼？

＊ 逐一出现缺牙巴选美大赛的幻灯片，给幼儿一些回味和私下讨论的时间。

＊ 教师：老师给可乐看了一样东西，他就变得不再郁闷的，看了什么呢？

＊ 讲述第六段故事"可乐的欣喜"。

＊ 教师：可乐的心里会有什么新感觉呢？引导幼儿用更深入形象的词语来描述。

＊ 教师：你们猜得可真准啊，现在可乐已经在盼望着换掉下一颗牙齿了呢。

**4. 总结。**

＊ 请集体中已经掉牙的幼儿上前秀牙齿。如果换牙的幼儿多，则引导幼儿互相秀牙齿。

175

❋ 教师：听完这个故事，现在你对换牙有什么想法？和旁边的小朋友说一说，再请个别幼儿发言。

❋ 请幼儿再次根据自己的意愿分组排队。

❋ 教师：现在，还有没有小朋友觉得换牙很讨厌了？换牙应该是件很高兴的事情，因为我们长大了。换牙是特别自然的，所以让我们笑眯眯地迎接换牙，而且记得用相机把那些换牙的美好记忆都留下来噢，哈哈，我爱缺牙巴！

# （二）

## 活动目标

1. 通过阅读寻找信息。
2. 正确排列图片，并大胆讲述。
3. 尝试用自己的方式做记录。

## 活动准备

1. 牙齿生长阶段的大图片。
2. 各阶段的小图片。

## 活动过程

### 1. 活动导入。

❋ 教师（出示牙齿生长阶段的图片）：这是一张什么图画啊？

❋ 教师：仔细观察这张图画，你能知道牙齿的生长有几个阶段吗？

❋ 教师：每个阶段的牙齿叫什么名字呢？

❋ 和幼儿讨论目前他们的牙齿处于什么阶段。

❋ 请幼儿按照牙齿的生长阶段正确排列图片。

❋ 教师：排列后说一说牙齿的生长阶段过程。

### 2. 讨论换牙期间的牙齿护理方法。

❋ 教师：如何护理我们的牙齿？

❋ 教师：如何刷牙呢？

❋ 教师：请把刷牙的顺序记录下来。

❋ 按照自己的记录，讲述正确的刷牙顺序。

## 活动建议

**家园共育** 请家长协助制作每个孩子自己的"换牙记录册"，分享快乐记忆。

## 活动材料

（自编）[故事]　　　　　可乐换牙记

星期一早晨，可乐刷牙的时候，发现自己有一个牙齿好像和平常不太一样，摇一摇，牙齿居然会动。"哈哈，我有了一颗会动的牙齿，太棒了！"到了幼儿园，可乐忙把这个消息告诉了小朋友，大家都排着队来看可乐的牙齿，丁丁凑得很近去观察可乐的那颗神奇的牙齿，果果用小勺子敲了敲它，妮妮还摇了摇它，觉得好玩极了，可乐的这颗牙齿让所有的小朋友都特别羡慕。

可是轮到闹闹看的时候，他说了一句话却让可乐不再高兴了，甚至有些担心起来？原来闹闹对可乐说："我有一个爷爷，我们就叫他没牙齿爷爷，他不刷牙，牙齿都掉光了，张开嘴巴就是一个黑洞洞，真的很可怕！"

可乐一听吓坏了，天哪，我不会也变成没牙齿可乐吧？我掉了牙齿别人还能认出我吗？我会变成一个什么丑样子呀？可乐愁眉苦脸地坐在座位上，简直都不敢再继续想下去。我这颗摇摇晃晃的牙齿一定一定不能掉！可乐决定再也不摇动这颗牙齿了。他隔了一小会儿再去轻轻摸那颗牙齿，咦，好像牙齿变紧一些了。

回家后，可乐不仅不再摇牙齿，而且连硬的东西都不再吃了，他每天小心翼翼地吃一些很软的东西，小心翼翼地刷牙。"嗯，这颗牙应该不会掉了，他放心一点了。"后来，可乐连忙把好消息告诉妈妈："妈妈，我发现这个牙齿只要不摇它，它就会变紧一些，你来摸摸看。"妈妈笑着不说话，用手去轻轻摇可乐的那颗牙齿，可乐感觉到妈妈在摇牙齿，连忙把嘴闭上。这下好了，妈妈的手被咬住疼得"哎哟"一声，可乐呢，他那颗宝贝牙齿干脆掉了。可乐用手捏着这颗掉下来的牙齿，心都要碎了！妈妈给可乐倒了一杯凉开水让可乐漱口，当可乐看到自己嘴里吐出来的血水，"哇"的一声就哭了起来。

血很快止住了，可乐的伤心却没有止住了。大人们看到他都会说："哈哈，可乐变成了小缺牙。"连院子里的弟弟妹妹也把可乐哥哥改成了"缺牙巴哥哥"。可乐讨厌"缺牙巴"这个词语，他再不敢像以前那样张大嘴巴说话，连笑起来的时候也要用手捂住嘴巴。他太郁闷了。

可乐天天都在想念他的牙齿，直到有一天，可乐突然发现自己嘴里的黑窟窿里冒出来一点白白的硬硬的东西，痒痒的感觉。这是什么呢？又过了一段时间，可乐嘴里的窟窿不见了，一颗大大的白牙齿填满了它。

**作　　者：魏婷**
**工作单位：四川省成都市第三幼儿园**

# 祝愿树

## 教学班级

中班

## 活动背景

我园从 2004 年开始"早期阅读与读写萌发"的课题研究。幼儿经过小班一年的学习，已经了解阅读的基本方法，能初步看懂图画书的主要内容，大多数幼儿能用自己的语言讲述图画书的主要内容，掌握了一定的阅读和书写的技巧。

设计此活动时正值初春季节，每年这个季节生病的幼儿都比较多，每个家庭也都会有病人出现，特别是之前受"手足口病"的影响，有一段时间内的班级出勤率明显降低。为了更好地对幼儿进行情感教育，培养幼儿关心同伴、关爱他人，结合我园园本教育主题"我健康、我快乐"，我设计开展了本次系列活动。

## （一）

## 活动目标

1. 初步认识书面语言和口头语言的对应关系。
2. 进一步了解图画书的构成，激发幼儿自制图书的兴趣。

## 活动准备

1. 用五指线手套装饰的大树手偶一个。
2. 动物卡片小鸟一个。
3. 幻灯片《祝愿树》。
4. 教师自制图书《祝愿树》大书，图画书《祝愿树》幼儿人手一本。
5. 故事名称字条，图书主要内容的小图标。

## 活动过程

### 1. 表演导入，激发幼儿的阅读兴趣。

* 教师（利用大树手偶和动物图片进行表演）：春天来了，大树发芽了。但是，大树发现除了树上的小鸟以外，其他的小动物们并没有像往年一样围在树下做游戏。

* 教师：这是怎么回事呢？让我们跟着小鸟一起去看一看吧。

**2. 观看幻灯片，初步了解读本内容。**

✳ 教师：请小朋友仔细观看幻灯片细节，特别是小动物们的表情。

✳ 教师：这些动物怎么了？鼓励幼儿大胆猜测并根据自己的理解进行语言表述，依次引导幼儿观察、讲述其余幻灯片内容。

✳ 教师：如果你是小鸟，你会怎样做？鼓励幼儿大胆表达自己的想法。

**3. 幼儿自主阅读，获得有关的信息。**

✳ 幼儿人手一本图书，提醒幼儿仔细观察每页画面细节，一页一页阅读。

✳ 鼓励幼儿用铅笔圈画出自己认识的字，激发幼儿关注文字、探索文字的兴趣。

**4. 集体阅读图书，初步了解书面语言和口头语言的对应关系。**

✳ 简单介绍书的封面，帮助幼儿了解图书名称、作者等信息。

✳ 教师逐页朗读，并用手划指页码、文字，帮助幼儿掌握正确的阅读方法，在幼儿自己观察认识书面语言信息的基础上，带领幼儿进一步学习理解书面语言信息，初步了解书面语言和口头语言的对应关系。

✳ 简单介绍书的封底，帮助幼儿对图书结构有完整的认识。

**5. 图标式讲述，进一步熟悉图书内容。**

✳ 出示故事名称字条，用图标提炼图书中心内容，根据时间、地点、人物、故事发展线索内容，建构图书结构，帮助幼儿梳理图书中心内容。

✳ 利用图标巩固图书内容。根据幼儿情况，也可以先由教师做示范性讲述，个别幼儿分段讲述；还可以采用教师与幼儿之间的对话式讲述，进一步熟悉图书内容。

# （二）

## 活动目标

1. 使用多种形式进行记录。
2. 共同体验亲情，加深亲子情感。

## 活动准备

1. 乐曲《茉莉花》音乐伴奏磁带。
2. 祝愿卡大范例一个，幼儿用祝愿卡若干，铅笔、水彩笔等。

## 活动过程

**1. 制作祝愿卡。**

✳ 出示教师制作的祝愿卡范例，讲解祝愿卡的制作方法。

✳ 引导、鼓励幼儿用多种形式制作送给朋友、家人的祝愿卡。

✳ 组织能力弱或者不愿意制作祝愿卡的幼儿用录音的方式说出自己对朋友、家人的祝愿，教师协助幼儿录音。

**2. 亲子时光。**

＊ 下午离园时，在乐曲《茉莉花》的音乐伴奏下，小音量循环播放幼儿用录音方式记录下的祝福。

＊ 请用文字或图画形式进行记录的幼儿将自己制作的祝福卡念给家人听。

## 活动建议

在活动结束后，根据幼儿制作的祝福卡内容，与幼儿家长联系，请家长配合，下午尽量安排接受祝福卡的家人来幼儿园接孩子。

# （三）

## 活动目标

1. 通过谈话、采访活动，萌发关心同伴、关爱他人的情感。
2. 学习用简单文字或符号记录，激发用不同形式对周围生活进行记录的兴趣。

## 活动准备

1. 电话一部。
2. "访问调查记录表"大范例一份，幼儿用"访问调查记录表"每人一份。

## 活动过程

**1. 访问同伴。**

＊ 教师扮演"记者"，通过电话对班级生病幼儿进行访问。

**2. 记录访问内容。**

＊ 出示"访问调查记录表"大范例，讲解表格，并对刚才的访问结果进行记录，引导、鼓励幼儿在调查访问表中采用自己喜欢的方式（图画、文字或符号）进行记录。

## 活动建议

1. 请幼儿回家后开展"我是小记者"活动，对家庭生病人员进行调查、访问，并在记录表上进行记录。
2. 在第二天的晨间谈话活动中，组织幼儿交流自己调查访问的情况。
3. 在班级教室门口举办"我是小记者"专栏，展示幼儿的记录作品。

## 活动分析

在集体阅读活动中，我们采用了"幻灯片阅读""图书阅读""图标阅读"等多种阅读形式。丰富多样的阅读形式，对激发、保持幼儿浓厚的阅读兴趣起到了较好的作用，也有助于培养幼儿学习正确的阅读方法，养成良好的阅读习惯。

在幼儿自主阅读时，我们引导幼儿关注文字，采用了让幼儿尝试用铅笔在书上圈画出自己认识的汉字的方法，这种形式避免了强化认读文字对幼儿产生的压力，对激发幼儿探索文字的兴趣有很大帮助。幼儿非常感兴趣，效果较好。

集体活动结束后的延伸活动是对这一主题活动的深化，幼儿在这次主题教育活动中，不仅了解了简单的疾病预防保健知识，特别重要的是在幼儿与老师、幼儿与幼儿、幼儿与家长的交流中，情感体验得到进一步深化，帮助他们学会了怎样去了解、体验别人的感受，从而培养幼儿关心同伴、关爱他人的情感。在延伸活动中，幼儿不仅受到了教育，也让家长和幼儿一起体验了亲情，加深了幼儿和家长的感情。

考虑到幼儿的知识经验和能力水平，在制作祝福卡的过程中，我们并不强求幼儿一定要用文字进行记录，允许并鼓励幼儿用不同形式进行记录，大胆表达自己的想法，所以幼儿有较大的发挥空间，大多数幼儿都体验到了成功的喜悦，幼儿参与率非常高，兴趣非常浓，相信会对幼儿今后的阅读及书写活动产生积极的影响。

在随后结合阅读活动延伸生成的社会实践活动"我是小记者"中，我们请幼儿对家庭生病人员进行了调查、访问，进一步培养幼儿关爱他人的情感。记录活动有效地激发和培养了幼儿通过不同形式对周围生活进行记录的兴趣，提高幼儿的前书写能力。

作　　者：姚华
工作单位：陕西省安康市汉滨区幼儿园

# 好吃的凉拌菜

## 教学班级

中班

## 活动背景

开展"快乐厨房"主题活动后，我在班级区域中设置了一个温馨、漂亮的"厨房"，幼儿对厨房里的锅瓢碗勺、油盐酱醋产生了极大兴趣，并尝试自己动手制作小点心。通过观察，我发现幼儿的创作都是随意、自由、没有目的地进行。如何让幼儿有目的、有步骤制作各种菜肴呢？我首先想到厨师这一职业，又想到菜谱。可是中班幼儿识字量少，怎么阅读菜谱上的文字呢？因此，我结合本班早期阅读开展情况和幼儿的年龄特点、阅读水平和目标要求，设计了适合幼儿阅读的菜谱书——《好吃的凉拌菜》，让幼儿通过阅读各种调料标记，认识菜谱书并能按图书有顺序进行阅读，体验阅读菜谱书的乐趣，丰富幼儿的阅读范围与途径。

## （一）

## 活动目标

1. 认识菜谱书，了解图书的主要功能。
2. 找到与文字相对应的标记并尝试阅读。

## 活动准备

1. 汉字卡：酱油、醋、麻油、辣椒、糖、蒜、葱以及相对应的标记。
2. 自制菜谱书、黑板。
3. 幼儿品尝过凉拌菜。

## 活动过程

### 1. 回忆品尝过程，激发幼儿兴趣。

* 教师：小朋友品尝过凉拌菜吗？
* 教师：凉拌菜里都放了哪些调料？

### 2. 引导幼儿为各种调料找标记。

* 根据幼儿的回答，依次出示汉字"蒜、葱、辣椒、糖、醋、麻油、酱油"。
* 教师：小朋友不认识字，我们可以用什么标记来表示这些调料？

＊ 幼儿大胆讲述，教师依次出示相对应的标记，并与幼儿一起认识。

＊ 教师：一颗大蒜头表示"蒜"、一根葱表示"葱"、一个红辣椒表示"辣椒"、一颗糖表示"糖"、一个酸酸的柠檬表示"醋"、一颗小小的芝麻表示"麻油"、一颗黄豆表示"酱油"。

**3. 集体阅读菜谱书。**

＊ 出示菜谱书，幼儿观察。

＊ 教师：小朋友仔细看，这本书和我们平时看的书有什么不一样？

＊ 引导幼儿观察图书封面、书名以及图书的制作方法。

＊ 为幼儿介绍菜谱书，引导幼儿认识菜谱书。

＊ 教师：菜谱书是做菜的时候用的，它可以帮助我们学习制作各种丰富的菜肴。它的种类很多，我们这一本是做凉拌菜的菜谱书。

＊ 带领幼儿阅读，并引导幼儿根据文字对应的标记进行阅读活动。

**4. 幼儿分组阅读大书。**

＊ 为每组幼儿发一本大图书，提出阅读要求：小组合作阅读，观察文字与标记，结合起来进行阅读。不独占图书，能与同伴合作。

＊ 幼儿阅读，教师观察指导。

# （二）

## 活动目标

1. 按顺序阅读菜谱书，理解图书主要内容。
2. 尝试按菜谱书制作凉拌菜。

## 活动准备

1. 做好的凉拌菜、一次性碗筷、切好的蔬菜、各种调料及标记。
2. 自制菜谱书、餐巾。

## 活动过程

**1. 品尝凉拌菜。**

＊ 出示做好的凉拌菜，激发幼儿兴趣。

＊ 幼儿自由品尝。

＊ 教师：凉拌菜好吃吗？你知道老师是怎么做的吗？

**2. 集体阅读菜谱书。**

＊ 出示自制大菜谱书，引导幼儿观察封面、书名、封底及页码。

＊ 教师：小朋友看一看，先在碗里放上什么？

＊ 教师：上面讲的是什么？应该放多少？你是怎么知道的？

＊ 教师：又有什么？为什么？

＊ 引导幼儿按顺序根据标记阅读完整本图书，并重点指导幼儿观察画面内容。

✳ 教师：先放什么？放多少？再放什么？放多少？最后放什么？放多少？引导幼儿准确说出该放什么，每样调料应该放多少量。

✳ 教师完整朗读图书内容一遍，提醒幼儿注意按照图书顺序阅读。

### 3. 幼儿自主阅读菜谱书。

✳ 出示小菜谱书，每位幼儿一本。

✳ 教师提出阅读要求：每位幼儿安静阅读自己的菜谱书，按照画面顺序阅读，注意每种调料的量和顺序。

✳ 幼儿安静阅读图书，教师个别指导。

✳ 请个别幼儿将他的菜谱书内容介绍给大家，提醒其他幼儿注意倾听别人讲述。

### 4. 幼儿按菜谱书尝试自制凉拌菜，教师观察指导。

✳ 引导幼儿按菜谱书提示尝试做凉拌菜。

✳ 教师：小朋友们想不想自己做好吃的凉拌菜？只要你认真阅读完图书，按照图书的顺序制作，就一定能制作出好吃的凉拌菜。

✳ 相互品尝，并告诉大家自己是怎样做的。

## 活动分析

　　《好吃的凉拌菜》是我结合主题活动"快乐厨房"开展的阅读系列活动。活动设计上通过寻找标记—阅读图书—按图书制作等过程，让幼儿在丰富的阅读活动中提高阅读能力、语言表达能力、想象力以及亲子阅读能力等综合能力。

　　1. 教学目标的拟定

　　在教学目标的拟定上，我根据《纲要》精神，结合语言领域中提出的"培养幼儿对生活中简单标记和文字符号的兴趣，利用图书、绘画等方式，引发幼儿对书籍和阅读的兴趣"，同时结合我班幼儿的年龄特点和能力，将早期阅读教育的目标要求作为重要依据，设定了系列活动目标：（1）认识菜谱书，了解书的主要功能；（2）能找到与文字相对应的标记并尝试阅读；（3）能按顺序阅读菜谱书，理解图书主要内容；（4）尝试按菜谱书制作凉拌菜；（5）尝试自制菜谱书；（6）能在集体面前大胆讲述自己设计的菜谱书。活动目标以幼儿发展为重，通过由浅入深的层次递进，让幼儿在原有的水平上都得到提高，是切合幼儿的实际需要的教育目标。

　　2. 阅读材料的选择

　　我班幼儿在阅读活动中识图能力已有一定基础。因此，我自己设计了适合此次活动教育目标、适合我班幼儿的阅读书籍。另外，在第一次的阅读活动中，我制作的大图书每组一本，通过合作阅读的形式让幼儿初步感受菜谱书的内容，并在集体阅读中体现幼儿合作、互助的良好阅读习惯。在活动结束后，我发现幼儿的阅读能力得到提高。于是，在第二次的阅读活动中，我将图书的难度加大，设计了不同的小图书，在封面、内容以及标记、数量上都有不同，在幼儿阅读时，不仅加大了难度，还体现了阅读活动中个体教材的选择不同，这样使我班每一位幼儿都愿意参与到阅读活动中，学习效果也是显而易见的。

　　3. 幼儿的阅读情况

　　在系列活动中，我努力给幼儿一个良好的阅读环境，让他们更好地进行阅读活动。

首先，让幼儿在回忆品尝凉拌菜中激发参与活动的兴趣，再通过找标记，让幼儿在自由宽松的情景中认识了各种调料的标记，为下一步的阅读活动做了很好的铺垫。其次，在幼儿阅读图书时，通过集体阅读、小组阅读、自主阅读的多种阅读方式，让幼儿在参与活动中大大提高了对阅读活动的兴趣，有的幼儿在老师说活动结束了都不愿把书还给老师。可见，在阅读活动中灵活多样的阅读形式对幼儿参与学习的积极性起着很大作用。在阅读活动中，我还时刻注意培养幼儿养成注意倾听的习惯，请个别幼儿讲述时，让其他幼儿都能认真倾听别人讲述，这是我在早期阅读活动中一直注意培养幼儿的方面。

作　　者：罗琏
工作单位：贵州省贵阳市第一幼儿园

# 兔子先生去散步

## 教学班级

小班

## 活动背景

日常生活中，标志随处可见。它在各种场合出现，有着不一样的作用：有的表示警示，有的提醒，有的指引……有的使用文字，有的使用图片，有的则是图文并茂……但不管如何，它总是以最浅显易懂，最清楚明了的方式和我们进行无声对话。

《兔子先生去散步》是一本画面颜色鲜艳，人物相对较为单一、集中，内容和语言有趣、简单的图书。在书中，我们跟随着那只兔子看见了许多标志——有一些与日常生活中的比较类似，而另一些却是非常奇特的——它需要我们展开丰富的想象力和观察推断能力，每一个标志的后一页都带给我们不同的惊喜和幽默。

小班幼儿正处于语言发展的关键期和阅读的萌芽期，图书能很好地激发他们的阅读兴趣，通过欣赏，感知和积累一些书面语言。结合小班幼儿认知的特点"具体形象化""生活经验化"以及"体验感受化"，《兔子先生去散步》的绘画风格十分接近小班幼儿的欣赏水平，它确实是一本值得推荐给小班幼儿阅读的好书。另外，来源于幼儿生活并且日后可以在日常生活中运用的经验积累活动，对于幼儿而言才是最有益和最有趣的。因此在整个活动设计中，我通过三个步骤让幼儿逐渐了解、习得和建构内化自己对"标志"的经验。

## （一）

## 活动目标

1. 通过阅读，感受作品文字和插画的幽默风格。
2. 尝试根据画面提供的线索猜测故事情节，形成初步的细致观察和推断能力。
3. 知道在生活中有很多不同标志，初步理解标志代表的意义。

## 活动准备

1. 日常散步中，引导幼儿关注各种各样的标志。
2. 大图书、小图书、故事中的标志图（往前走、楼梯、桥、小心斜坡、眼泪汪汪、小心坑洞、船，共七幅）、其他标志（小心有电、禁止鸣号、向左向右、洗手间……）。
3. 图表《标志找一找》、记号笔、小图片。

**活动过程**

**1. 悬念引出故事，激发幼儿对"标志"产生兴趣。**

* 教师：今天老师要讲一个有趣的故事，是关于一位先生的，你们猜猜它会是谁呢？出示图书封面。

* 教师：为什么你会认为这是一本有关兔子先生的故事书呢？你是怎么知道的？书上的什么图片会使你有这样想法？

* 介绍故事名称，并观察图书中出现的第一个标志——兔子的家。

**2. 边欣赏故事边观察插画，鼓励幼儿尝试根据图书提供的线索预测故事情节。**

* 教师：兔子先生要去散步，一出门，他看见了什么？他会怎么做，为什么？

* 教师：这又是什么标志呢？兔子先生会去哪里呢？

* 教师：这个奇怪的标志像什么？它会表示什么呢？

* 教师：这个"眼泪"的标志会表示什么意思呢？

* 教师：这个标志是什么样的？黑点点会是表示什么意思呢？

* 教师：这个标志好像是一幅画，画的是什么呢？你觉得这幅画要告诉我们一件什么事情？

* 教师：这真是一个有趣的故事，让我们再来欣赏一遍吧！幼儿完整地欣赏故事一遍。

**3. 了解一些常见标志，初步理解标志的意义。**

* 教师：兔子先生散步的时候看见过哪些标志？它们代表的是什么意思？根据幼儿的回忆逐一出示这些标志的图片。

* 教师：这些标志有什么作用？

* 教师：说一说，我们还在什么地方看见过什么样的标志？

* 出示《标志找一找》图表，引导幼儿观察图表，将小图片贴在相应的位置。

* 教师：刚才小朋友介绍了一些标志，请其他小朋友也来找一找，我们把它贴上去。

**活动建议**

**活动延伸** （1）师幼、家园共同完成《标志找一找》的图表。（2）将《兔子先生去散步》的小图书提供在语言区，供幼儿阅读。

# （二）

**活动目标**

1. 通过图表分享和交流，感受标志和标志传达信息之间的关联。
2. 进一步理解标志的作用，尝试帮助兔子先生绘制新标志。

**活动准备**

1. 完成的《标志找一找》图表。

2. 大图书、小图书、故事中出现的标志。

3. 便签纸、水彩笔。

## 活动过程

### 1. 分享和交流。

✳ 教师（出示完成的图表《标志找一找》）：谁来介绍一下这些标志？

✳ 教师：这些标志在告诉我们什么事情？

### 2. 阅读图书，分析标志，进一步理解标志的意义和作用。

✳ 教师：我记得有一本图书中也有很多标志，谁还记得是哪一本图书吗？故事的名字是什么？请大家去语言阅读区找出这本图书。

✳ 教师：我们一起来讲讲这个故事。师幼一起阅读图书。

✳ 教师：故事中有哪些标志？出示一些标志，让幼儿找一找。

✳ 教师：哪些是故事中的标志，哪些不是？把不是故事中的标志去掉。

✳ 教师：为什么有了标志的提醒，兔子先生还会摔倒，或跌进洞里呢？怎样的标志能让别人一看就明白呢？

✳ 教师：如果你是一个设计师，如果你想让别人注意前面有坑洞时，你会怎样画这个标志？幼儿提出自己的想法。

✳ 教师：故事中还有哪些标志你认为看上去不怎么明白的？让我们帮助兔子先生改一改。

### 3. 幼儿设计和修改标志。

✳ 教师：老师为小朋友们准备了纸和笔，请小朋友为不清楚的标志重新设计和修改，修改好的标志请你贴在它需要的图片位置上。

✳ 教师巡回观察幼儿情况，并事先了解幼儿为何如此设计和修改的原因。

✳ 请幼儿将自己设计好的标志贴在图书中相应的位置上。

### 4. 分享和交流。

✳ 教师：说一说你喜欢谁的设计，为什么？请幼儿介绍自己的设计和意图。

## （三）

## 活动目标

1. 乐意在生活中使用各种各样标志。

2. 尝试为不同的环境绘制不同标志。

3. 体验标志给我们生活带来的便捷和帮助。

## 活动准备

1. 图画书《兔子先生去散步》人手一本。

2. 地图四幅，各类标志的小图片四套（如图书附页，也可另行设计）。

3. 图表一张（绘有活动室的各个区域和房间）。

4. 胶棒、剪刀、A4 纸和废旧杂志。

## 活动过程

**1. 修改故事。**

✳ 教师：如果兔子先生出门的时候看见的是我们小朋友设计的标志，情况会发生怎样的改变呢？

✳ 鼓励幼儿说一说修改标志后的《兔子先生去散步》的故事。

**2. 为地图上的建筑贴标志。**

✳ 教师：老师今天又带来了一些图片，小朋友看一看，你知道它在告诉我们什么吗？

✳ 教师：这些标志可以放在什么地方？为什么这些地方会需要这些标志？

✳ 教师：老师带来了一张地图，你看到地图上有哪些建筑？

✳ 教师：请你和你的好朋友一起把这些标志贴在需要的地方。幼儿分组活动，各组介绍"我们为什么要在这里贴上这个标志"。

**3. 讨论：活动室中的标志。**

✳ 教师：标志真有用，那能不能在我们的活动室里也贴上各种标志，让我们活动起来更方便呢？

✳ 教师：活动室中哪些地方需要标志？需要什么样的标志，为什么？

✳ 教师（出示空白图表）：如何帮助我们的活动室制作一些标志，让我们一起来计划一下！

✳ 教师：我们小朋友最喜欢的美工区有没有需要提醒、警告别人的标志？可以放置哪些标志，告诉大家什么？逐一讨论语言阅读区、卧室和洗手间的一些标志，教师将孩子讨论的结果记录在图表上，如：在语言区：安静的标志，爱护图书的标志……在卧室：保持安静的标志……在洗手间：小心滑倒的标志，节约用水的标志……

✳ 教师：由谁来完成这些制作标志的任务呢？摊派任务，每组分组为活动室制作一个标志，并布置张贴这些标志。

# （四）

## 活动目标

1. 分析和思考标志的正确性。
2. 尝试用语言较清楚表达自己的见解和想法。

## 活动准备

1. 幼儿自制的各种标志。
2. 记录板、铅笔。
3. 记录用大白纸，事先联系几个调查的班级。

## 活动过程

**1. 各组介绍负责制作的各种标志。**

✳ 教师：在上次的讨论中，大家都觉得在活动室中制作和使用一些标志，会让我们的学习和工作更加方便和有秩序，大家分组制作了我们可能需要的一些标志，现在哪一组先来介绍一下呢？

✳ 教师：请你在介绍的时候要告诉我们这些事情，你们的标志是为活动室中的哪个区域设计的？你们设计的标志是些什么图案和符号？代表什么意思呢？

✳ 请各个小组做介绍。

**2. 讨论标志要表达的意思是否明白。**

✳ 教师：刚才每个小组都介绍了他们的想法，现在我们一起来看看这些标志，你觉得它们是否已经把想要表达的意思说清楚了？或者你们有什么别的想法和建议？

✳ 将各组幼儿设计的标志分别放置各区域，幼儿自由结伴观察和欣赏。

✳ 幼儿发表不同的见解和看法，教师将这些不同的建议记录在大白纸上。

**3. 调查准备。**

✳ 教师：我们设计的标志真的很棒，不过，我们班级的孩子看得懂，别的班的孩子是否也能一看就明白呢？

✳ 教师：我们可以怎么做？什么是"调查"？

**4. 实际调查论证。**

✳ 每组带着自己的标志去各班采访和调查。

✳ 分组进行调查和论证。

✳ 小结和汇报调查的结果。

**5. 延伸活动。**

✳ 修改一些有争议的标志，同时着手在活动室中张贴没有争议的标志。

## 活动建议

**活动延伸** 带着记录板，在幼儿园、小区、马路、商场，到处看一看，找一找，有哪些标志，把它画下来，说说它们会代表什么意思。有争议的标志可以去实地调查和询问。

**环境创设** 为班级、幼儿园绘画或制作一些标志，比如：剪刀放在这个抽屉里；这是放鞋子的脚印；有台阶，请小心；洗手间地滑，请慢走……

**区域活动** （1）在语言区，为幼儿提供相关的图书，还可以在网上查查资料，找找你想介绍的、觉得很重要的标志。（2）在操作区，将一些不同形状的标志装在一个布袋子里，摸一摸，猜一猜，它是什么形状的，提供一些有凹凸感的箭头标志，让幼儿触摸后说一说，箭头是朝哪一个方向的。（3）在美工区，可以用各种材料和工具绘画和制作一些标志，可以是平面的，可以是悬挂的；可以是绘画的，可以是剪贴的……（4）在数学区，为一些标志分类，哪些是红色的，哪些是蓝色的，哪些是黄色的，哪些是圆形的，哪些是方形的，哪些是在马路上看见的，哪些是在商场里找到的。（5）在积木区，为自己搭建的马路放上相应的标志牌后玩"开汽车"的游戏：这里只可以直行，那里只能拐弯。

**家园共育** 和爸爸妈妈一起分享大家知道的标志，并且制作一些家庭有用标志：浴室——小心滑倒；厨房——小孩请不要进来……

## 活动材料

［日］五味太郎/文、图，《兔子先生去散步》，南京师范大学出版社，2004。

## 附　录

### 标志找一找

| 原图片 | 原图片 | 原图片 | 原图片 |
|---|---|---|---|
| （文字注释，如：幼儿园里） | （文字注释，如：马路上） | （文字注释，如：家、小区……） | （文字注释，如：超市、商场……） |
| 修改过的标志图片 | 修改过的标志图片 | 修改过的标志图片 | 修改过的标志图片 |
| 修改过的标志图片 | 修改过的标志图片 | 修改过的标志图片 | 修改过的标志图片 |
| 修改过的标志图片 | 修改过的标志图片 | 修改过的标志图片 | 修改过的标志图片 |

### 标志制作分配表

| 课室地点名称 | 图片 | 区角需要的一些标志 | 负责小组 |
|---|---|---|---|
| 美工区 | | | |
| 语言区 | | | |
| 洗手间 | | | |
| 卧　室 | | | |

备注：可以根据幼儿建议的区角或者班级的区角分布进行调整，但建议保留"洗手间"和"卧室"。

### 一些常见的标志图

"提醒我们不可以做这件事情"的标志图，如：

"提醒和告诉我们一些事情"的标志图，如：

为我们"指路和告诉我们方向"的标志图，如：

**（活动分析）**

　　好图书是百读不烦，百看不厌的！这本图书越看越觉得有很多教育的契机蕴藏其中。应该说，它是一本适合各个年龄段阅读的一本图书，只是在和幼儿阅读的时候，教师的目标应该明确——你想让幼儿在哪方面得到一些收获。中班以上的幼儿尝试设计标志，教师可以鼓励其图文并用，另外也可以通过欣赏活动，让幼儿感受作者的绘画风格和图片中采用的"连图式"的绘画方法（即把兔子每一幅的行径路线图相接，就可以欣赏到一幅长卷画），这些方法也可以在大班幼儿制作小图书时借鉴和使用。

作　　者：马琳
工作单位：上海维华（世纪花园）幼儿园

# 棒棒天使

## 教学班级

大班

## 活动背景

自从开展早期阅读活动以来，我班大部分幼儿已对阅读产生了浓厚兴趣，只要一有时间就会到语言区挑选自己感兴趣的书来看。

有一天，在语言区活动的阳阳小朋友激动地跑到老师身边报告："老师，我发现了那些字里头有上下、左右、多少，它们都是相反的。"一石激起千层浪，幼儿对相反意思的词产生了浓厚的兴趣，总能听见他们关于相反词的争论，也不断有幼儿来问老师一些问题："'黑'的反义词是什么?""'高'的反义词到底是'低'还是'矮'?"等等。看到幼儿兴趣高涨的样子，我觉得应该顺势开展有关反义词的活动，让幼儿更充分地感知和探索。

根据幼儿的这个兴趣，我选择了《棒棒天使》这本书来开展活动。这是一个精彩的故事，围绕棒棒天使和他的好朋友胖胖天使这对外表完全不一样的朋友，引导幼儿进入"高矮、胖瘦、上下、长短、轻重、多少、大小、横竖、干湿"等相反词的世界，希望通过精彩有趣的故事和拓展活动，使幼儿获得各种相对及相反概念，进一步感知反义词，运用反义词，促进幼儿各方面能力的发展。

## （一）

## 活动目标

1. 通过自主阅读，仔细观察画面的不同之处。
2. 有序地阅读画面，正确感知故事中出现的反义词。

## 活动准备

1. 图画书《棒棒天使》人手一册。
2. 图片"棒棒和胖胖""高、矮；胖、瘦；轻、重；多、少；大、小；上、下；长、短"的汉字卡片。

## 活动过程

### 1. 谈话，引出话题。

✳ 教师：你们看见过身上长翅膀的小天使吗？今天，我们班就来了两位小天使，它们是棒棒和胖胖。

✳ 教师：你能猜出来谁是"棒棒"？谁是"胖胖"吗？为什么？出示图片：棒棒和胖胖，引导幼儿仔细观察。

### 2. 幼儿自主阅读。

✳ 教师："棒棒"和"胖胖"之间还发生许多有趣的事情呢，你们想知道吗？

✳ 引导幼儿进行阅读。

✳ 教师：现在，"棒棒"和"胖胖"站在一起了，它们还有哪里不一样？根据幼儿的回答分别出示字卡：高、矮；胖、瘦，一起学一学高、矮；胖、瘦的动作。

✳ 教师（带领幼儿观察图画书第8—21页）："棒棒"和"胖胖"在干什么？它们在哪里飞？根据幼儿的讲述，分别出示相应的汉字卡片：轻、重；多、少；大、小；上、下；长、短。

### 3. 带领幼儿一起完整阅读图书。

✳ 采用等待、留空的方法，让幼儿说一说书中"棒棒"和"胖胖"天使在外表和行为上的各种差异。

# （二）

## 活动目标

1. 通过阅读图书，找出故事中出现的反义词。
2. 体验相反词给自己带来的乐趣。

## 活动准备

1. 大图画书一本、小图画书《棒棒天使》人手一本。
2. 自制棒棒天使、胖胖天使图片各一张。
3. "高、矮；胖、瘦；轻、重；多、少；大、小；上、下；长、短"的汉字卡片。

## 活动过程

### 1. 活动导入。

✳ 引导幼儿玩相反动作的游戏，激发幼儿兴趣。如：教师伸出左手，幼儿伸出右手；教师向前走，幼儿向后走等。

✳ 游戏结束后，交流探索的成果，与大家分享自己的发现，并引导幼儿说出自己探索的相反词。

**2. 阅读故事，感受故事中的反义词。**

❋ 出示棒棒天使与胖胖天使的图片，认识两位天使并比较二者外表差异，引起幼儿阅读兴趣。

❋ 幼儿自主阅读，翻阅图画书，找出每个画面上具有相反特性的东西。

❋ 教师：你发现了哪些不同？你觉得最有趣的是哪一页？为什么？请幼儿回答教师提出的问题，引导幼儿认识故事中的相反之处。

❋ 带领幼儿逐页翻阅图画书，讲故事给幼儿听。在引导幼儿观察感知画面的同时，通过语音、语调以及肢体动作表现各组反义词。

# （三）

## 活动目标

1. 巩固对反义词的理解。
2. 能创造性地用肢体语言表示反义词。

## 活动准备

图画书《棒棒天使》人手一本。

## 活动过程

**1. 引导幼儿再次阅读图画书，找到故事中的反义词。**

❋ 幼儿阅读图画书，找到图书中的反义词。

❋ 请幼儿把找到的反义词用动作表示出来。

**2. 游戏活动，引导幼儿感受反义词带来的快乐。**

❋ 游戏"反着做"：（1）游戏开始时，可让幼儿听口令，来判断应该做的相反动作，如：教师站起来，幼儿就要坐下去。（2）游戏规则熟悉后，增加难度，如：教师不说话只做动作，让幼儿依据教师的动作来做出与其相反的动作。（3）游戏之前共同商定游戏规则，如：如果幼儿反应慢或者是做错了，则不能再参与到游戏中；几轮之后，看看谁是最后的胜利者。

❋ 游戏开始时，由教师做发令者和动作参照者，之后可以让幼儿来替换教师的角色。

# （四）

## 活动目标

1. 把握"棒棒"和"胖胖"彼此相反的特性。
2. 能用绘画表现相反的东西。
3. 能与同伴合作制作图书。

**活动准备**

图画书《棒棒天使》人手一本、画笔、画纸。

**活动过程**

**1. 带领幼儿阅读图画书，仔细观察图画的不同之处。**

✳ 带领幼儿翻看图画书，引导幼儿观察"棒棒"和"胖胖"相反的地方。

✳ 让幼儿先相互讨论"棒棒"和"胖胖"的行为、物品等，想象还会有什么是相反的。

**2. 鼓励幼儿大胆创设，并尝试制作图画书。**

✳ 请幼儿用画笔把自己想象的"棒棒"和"胖胖'之间相反的东西画出来，教师指导。

✳ 作品展示，请幼儿各自说说，自己画的分别是两个天使的什么相反之处。对于有创意的想象，给予鼓励，和全班小朋友一起分享。

✳ 请幼儿分组合作制作图画书。

# （五）

**活动目标**

1. 加深对反义词的理解。
2. 能找出生活中更多的反义词。

**活动准备**

图画书《棒棒天使》人手一本。

**活动过程**

**1. 阅读图画书，找出图书中的反义词。**

✳ 与幼儿一起阅读图画书《棒棒天使》。在阅读时，强调每一页中相反的字或词。

**2. "相反串串词"游戏，鼓励幼儿用相反字组词。**

✳ 游戏玩法：先由教师说出一个相反字（词），如"冷"和"热"，再请幼儿想一想、说一说，"冷"和"热"后面可以跟上什么字（词）组成一个新词（如"冷饮""冷气""热汤""热水"）。

✳ 对书中出现的相反概念进行组词，鼓励幼儿多想、多说，并从日常生活中随处取材。

**活动建议**

1. 开展一次"相反国"游戏活动之旅。
2. 在区角里投放一些相反的字卡和相应的图片，让幼儿表演。

3. 把幼儿自制的图画书放入区角，让他们感受成功的喜悦。

### 活动材料

杨月秀/文，赵国宗/图，《棒棒天使》，选自《幼儿园早期阅读系列丛 大班 下学期》，周兢主编，南京师范大学出版社，2004。

### 活动分析

几次活动下来，我感觉幼儿对阅读活动有浓厚兴趣。每次上阅读活动时，幼儿就显得十分活跃，他们能自觉地安静阅读，大胆讲述自己看到的故事内容。活动结束后幼儿好像还沉浸在图画故事的世界里，意犹未尽地问我：什么时候能再给他们上阅读活动。在活动中用游戏的方式进行教学，的确充分调动了幼儿的积极性。

但我也从活动中发现了一些问题：如果游戏的形式单一，游戏时间过长，有的幼儿就不太喜欢，就会坐不住，不能完全把精力投入到游戏当中。在后面的自主交流探索环节，由于没有固定主题范围让他们说，显得有点乱，有的幼儿根本没认真地动脑筋。在自主阅读的环节中，由于留给幼儿阅读的时间很短，甚至有的幼儿还没有阅读完，我就让他们把书收起来，导致后面的教学效果不理想。

其实，活动的核心应以阅读为主，充分引导幼儿进行反复、多种形式阅读，感知故事的生动有趣。所以在接下来的几个活动中，我都会留给幼儿一些时间，让他们充分阅读，享受阅读带来的乐趣。

当然，在活动中，幼儿也带给老师很多惊喜，如：幼儿具有较强的观察能力，能通过观察发现并说出"棒棒"和"胖胖"的很多不同之处，有些是连老师都未曾留意到的；能够在自主阅读后比较完整地说出每幅画面中具有相反特征的事物；能够积极地用绘画形式表现故事中的相反之处；还能用创造性的肢体语言表示相反意思。

**作　　者：杨艳**
**工作单位：贵州省玉屏县实验幼儿园**

# 三个强盗

### 教学班级

大班

### 活动背景

本学期，我们开展了"小工具大妙用"的主题活动。在活动中，幼儿除了了解多种工具的名称和使用方法，还了解到不同职业的人都有自己所使用的专业工具。故事《三个强盗》也提到一些工具，教师希望幼儿通过对这个故事的学习，了解应如何正确地使用工具。

从 2006 年开始，我班就开展早期阅读活动。经过三年多的学习，幼儿具备了猜想、假设、讲述能力，并对图画的基本绘画手法、风格、图画书的讲述方式等均有一定了解，特别是在语言表述、想象和创编及对事物、人物的评价方面，凸显出明显的优势。

## （一）

### 活动目标

1. 初步了解故事前半部分的情节。
2. 用语言表达对"强盗"的理解。

### 活动准备

1. 图画书《三个强盗》人手一本。
2. 图卡。
3. 大表格。
4. 幻灯片。

### 活动过程

**1. 导入活动，通过提问了解幼儿对"强盗"的已有经验。**

✳ 教师：强盗是什么样的人？强盗的装扮应该是什么样的？强盗会做哪些事？

✳ 教师：让我们对比一下，故事中的强盗们与我们了解的强盗有哪些不同与相同之处吧。

**2. 阅读讨论。**

✷ 使用投影为幼儿完整讲述故事。

✷ 教师：强盗为什么要穿着黑衣，戴着黑帽子呢？他们都用了哪些工具？根据幼儿回答出示相应图片粘贴在图表上。

**3. 引导幼儿理解强盗是怎样使用工具进行抢劫的。**

✷ 教师：他们是怎样使用这个喷壶的？让我们模仿一下，他们是怎样把胡椒粉喷到马的眼睛里？喷壶正确的使用方法是怎么样的？请用动作表现。

✷ 教师：他们是怎样使用斧头砍轮子的？让我们来模仿一下。教师示范两种不同的砍法，让幼儿区别强盗使用的是哪种。

✷ 教师：他们是怎样使用喇叭枪的呢？让我们模仿一下，怎样用喇叭枪把乘客赶下车？教师先模仿强盗，幼儿模仿乘客，后请个别孩子模仿强盗，其他人模仿乘客，乘客有男有女，还有老人。

**4. 分析强盗进行抢劫时候的语言、动作和表情。**

✷ 教师：书中说男人、女人和狗见到他们都是什么样的？让我们模仿一下。他们的动作和表情是什么样的？

✷ 教师：强盗们赶乘客下车的时候会说什么？

✷ 教师：他们在抢劫的时候表情是什么样的？眼神是什么样的？

**5. 幼儿完整表演抢劫场景。**

✷ 请三个幼儿连贯表演抢劫过程，其他幼儿表演乘客，自选乘客的不同表情进行表现，教师使用情景引入：在一个月黑风高的夜晚，赶路的人们已经在马车里睡着了，忽然三个强盗出现了，他们先把胡椒粉喷到马的眼睛里，再用斧头把马车的轮子砍碎，然后用喇叭枪把乘客赶下车，抢走他们的财物。

**6. 理解"强盗"的特点。**

✷ 教师：故事里的强盗是什么样的人？

✷ 教师：通过我们的阅读和刚才的表演，你们觉得故事前半段中的强盗是什么样的人？用一个词来形容一下。你是怎样看出来的？

**7. 讨论工具的使用。**

✷ 教师：为什么他们在每一次去拦截马车，都是先把胡椒粉喷到马的眼睛里，再用斧头把马车的轮子砍碎，然后用喇叭抢把乘客赶下车，抢走他们的财物？

✷ 教师：先砍轮子，或者直接把乘客赶下车行不行？为什么？教师为幼儿提升出强盗的性格特点：狡猾。

# （二）

## 活动目标

1. 阅读故事的后半部分，了解强盗角色的前后变化。
2. 能判断出色彩的变化，知道色彩要表现的寓意。

## 活动准备

1. 图画书《三个强盗》。
2. 图卡、字卡、大表格。

## 活动过程

**1. 师幼共同阅读，集体使用图画书进行手划字逐页阅读。**

**2. 回忆对强盗的评价，并出示字卡。**

**3. 使用图表，对比分析强盗们的变化。**

❋ 教师：之前他们的穿戴是怎么样的？后来他们给孩子们的穿戴是怎样的？

❋ 教师：之前他们是怎么对待别人的？现在是怎样对待芬妮的？带领幼儿表演见到芬妮的情景和抱着芬妮的样子。

❋ 教师：又是怎样对待其他孩子的？他们为孩子做了什么好事？

❋ 教师：以前人们见到了三个强盗是怎样的态度？现在人们是怎么对待他们的？

❋ 教师：开始人们叫他们什么？最后孩子们称呼他们什么？

**4. 对变化后的强盗们进行评价。**

❋ 教师：最后孩子们称他们为什么样的养父？引导幼儿用其他的词来形容他们，教师出示字卡。

**5. 理解图画色彩的变化。**

❋ 教师：前半部分画面的颜色与后半部分有什么不同？

❋ 教师：为什么前面要使用比较暗的颜色，而后面使用鲜亮的颜色？

❋ 教师：是什么让画面的颜色改变了？

**6. 总结。**

❋ 教师：为什么人们不喜欢开始的强盗，而喜欢后来的养父？

❋ 教师：你喜欢伤害你的人，还是帮助你的人？为什么？说说你和朋友之间是怎样互相帮助的。

❋ 教师：我们应该怎样和别人相处？

❋ 教师：世界上有许多需要帮助的人们，你认为谁最需要我们帮助，你会用什么样的方法帮助他们？

## 活动建议

**活动延伸** 为自己不同的心情，绘出不同色彩的背景，感受色彩对图画的影响。

**环境创设** 可以将一个区域（例如图书角或美工区）分成两个部分，分别用昏暗的色调和鲜亮明快的色调进行装饰，让幼儿亲身感受颜色不同给人心里的不同感受。

**区域活动** （1）将故事中常见和评价的文字制作成图文对应的卡片，放入图书角，引导幼儿在图书角游戏时进行对应。（2）准备强盗们不同的服饰和使用的道具，并为故事配上相应的音乐进行录制，在音乐区播放，让幼儿跟随故事与音乐的变化进行表演。

## 活动材料

［法］汤米·温格尔/编绘，张剑鸣/译，《三个强盗》，明天出版社，2009。

## 附　录

### 自制故事内容表格

| | | | |
|---|---|---|---|
| 穿着 | 高高的黑帽子 | 宽宽的黑斗篷 | |
| 使用工具 | 喇叭枪 | 撒胡椒粉的喷壶 | 巨大的红斧头 |
| 抢劫过程 | | | |
| 对强盗的评价 | 恐怖、很坏、恐怖、狡猾、狠毒、强壮、很凶、凶狠、凶恶 | | |

## 活动分析

在活动中，幼儿通过表演与讨论，对强盗的性情有了进一步了解。图画色彩变化是明显的，幼儿很快发现了前后图画色彩的区别，并能大致表述出自己对于色彩变化的理解。但对于用黑色表示对恐怖而神秘气氛的渲染，幼儿还是比较难以理解。在讨论怎样与朋友互相帮助时，幼儿表现得并不积极。经过教师的引导与举例示范，幼儿才进行了回忆与分享。活动最后，大家踊跃发言，并想到了很多帮助有困难人的方法。其中，很多幼儿与四川灾区的孩子联系起来，并积极讨论怎样对他们进行帮助。由于我班幼儿有一定的评价基础，因此，在评价环节中，幼儿的讨论十分热烈，并说出一些教师预先没有想到词语。

**作　者：** 高芳婷
**工作单位：** 广东省深圳市彩田幼儿园

# 我妈妈

## 教学班级

大班

## 活动背景

大班幼儿马上就要升入小学。班内结合"幼小衔接"开展了一系列活动，其中之一便是分享经典图画书，培养幼儿良好的倾听习惯，使幼儿养成较好的前阅读能力。同时，随着"母亲节"的来临，我们与幼儿共同分享了图画书《我妈妈》。这本书从结构上可以分成两个主要部分：由妈妈的不同角色，引发妈妈的本领大；由妈妈像什么，引出妈妈对我们的关爱。对应这两部分的主要句式是：描述句"妈妈是什么"和比喻句"妈妈像……一样……"。

## （一）

## 活动目标

1. 仔细观察图画，了解图画对母爱的表现手法。
2. 用连贯、清楚的语言表达自己的想法。

## 活动准备

图画书《我妈妈》、幻灯片、比喻句图卡（图文并茂）。

## 活动过程

**1. 活动导入。**

✻ 出示图画书，请幼儿阅读封面。

✻ 教师：封面上是什么？她是什么人呢？

✻ 阅读图书名称，大胆猜测故事内容。

✻ 教师：我妈妈会讲一个什么样的故事呢？

**2. 和幼儿一起阅读图画书，了解故事内容。**

✻ 播放幻灯片，一起阅读《我妈妈》。

✻ 和幼儿讨论故事内容，比较和之前猜测的是否一样？

**3. 再次欣赏图画书。**

✻ 重点引导幼儿观察图画中如何表现妈妈的变化的。

＊ 和幼儿讨论画家为什么这样表现妈妈的变化。

＊ 请幼儿想想为什么是他来作画，会怎么画呢。

# （二）

## 活动目标

1. 发现比喻句的句式特点，尝试用自己的语言创编有关妈妈的比喻句。
2. 积极思考，用连贯、清楚的语言表达自己的想法。
3. 培养对创编比喻句的兴趣。

## 活动准备

图画书《我妈妈》、幻灯片、比喻句图卡（图文并茂）。

## 活动过程

**1. 阅读幻灯片，回忆故事内容。**

＊ 教师：这本书中讲了什么内容？

＊ 引导幼儿发现妈妈在图画书中都像什么？

＊ 教师：我们再来欣赏一遍《我妈妈》，这次要留意书中说我妈妈像什么？会讲的小朋友可以和我一起讲，带着你对妈妈的爱来讲。

＊ 播放幻灯片，进行配乐讲故事，故事从封面开始讲起。

**2. 了解"妈妈像……一样……"句型，分析比喻句的结构。**

＊ 教师：在书中，妈妈都像什么？引导幼儿关注书中的比喻。

＊ 将"妈妈像什么……一样……"的比喻结构图卡贴在黑板上，请幼儿找到四句话中相同的字"妈妈像……一样……"。

＊ 教师：这样的句子"……像……一样……"叫比喻句。

**3. 出示比喻图卡，请幼儿将对妈妈的比喻，画到比喻图卡上。**

＊ 出示比喻图卡（＿＿＿＿像＿＿＿＿一样＿＿＿＿），引导幼儿观察。

＊ 教师：请大家将刚才说的"妈妈像什么一样"记录在自己的比喻图卡上，记录完的小朋友可以两个之间互相欣赏一下，最后可将图卡贴到黑板上。

**4. 幼儿分享比喻图卡。**

＊ 鼓励支持幼儿用比喻句正确描述自己的比喻图卡。

**5. 提出将比喻图卡变成集册的愿望，激发幼儿继续在活动区里创编。**

＊ 教师：小朋友们创编了很多对妈妈的比喻，我们做一个"妈妈像……一样……"的"比喻集"送给妈妈，祝妈妈母亲节快乐吧。还想创编的小朋友可以到语言区继续完成。

## 活动材料

［英］安东尼·布朗/文、图，余治莹/译，《我妈妈》，河北教育出版社，2007。

## 活动分析

教师通过对图画书的文字分析，提取出"像……一样……"的比喻句型，作为教学重点，符合大班幼儿的年龄特点。分析句型时使用图卡，易于幼儿从眼前的四句话中发现句型特点，降低学习难度。将幼儿的比喻不仅进行口语描述，还用图画和文字进行书面表达，易于激发幼儿的创编热情，也为幼儿间互相检验自己的比喻句打下基础。

通过本次活动，我发现幼儿基本掌握了"像……一样……"的比喻句型，了解了幼儿对自己妈妈特点的捕捉，甚至突破了仅对妈妈的整体描述，具体到对妈妈的手、睡觉等。

一本好的图画书除了必要的语言知识，更为重要的是让幼儿喜欢阅读，能够在生活中自然运用到此方面的语言以及感受到作者蕴涵的情感等。

作　　者：李瑛淑
工作单位：北京师范大学实验幼儿园西苑分园

# 圆圆的东西

## 教学班级

小班

## 活动背景

在开展"圆圆的一家"主题活动中，幼儿对圆圆的物品很感兴趣，会说出生活中各种各样圆圆的物品，讨论的兴趣也特别高。有一天，我无意听到有位幼儿说："妈妈带我去商场，我看到了许多圆圆的东西。"所以，我结合阅读图画书《圆圆的东西》设计了系列活动。

图画书《圆圆的东西》讲的是小小熊要给妈妈买一面镜子。可是小小熊走在路上，忘了要买什么。小小熊通过与山羊公公、牛伯伯、猪大婶、小猫姐姐的一系列对话，一步步深入了解到小小熊要买的是什么。

"圆圆的一家"的主题系列活动目的有二，一是培养幼儿遇到困难动脑筋、尝试独立解决的意识与能力，形成坚强的意志品质；二是让幼儿养成乐于助人的意识。本次活动中，我主要引导幼儿一页一页翻看图书，注意画面动作的变化，用手指图画述说正在发生的事，学说书中的对话并能表演出来，知道购买物品时要将物品的形状、大小、颜色、用途描述出来，这样才能买到所需物品，同时能够尝试用普通话完整表述画面的内容。

## （一）

## 活动目标

1. 了解小小熊在买"圆圆"途中发生的故事情节，理解故事内容。
2. 知道看书时要一页一页地翻书。
3. 能讲述买"圆圆"的经历，提高语言表达能力。

## 活动准备

图画书《圆圆的东西》教学大书，幻灯片，各种圆圆的物品。

## 活动过程

**1. 情景导入。**

\* 教师（出示小熊布偶，模仿小熊的口气说）：我要去城里给妈妈买一件圆圆的东西，你们猜猜是什么呢？

❋ 教师：小小熊来到了城里，可是他把东西的名字忘记了。

### 2. 观察体验。

❋ 观察幻灯片第 1—5 幅。

❋ 教师：你们看到些什么？小小熊来到城里，他打算要买什么？都遇到了谁？他们分别是怎么说的？

❋ 教师：山羊公公觉得小小熊要买什么呢？牛伯伯觉得小小熊要买什么呢？猪大婶觉得小小熊要买什么呢？小猫姐姐觉得小小熊要买什么呢？

❋ 观察幻灯片第 6 幅。

❋ 教师：小小熊其实是打算买什么？

### 3. 师幼共同欣赏。

❋ 完整讲述，师幼共同阅读。

❋ 幼儿独立阅读。

# （二）

## 活动目标

1. 了解小小熊在买"圆圆"途中发生的故事情节，理解故事内容。
2. 能将"圆圆的""一个""一顶"等汉字及数量词对应地运用到故事中。
3. 能讲述买"圆圆"的经历，提高语言表达能力。

## 活动准备

图画书《圆圆的东西》教学大书，幻灯片，各种圆圆的物品。

## 活动过程

### 1. 情景导入。

❋ 教师：你们瞧！谁来了？猜猜小小熊出门要去干什么？用幻灯片出示"小小熊"，同时出现"商场"的画面。

❋ 教师：你看到了什么？都有谁帮助了小小熊？

### 2. 观察体验。

❋ 观察幻灯片画面第 1—5 幅。

❋ 教师：你们看到些什么？都有谁帮助了它？

❋ 观察幻灯片画面第 6 幅。

❋ 教师：谁帮助了小小熊，他买到了什么？

### 3. 师幼共同阅读。

❋ 完整讲述一遍，师生共同阅读。

❋ 教师：山羊伯伯卖给小小熊圆圆的什么？牛伯伯卖给小小熊圆圆的什么？猪大婶卖给小小熊圆圆的什么？小猫姐姐给小小熊卖了什么？

* 教师：小小熊给妈妈买到了圆圆的东西了吗？
* 幼儿再次阅读故事书。

## 活动建议

在玩"找圆圆"的游戏中，让幼儿找一找生活中圆圆的物品，丰富幼儿的生活经验。

## 活动材料

武玉桂/文，安宏/图，《圆圆的东西》，吉林美术出版社，2004。

## 活动分析

小班幼儿注意力很容易分散，如果活动过程不能激发他们的兴趣，并使他们产生积极的情感体验，很难说服和强制他们真正全身心地投入到活动中去。因此，我采用游戏化的方法创设教学情境，并贯穿活动的整个过程。活动一开始，我出示手偶"小小熊"，让幼儿与小小熊打招呼、问好，在此过程中激发幼儿参与活动的热情，一下子拉近了幼儿与老师的距离，把幼儿带入宽松和谐的氛围中。但是在幼儿回答生活中各种圆圆物品这一环节时，教师疏漏了一个准备——幼儿实际经验的准备。由于幼儿没有经验铺垫，当我出示"小小熊"手偶，问幼儿"小小熊要买什么圆圆的物品"时，有些幼儿会说到"小小熊要过生日了，它想买圆形的、方形的物品"，使教学活动有些偏离主题。

另外，鉴于早期阅读教学的特点，我在活动中注意让幼儿通过动手、动口、动脑的方式表现故事中的人物、动作和情节，加深幼儿对人物性格特征、故事情节以及故事蕴涵的情感特征的理解。同时，我在《圆圆的东西》教学中，让幼儿通过阅读故事，使幼儿对故事情节、内容进行深刻认识和理解，引导幼儿知道看书时要一页一页翻书，在活动中发展幼儿的语言表达能力。

作　　者：路云秋
工作单位：甘肃省兰州石化公司幼教中心厂前小区幼儿园

207

# 山丘上的约会

## 教学班级

中班

## 活动背景

《山丘上的约会》是一个情节曲折、构思新颖的故事，有趣的情节设置和画面内容能引起幼儿的好奇心，有利于幼儿拓展自己的思维，并根据经验进行大胆猜测、想象，从而提高幼儿想象与表达的能力，也让幼儿从中体验到故事的幽默。

## （一）

## 活动目标

1. 根据图画内容理解人物关系和故事情节。
2. 学习故事中出现的一些不常用词汇。

## 活动准备

1. 《山丘上的约会》大图书。
2. 《山丘上的约会》自制小图书人手一册。
3. 邀请函。

## 活动过程

**1. 观察封面。**

✳ 教师：今天老师带来一本有趣的书！封面上都有谁啊？它们会发生什么事？

✳ 教师：原来呀，通过写信的方式也能认识朋友，我们称它们两个人为笔友。

**2. 阅读理解故事。**

✳ 教师：什么是邮差？看到过邮差送什么？这个故事里谁是邮差？它们有没有见过面？

✳ 教师：瓜瓜认为玲玲是怎样的一个人？玲玲认为瓜瓜是怎样的一个人？

✳ 教师：最后它们决定怎么样？在什么地方约会？

**3. 猜测故事结局。**

✳ 教师：约定的时间快到了，瓜瓜急急地赶路，玲玲也飞去赴约。最后它们见到面了吗？见面后会发生什么事？

✳ 教师：它们在见面的时候发生了一些很有趣的事，它们就藏在了这本图书里。

# （二）

### 活动目标

1. 根据画面信息，理解故事的部分内容。
2. 大胆地讲述自己的想法。

### 活动准备

图画书《山丘上的约会》幼儿人手一本、教学大书一本。

### 活动过程

**1. 集体阅读（前面半部分内容）。**

✳ 教师：这本书还记得吗？书名叫什么？上次我们阅读了大图书《山丘上的约会》前半段，我们一起再来看一下。

✳ 教师：请你猜一猜故事的后面玲玲和瓜瓜见面了吗？说说你的理由。

**2. 幼儿阅读。**

✳ 教师：请大家拿到书以后，从书的封面开始一页一页地看，慢慢地看，想一想玲玲和瓜瓜最后怎么样了？他们见面的时候发生了哪些有趣的事情？

✳ 教师：两个小朋友之间也可以相互讨论一下自己觉得哪里很有趣？

✳ 请你来说一说后面半个故事。

✳ 教师：你看懂了吗？那就请你来告诉大家，玲玲和瓜瓜见面发生了哪些事情？

✳ 教师：你觉得哪个地方最有趣，为什么？

**3. 集体阅读（后面半部分内容）。**

✳ 教师：玲玲和瓜瓜最后还是成为了真正的好朋友，那我们小朋友之间要怎么样啊？

# （三）

### 活动目标

1. 知道用写信的方式可以交到笔友。
2. 尝试用图画、文字等不同的方式写信。

### 活动准备

信纸、彩色笔。

## 活动过程

### 1. 回忆故事，导入活动。

✳ 教师：上次我们看了《山丘上的约会》这个故事，你们还记得瓜瓜和玲玲吗？

✳ 教师：它们是什么样的朋友啊？什么是笔友？

✳ 教师：瓜瓜和玲玲是通过写信的方式成为朋友的，所以它们是笔友。

### 2. 写信的多种方式。

✳ 教师：你们写过信吗？除了写字，还有其他写信的方式吗？

✳ 教师：当我们不会写字的时候，可以用其他的方式来代替，如画画。

✳ 教师：请你选一个好朋友作为写信的对象，把想对好朋友说的话，用自己的方式表达出来。

### 3. 交流信的内容。

✳ 教师：这是一位朋友写给×××的信。

✳ 教师：会是谁写的呢？信里会写些什么？

✳ 教师：这些朋友写的信都很有创意，碰到了不会写的字就用图画表示。

## 活动材料

崔丽君/文、图，《山丘上的约会》，南京师范大学出版社，2003。

## 活动分析

《山丘上的约会》情节曲折，适合中班幼儿阅读，主要有三个环节：第一，初步理解故事情节和人物关系；第二，理解什么样才是真正的好朋友；第三：在师幼共读中观察理解故事并猜测结局。教师在活动中根据中班幼儿的年龄特点和认识水平，引导幼儿自主的进行感知、体验、探索。活动又整合了信件、云记号等符号方式的呈现，帮助幼儿理解画面，从而了解图画书中情节的变化和人物的思想变化，提高幼儿的阅读能力。

**作　　者：**周英
**工作单位：**上海市张江经典幼儿园

# 逃家小兔

## 教学班级

大班

## 活动背景

聆听《逃家小兔》的故事，欣赏《逃家小兔》的画面，心中会油然而生一种幸福感。那是一份多么深沉、细腻、和煦的母爱！我们愿意感受与体验，更愿意分享与传递……爱的感受能使幼儿产生温暖和安全感。爱作为一种积极的情感，是幼儿心理健康的重要标志。三月份，在"爱妈妈"的主题活动中，图画书《逃家小兔》引起了幼儿极大的兴趣与关注。黑白勾勒的形象、色彩浓烈的想象、歌唱韵律般的语言，让幼儿兴奋不已，为此我们尝试将《逃家小兔》引入"爱妈妈"的主题活动中。根据幼儿的身心发展规律和年龄特点，《逃家小兔》系列活动从"聆听"切入，"尝试"做小兔，"玩"小兔游戏，感受小兔和妈妈的爱，通过听—做—看—说，逐层分解，层层递进，将音乐、美术、语言与欣赏、游戏、摆弄操作、角色扮演等活动有机整合，使感知、理解、体验、自由表达融成一体，满足了幼儿的发展需要，发挥了整合课程的整体效应。

211

## （一）

## 活动目标

1. 初步感受故事情节。
2. 理解语言的韵律美。

## 活动准备

1. 兔妈妈和兔宝宝指偶。
2. 背景音乐《神秘园》。
3. 图画书《逃家小兔》人手一本。

## 活动过程

**1. 音乐故事导入。**

＊ 教师：小朋友，你们喜欢兔子吗？今天，我们一起来听一个关于两只兔子的故事。

**2. 带领幼儿一起简单欣赏故事，介绍故事名字。**

＊ 教师：这个故事的名字叫《逃家小兔》。你们看，这是一本非常好看的图书！在

茫茫的大草原上，兔子妈妈和小兔子对坐在一起，他们在说什么呢？

**3. 手指游戏"追追追追——逃"，帮助幼儿理解"逃"的感觉。**

✳ 教师用手掌和食指模仿大兔子和小兔子问好，打招呼。

✳ 教师用手掌当大兔子，食指当小兔，玩游戏"追追追追——逃"：用食指顶住手掌，说"追追追追——逃"两次后，食指逃走，手掌去抓食指，看谁反应快。

✳ 幼儿两两结伴尝试游戏。

✳ 教师解释"逃"的意思：在这本书里，"逃"就是在妈妈没有发现的时候跑走了、离开了。

**4. 分角色指偶表演故事，幼儿欣赏。**

**5. 帮助幼儿理解"逃家"的词意。**

✳ 教师："逃家"是什么意思？

✳ 教师：小兔子真的要离开家吗？

✳ 教师：小兔只是个顽皮的小孩子，其实它只是离开妈妈出去玩玩。现在，她发现妈妈这样爱她，她再也不想离开妈妈了。

## 活动建议

**环境创设** 活动开始可以创设一种新的阅读环境：《神秘园》音乐起，教师头戴兔妈妈帽子，坐在一个大藤椅上，手里抱着一只小兔，幼儿围坐在教师周围。

## （二）

## 活动目标

1. 在分角色阅读中品味作品中语言表达的情感。
2. 通过游戏、绘画、手工等活动体验母子共情的愉悦。

## 活动准备

1. 图画书《逃家小兔》。
2. 故事 CD。
3. 大、小白色袜子一只、眼睛、嘴巴、彩笔若干。

## 活动过程

**1. 回忆故事内容。**

✳ 教师：妈妈真的抓不住小兔吗？

✳ 教师：小兔真的逃走了吗？还是玩游戏？

**2. 手工制作袜偶。**

✳ 用袜子头捏出两只耳朵，用针线简单固定。

✳ 和幼儿装饰眼睛、鼻子、耳朵、胡须等。

**3. 袜偶表演故事。**

✳ 将袜偶套在手臂上表演故事，幼儿欣赏。

✳ 幼儿尝试重复故事中的语言，不要求全部复述。

✳ 分角色阅读，幼儿阅读小兔的话，妈妈阅读兔妈妈的话。

# （三）

## 活动目标

1. 感受图画书的画面及色彩，激发幼儿喜欢看书的愿望。
2. 理解兔妈妈的爱就是辛勤付出、无私帮助、和小兔在一起。
3. 大胆回答问题，表达自己想法。

## 活动准备

1. 幻灯片《逃家小兔》、图片。
2. 音乐摇篮曲。

## 活动过程

**1. 雕塑游戏《变变变》。**

✳ 教师：我们一起来玩一个"变变变"的游戏，可以变成小花、猴子、桌子、星
星……教师发出指令语言"变变变"，幼儿在最后一拍动作造型。

**2. 播放幻灯片《逃家小兔》。**

✳ 教师：一只小兔想离家出走，兔妈妈又是怎样做的？让我们一起来听一听这个
故事。

**3. 讲述画面，鼓励幼儿用书中语言表达。**

✳ 呈现兔妈妈和兔宝宝温馨的家（彩图1）。

✳ 教师：你们看这是在什么地方？可能会是谁的家？你是从哪里看出这是小兔的
家的？

✳ 教师：小兔和谁在一起？你从哪里看出来她会是妈妈？引导幼儿观察画面的细
节，注意兔妈妈的服装动作等。

✳ 教师讲述彩图1，通过情节和对话，让幼儿感受到兔妈妈和兔宝宝之间的关系和
故事的情节发展。

✳ 出示彩图2，幼儿观察画面。

✳ 教师：妈妈追小兔，小兔就变魔术藏起来了，小兔变成什么了？你猜妈妈会变
成什么？为什么？

✳ 引导幼儿观察彩图3，感受园丁爱护花朵的情感，体验兔妈妈对宝宝无私奉献的
情感。

✳ 教师：为什么妈妈会变成这个园丁？他手里拿的锄头有什么用？你猜篮子里会
装着什么？

* 讲述彩图 2 和 3 的画面内容，引导幼儿体会妈妈的爱是辛勤付出。
* 讲述彩图 4 和 5 的画面内容，引导幼儿在观察和表达中理解妈妈的爱就是和宝贝在一起。
* 教师：如果你找到我了，我就变成有翅膀的，你猜猜小兔会变成什么？
* 教师：小兔变成了鸟在天上飞，你猜妈妈会变什么？小鸟喜欢在哪里？
* 教师：为什么你觉得会变成大树？妈妈变成大树干什么？
* 教师：为什么变成大树的兔妈妈的手是向前伸出的？你觉得她会和小兔说什么？
* 讲述彩图 6 和 7 的画面内容，鼓励幼儿进一步理解妈妈的爱就是提供帮助。
* 教师：谁变成了小帆船？如果兔宝宝变成了帆船，那妈妈会变成什么？为什么？
* 教师：兔宝宝想要远行，兔妈妈在后面默默帮助她，小兔子想去哪里，妈妈就帮助小兔子到哪里。
* 出示彩图 8，简单介绍书名、作者，激发幼儿对图画书的兴趣，引导幼儿去关注更多的图画故事。

### 活动建议

**活动延伸** 开展音乐律动"宝宝睡了"：教师说："小兔玩累了，让我们哄兔宝宝睡觉吧！"摇篮曲音乐声起，幼儿做抱宝宝状随音乐放松摇摆。

# （四）

### 活动目标

1. 理解小兔和兔妈妈之间的关系，体验"你变我变"的情趣。
2. 根据"如果你……那么我就……"句式创编兔妈妈与小兔对话。
3. 尝试兔妈妈与宝宝间的对话，大胆表达对妈妈的爱。

### 活动准备

具有相关关系的图片若干（如大海和鱼……）。

### 活动过程

**1. 配乐朗诵《逃家小兔》，带领幼儿回忆故事情节。**

**2. 利用图片，了解故事中妈妈对幼儿的爱。**

* 教师：小兔子都变成了什么？小兔子为什么要变来变去？
* 教师：随着小兔的变来变去，妈妈跟着变成了什么？兔妈妈为什么跟着变来变去？
* 教师：无论走到哪里妈妈总是爱她的孩子。妈妈这么爱你，你爱你的妈妈吗？那你想怎样去表达对妈妈的爱？

**3. 仿编故事情节，鼓励幼儿大胆创编"你变我变"。**

* 和幼儿分成两个小组选择图片：教师扮演小兔，幼儿扮演兔妈妈。

✱ 教师：如果你是一只小兔，你会变成什么？妈妈会变成什么来找到你？

✱ 幼儿分成两组分别选择图片，进行兔妈妈和小兔的对话创编，如：幼儿甲："我要变成白云。"幼儿乙："那我就变成蓝蓝的天空陪伴着你。"

✱ 幼儿自由表达，进行"你变我变"接龙游戏。

## 活动材料

［英］玛格丽特·怀兹·布朗/文，［美］克雷门·赫德/图，黄迺毓/译，《逃家小兔》，明天出版社，2005。

## 活动分析

以"情"动人：活动（一）在轻松的"家"的氛围中展开，音乐涓涓流淌，故事娓娓道来，自然、轻松的温馨画面，简单朴实的手指游戏，带给幼儿是愉悦和放松！

以"情"激趣：活动（二）通过亲子共赏、共做、互动、交流，营造了融融母子情趣。

以"情"促动：活动（三）以"情"为线索，层层递进的提问，及时的总结提升，让幼儿在原有知识层面和情感层面上得到了升华，润物无声。适当的情节筛选、调整顺序，更加接近幼儿的生活。相通的情感体验让幼儿畅所欲言，思维灵动……

以"情"达意：活动（四）通过师幼互动、幼幼互动表达，层层递进，支持、扩展幼儿语言经验，循序渐进的情感激荡，一场在幻想中展开的欢快而又奇特的追逐游戏就开始了，在游戏情境中学说"如果你变成……我就变成……"的句子，使活动进入高潮状态，从"母爱"到"爱周围人"，"爱"的旋律在我们每个人的心间淙淙流淌……

**作　　者：**张袅娜
**工作单位：**广东省深圳市南山区蓓蕾幼儿园

# 小熊的阳光

## 教学班级

大班

## 活动背景

基于日常活动观察与实践,我们发现家长对幼儿的关爱非常突出,而幼儿认为,接受家庭成员无私的爱是理所应当的。他们不懂得关爱他人,缺乏感恩与回报。幼儿在家中往往会因一些小事而大发脾气,不能体谅他人的辛劳。这是教师在幼儿园一日活动中随时要关注并施以正面教育的重要内容。

大班幼儿具备了一定的阅读能力,大部分幼儿能够读懂图文并茂的故事,但对于故事主人公情绪情感变化的理解程度并不深,不能较好地与自身的情感体验相融合,有时会出现"就故事而读故事"的现象,难以与主人公产生情感上的共鸣,在深度理解故事的内涵上还有能力与认识上的不足。

《小熊的阳光》画面温馨,不仅在讲述故事,也在潜移默化中向幼儿传递一种积极乐观向上的生活态度,同时还很好地抓住了幼儿阅读的年龄特点。通过一幅幅画面,它不仅传递了文字信息,甚至还超越了文字,使幼儿能够通过观察画面,引发其更多的积极思考,如:门铃的挂线、窗台上的积雪、雪人的变化、树叶的颜色、菊花盛开到凋谢、小熊的服装等事物的变化,这不仅丰富了幼儿关于四季、动物生活习性等知识点,符合大班幼儿的认知发展目标,而且还将快乐、友爱、感恩的情感巧妙地融入其中。

## (一)

## 活动目标

1. 通过观察、讨论,理解故事的主要内容。
2. 能够通过观察和想象,了解小熊的心理活动。

## 活动准备

1. 将图画书《小熊的阳光》提前几天投放于阅读区,供幼儿自选阅读。
2. 教师在阅读区观察幼儿的阅读活动,了解幼儿阅读中遇到的问题。
3. 图画书《小熊的阳光》,幼儿人手一本。
4. 小纸条、白纸、铅笔若干。

## 活动过程

**1. 幼儿自主阅读《小熊的阳光》。**

✻ 幼儿独自阅读图画书《小熊的阳光》，教师提示幼儿在看不懂或有疑问的画页夹上纸条，或记录下页码。

✻ 教师观察幼儿的阅读情况，把握幼儿阅读中的难点。

**2. 组织幼儿讨论，帮助幼儿了解故事的主要角色。**

✻ 教师：这本书讲的是谁的故事？你从哪儿看出来的？引导幼儿通过观察封面、扉页以及书中多次出现的形象，确定小熊是书中的主要角色。

**3. 集体阅读、讨论图画书第 2—7 页，引导幼儿了解小熊的生活。**

✻ 教师：小熊生活在什么地方？他最喜欢屋里哪个地方？你怎么知道的？引导幼儿通过观察画面中小熊的表情和动作，了解小熊对窗子的喜爱及通过窗子看到的各种景物。

✻ 教师：小熊喜爱阳光吗？小熊在阳光下做了哪些事情？他心里高兴吗？你从哪儿看出来的？

✻ 教师（引导幼儿仔细观察第 14 页）：小熊冬眠前做了哪些准备？你从哪儿看出来的？

**4. 集体阅读、讨论图画书第 16—26 页，理解雪人对小熊的关爱。**

✻ 教师：小熊冬眠后发生了什么事？小熊对阳光有什么感受？你从哪儿看出来的？引导幼儿观察冬眠中的小熊表情，理解在阳光照射下小熊的慌乱不安。

✻ 教师：后来谁帮助了小熊？他是怎样帮助小熊的？你从哪里看出来的？

✻ 教师：小熊冬眠醒来后，雪人到哪里去了？他为什么不留下来和小熊一起游戏？

✻ 教师：小熊喜欢雪人吗？为什么喜欢？你从哪儿看出来的？

**5. 完整阅读《小熊的阳光》，帮助幼儿加深对故事内容的理解。**

✻ 教师逐页有语气地朗读画面上的文字。

✻ 鼓励幼儿观察画面，感受文字与图画的关系。

## （二）

## 活动目标

1. 积极参与讲述自己熟悉的画面内容。
2. 发现画面细节的变化，理解四季轮换与小熊生活的关系。
3. 理解小熊对雪人的感激之情，感受朋友相互关爱的温暖。

## 活动准备

1. 图画书《小熊的阳光》人手一本，幻灯片及投影设备。
2. 丰富有关四季和熊的生活习性等知识。

217

## 活动过程

**1. 借助幻灯片，和幼儿一起讲述图书的内容。**

✳ 教师演示图画书《小熊的阳光》的幻灯片，讲述故事内容，鼓励幼儿跟讲自己熟悉的内容。

**2. 引导幼儿观察图画书中的细节，发现事物的变化。**

✳ 教师：这本图画书中有许多变化的东西或事情，请小朋友仔细找一找。可举例启发幼儿，如小熊衣服在不同季节的变化，引导幼儿自己阅读图画书，鼓励幼儿认真观察，在发现变化的画页上做好记号，如夹上小纸条等。

**3. 全班幼儿交流自己的发现，了解四季变化与小熊生活的关系。**

✳ 请幼儿说出相关画面的页码，并描述发生了什么变化。

✳ 教师：为什么会有这些变化？说明了什么？每当幼儿说出一种变化，教师则提问帮助幼儿掌握图画书的阅读线索，发现画面细节表达的寓意。

✳ 与幼儿一起梳理书中发生变化的事物（如有条件，可用图片或简笔画表示出来），如：森林景色、小熊的服装与体态、门铃的拉绳、雪人、装饰画、花瓶中的花、钟表、床上的书等。

✳ 教师：这些事物的变化都与什么有关呢？引导幼儿发现事物变化的规律，感受小熊生活与季节变化的关系。

**4. 引导幼儿体验小熊对雪人的感恩之情，感受朋友关爱的温暖。**

✳ 演示图画书最后一页，引导幼儿观察小熊的动作、表情以及小熊家悬挂的各种雪人图片。

✳ 教师：小熊为什么画了这么多的雪人？他画雪人的时候，心里在想什么？

✳ 教师：你得到过别人的帮助吗？得到别人帮助的时候，你心里会有什么感觉？

✳ 引导幼儿联系自己的生活经验，说说同伴相互帮助的事情，体验友情的快乐与温暖。

## 活动建议

**活动延伸** （1）引导幼儿继续猜想小熊画雪人的原因，想象第二年冬天到来时，雪人是否会看到小熊画的雪人以及雪人的心理活动，续编"小熊与雪人"的新故事。鼓励幼儿将自己的想法画出来，如有幼儿能画出连续的画页，可单独装订册，做成小图画书放在阅读区。（2）引导幼儿说说自己的四季生活，鼓励每个幼儿将自己在不同季节的生活情景和活动画下来，做一本"我的四季生活"的图画书，放在阅读区，小朋友之间互相讲读。（3）和幼儿一起搜集动物的图片资料，按过冬方式不同，分类放在认知区中，引导幼儿阅读。（4）鼓励幼儿在活动区活动时画雪人，用废旧材料制作雪人，然后将作品粘贴在主题墙上。

**环境创设** 和幼儿一起设计、布置以"美丽的冬天"为主题的墙面，和幼儿一起搜集有关冬天特征和反映人、动物冬天生活的图画资料，粘贴在上面。如有条件，也可将图画书《小熊的阳光》中小动物堆雪人的画面复制下来，放在主题墙上。主题墙上留有空白，供幼儿随活动的进行不断丰富内容。

**重点提示** （1）第一次阅读的主要目标是引发幼儿对图画书的兴趣，初步理解童话故事的内容。特别注意引导幼儿观察画面，通过阅读画面理解故事内容，理解人物的情感与心理活动。本次活动的最后，当幼儿通过阅读画面基本理解故事后，教师再完整朗读故事，这样做，一方面帮助幼儿全面、完整地了解整个故事，另一方面，让幼儿欣赏、感受童话语言的艺术美。(2) 第二次活动的重点是引导幼儿理解故事寓意和发现蕴涵在图画书中的情感与知识线索。阅读中，可以事物的变化及原因为线索，鼓励幼儿自主探索，寻找图画书中的细节，并通过对细节及变化原因的梳理，发现季节变化与动物生活的关系，使幼儿通过本书的阅读，丰富自然知识，增强对大自然的热爱，同时使观察力、想象力与推理判断能力获得发展，体验发现的乐趣、阅读的乐趣。

**家园共育** (1) 和孩子一起阅读图画书《小熊的阳光》，讲讲小熊与雪人之间的情感故事，引导孩子体验小熊对雪人的感激与怀念之情。(2) 引导孩子说说日常生活中感受到的亲人对自己的关爱。

## 活动材料

冰波/文，钱继伟、大青/图，《小熊的阳光》，教育科学出版社，2009。

## 活动分析

图画书《小熊的阳光》阅读活动，主要通过自主阅读和集体性阅读两种方式，引导幼儿对图画书内容及意义的理解层层深入，不断发展。不同层级的集体阅读活动重点不同，目标呈递进关系，且阅读方法与指导策略也不同。

初次阅读的主要目标是引发幼儿对图画书的兴趣，初步理解童话故事的内容。这一阶段，运用了自主阅读和集体阅读两种方式，特别注意引导幼儿将阅读重心放在对图画的观察上，通过阅读画面理解故事内容，理解人物的情感与心理活动。在图画书中，图画本身也在述说故事，它可以超越文字，独立地表达着难以用语言表达的故事内容与意义。阅读图画书，首先是阅读画面，而不是给孩子讲述书上的文字。本次活动的最后，当幼儿通过阅读画面基本理解故事后，教师再完整朗读故事，这样做，一方面帮助幼儿全面、完整地了解整个故事，另一方面，让幼儿欣赏、感受童话语言的艺术美。

在深入理解阅读阶段，我们将阅读重点放在理解故事寓意和蕴涵在图画书中的情感与知识线索上。为了充分实现这一阅读目标，活动前，我们首先对《小熊的阳光》进行了认真细致的分析，梳理其中的阅读线索和知识点，在阅读教学中以事物的变化及原因为线索，鼓励幼儿自主探索与发现。教学活动的结果证明，由于为幼儿提供了充分观察、想象和创造的空间，幼儿的积极性和主动性被充分地调动起来。此次阅读活动，不仅有利于幼儿学习和掌握四季与动物生活的知识，发展观察力、想象力与推理判断能力，而且更使幼儿真正感受到了发现的乐趣、阅读的乐趣。

通过《小熊的阳光》的阅读活动，我们体会到，早期阅读教学活动，绝不仅仅给幼儿看一本书或讲一个有趣的故事。通过图画书阅读，培养幼儿的阅读兴趣，促进幼儿情感、观察、想象与创造力的发展，应该是早期阅读更高层次的追求。

**作　　者：** 杨丽欣　赵丛笑
**工作单位：** 北京市朝阳区安华里第二幼儿园

# 会唱歌的图谱书

## 教学班级

大班

## 活动背景

　　进入大班下学期，我班幼儿已养成基本的阅读习惯，对图画书非常感兴趣，喜欢阅读。通过三年有计划的培养，幼儿在阅读过程中提高了学习书面语言的兴趣，对各类图画书都爱不释手。为了真正体现《纲要》中提出的"培养幼儿对生活中常见的简单标记和文字符号的兴趣"，自己设计了适合幼儿阅读的音乐图谱书——《会唱歌的图谱书》，通过幼儿对各种标记的阅读，认识音乐图谱，并能按图谱有顺序、有节奏地进行阅读，从中体验阅读音乐图谱书的乐趣，丰富幼儿的阅读范围与途径。

## （一）

## 活动目标

1. 认识音乐图谱书，了解该书的主要功能。
2. 理解故事内容，能找到与音符相对应的文字标记。

## 活动准备

1. 自制小手掌、小蚊子、云朵、草地、棉花、花卡片若干。
2. 大图书。

## 活动过程

**1. 出示音乐图谱书，引起幼儿学习兴趣。**

✻ 教师：请小朋友仔细看看，你们手中的图画书和平时看到的图画书有什么不一样？引导幼儿观察图书封面、书名等图书结构。

✻ 教师介绍音乐图谱书，引导幼儿认识到，音乐图谱书是唱歌、演奏乐曲时候用的。

**2. 引导幼儿理解音乐图谱书中的故事内容。**

✻ 教师：猜猜书中发生了一件什么有趣的事情？

✻ 教师：热热的夏天到了，小蚊子也飞出来了，它做了些什么呢？

✻ 教师：它和小朋友做游戏，一会儿飞到草丛里（出示字卡：草丛），一会儿飞到云朵里（出示字卡：云朵），小朋友用小手想去拍拍它，可是怎样呢？

＊ 教师：淘气的小蚊子总是飞到这飞到那，小朋友帮忙数一数，每一次发现它时拍了它几次？

**3. 集体阅读音乐图谱书，能找到对应好的文字标记。**

＊ 带领幼儿阅读，并引导幼儿根据音符相对应的文字标记进行阅读活动。

＊ 幼儿自主阅读，教师观察指导。

## （二）

### 活动目标

1. 能按顺序阅读音乐图谱书。
2. 发现音乐图谱书中的故事是有规律发生的。
3. 尝试有节奏地阅读。

### 活动准备

图书《打蚊子》若干。

### 活动过程

**1. 听音乐激发幼儿学习兴趣。**

＊ 播放《打蚊子》音乐，幼儿边欣赏边翻阅音乐图谱书。

**2. 引导幼儿发现音乐图谱书中的小故事是有规律发生的。**

＊ 教师：说说书中的小朋友和小蚊子做游戏时发生了哪些一样，哪些不一样的事情？

**3. 按顺序阅读音乐图谱书。**

＊ 教师：怎样阅读这本会唱歌的书，能让声音变得美妙起来？

**4. 幼儿尝试有节奏地阅读音乐图谱书。**

## （三）

### 活动目标

1. 尝试自制音乐图谱书。
2. 能在集体面前大胆表演自己设计的音乐图谱书。

### 活动准备

1. 白纸、画笔、订书机。
2. 家长在家带领幼儿选择自制小乐器。

## 活动过程

**1. 幼儿表演音乐图谱书《打蚊子》。**

**2. 教师播放音乐，幼儿倾听。**

✳ 教师：猜猜发生了什么故事？鼓励幼儿在集体面前大胆讲述。

**3. 幼儿分组制作音乐图谱书。**

✳ 引导幼儿做书时要注意故事中每个音符下的文字安排，将自编故事合理安排在图谱中。

✳ 帮助幼儿分工合作，引导幼儿一同进行绘画（文字）记录，最后一起装订图书。

**4. 幼儿讲述自制的音乐图谱书。**

✳ 每个小组向大家介绍自己制作的音乐图谱书。

✳ 展示图书，集体相互观赏。

✳ 评奖活动，为幼儿颁发各种制作奖项，鼓励幼儿热爱读书、自己动手自制图书。

## 活动建议

**活动延伸** 幼儿与同伴互换图谱书，回家与父母共同阅读图谱书，并按照图谱书进行乐器演奏。

## 活动分析

根据幼儿的已有知识经验，我确定了此次系列活动的目标，帮助幼儿初步认识书面语言和口头语言的对应关系，懂得掌握书面语言的重要性，提高幼儿观察模拟书面语言的能力及预期技能。

在此次活动中，我采用幼儿没有接触过的音乐图谱书，以集体、小组、亲子等自由阅读形式，辅以游戏、表演、讲述方法呈现，幼儿在不断变化的情景中始终饶有兴趣地投入活动。当幼儿的创造火花开始迸发时，仅有语言表达是不够的，本次活动借助了音乐、表演、制作手段，让幼儿动手做做、参与演演，最大限度地发挥幼儿的积极性、创造性。因此，每当阅读内容中出现有趣的角色或动作时，幼儿都会积极地学一学样子，并对此乐而不疲。同时，我提供一些简单道具，当幼儿戴上小手卡片，拿上道具，表演故事情节"打蚊子"时，幼儿全神贯注、乐不可支。幼儿对这些游戏的兴趣浓厚，不知不觉中也促使他们主动地参与到学习中去。

活动中，我注意将早期阅读活动与其他方面的学习活动有机地结合在一起，开展了读谱、编谱、唱谱的活动。这些活动的目的在于帮助幼儿进行不同符号的相互转换，使幼儿将阅读经验迁移于其他活动中，发展幼儿的创造性思维。在这些过程中，幼儿的语言、想象、艺术、个性等方面均得到发展。幼儿动手又动脑，既能受到美的熏陶，又能提高口语表达能力。

**作　　者：**何瑞
**工作单位：**贵州省贵阳市第一幼儿园

# 夏天的歌

## 教学班级

中班

## 活动背景

对于这个美丽的季节——夏天，为了使幼儿对其更了解并能用完整语言表述它的特征，我选择了《夏天的歌》。

《夏天的歌》是一首充满童趣的散文诗，生动有趣的内容深深地吸引了每一位幼儿。这首诗歌想象意境丰富，用诗一般的语言勾画了一幅引人入胜的画面，是幼儿认识夏天、了解夏天的好素材。

我班幼儿在日常早期阅读活动中已养成了良好的阅读习惯，对书也有了一定的了解，知道书有封面、封底、作者以及翻书的方法、制作书籍的步骤等，为此，教师在延伸活动中给幼儿创造了直接感知和体验的机会，通过不同途径，如看、听、讲、记录等多种形式，帮助幼儿感知并积累有关夏天的常见特征，促进幼儿在已有经验和能力的基础上进一步丰富想象力，提高语言表达能力。

## （一）

## 活动目标

1. 初步尝试有感情地朗诵诗歌。
2. 大胆表达，发展口语表达能力。
3. 尝试仿编诗歌。

## 活动准备

1. 诗歌内容的幻灯片。
2. 文字、图标相结合的大范例。
3. 空白记录纸条若干。

## 活动过程

**1. 开始部分。**

＊ 歌表演"夏天到"，调动幼儿参与活动的兴趣。

＊ 教师：我们可以用歌声来赞美美丽的夏天，还可以用优美的诗歌来赞美，让我

们一起欣赏诗歌"夏天的歌"。

**2. 学习诗歌第一部分。**

✳ 教师（观察第一幅图）：在绿绿的草丛中，有谁在唱歌？你猜猜它是谁？老师带来了一张蟋蟀的照片，你们仔细看一看，它长着一对长长的触角，黑褐色的身体，它是怎样叫的？请小朋友和我一起模仿它的歌声。

✳ 教师（观察第二幅图）：在高高的大树上，有谁在唱歌？（出示照片）它是怎样唱歌的？和幼儿一起模仿。

✳ 教师（观察第三幅图）：在清清的池塘里，谁在唱歌？小青蛙是怎样唱歌的？我们一起来听一听。

✳ 教师：在这幅画面中，天空中出现了什么？下雨的时候你们能听到什么声音？观察第四幅图。

✳ 完整欣赏诗歌第一部分，教师划指朗诵诗句。

✳ 幼儿完整朗读诗歌第一部分，教师划指诗句。

✳ 教师：我看到有的小朋友在朗诵时还加上了动作，现在老师请你们用优美的动作表演出来。

**3. 学习诗歌第二部分。**

✳ 教师：夏天的歌在小动物美妙的歌声里，还在我们的生活中，美丽的夏天是丰富多彩的，我们的生活也像一首歌，我们一起来看看夏天的歌是什么？

✳ 教师（观察第一幅图）：夏天的歌是什么？你们看，夏天人们戴着漂亮的太阳帽，打着小花伞是不是很美呀，太阳帽、小花伞还可以帮我们遮阳呢。

✳ 教师（观察第二幅图）：夏天的歌又是什么？

✳ 教师（观察第三幅图）：夏天的歌还是什么？你们看，甜甜的大西瓜，凉凉的冰激凌，在炎热的夏天吃一口，感觉怎么样？

✳ 教师（观察第四幅图）：夏天小朋友最喜欢干什么呢？夏天的歌到底是什么？我们看诗歌中的小朋友告诉我们什么？

✳ 完整欣赏诗歌第二部分，教师划指朗诵。

✳ 幼儿完整有感情朗读诗歌第二段。

✳ 教师：孩子们，夏天有这么多你们喜欢的东西，让我们把自己快乐的心情表演出来吧！

**4. 完整学习诗歌。**

✳ 出示完诗歌内容（诗句重点部分用图标和文字结合的形式表示出来），帮助幼儿理解重点词汇的含义。

✳ 教师：小朋友，小动物在用歌声赞美夏天，夏天的歌中，还有许多大家喜欢的东西，你们说夏天的歌美不美？让我们一起来完整的朗诵吧！

✳ 幼儿完整表演诗歌。

**5. 结束部分。**

✳ 教师：夏天是一个美丽的季节，老师和小朋友们都很喜欢他，让我们和这个美丽的季节一起唱吧、跳吧！

# （二）

## 活动目标

1. 创编诗歌，学习用诗歌的形式表现内容。
2. 用多种方法进行一句话式记录。
3. 体验合作完成大书的成功与快乐。

## 活动准备

1. 教师示范用大书，几种不同记录方法的示范字条。
2. 四种不同记录方法的纸张作业。
3. 各种色纸、旧书页、胶水、剪刀（粘贴用）。

## 活动过程

### 1. 导入活动。

✳ 教师：小朋友，上次我们学了诗歌"夏天的歌"。在户外活动中，小朋友们又发现了许多有关夏天的秘密，请你把自己的发现说一说，我们一起来分享吧！

### 2. 幼儿创编诗歌。

✳ 幼儿表演自己喜欢的、有关夏天的动物或其他事物，并说一说夏天还有哪些特征。

✳ 教师：夏天的歌是什么？教师说前半句，幼儿编后半句，幼儿边说教师用简单的图标或文字记录。

### 3. 幼儿以小组形式自编诗歌，教师巡回指导。

### 4. 利用示范纸张进行"一句话式记录"。

✳ 出示四份不同背景的纸张作业，请幼儿根据自己编的内容，选择自己要记录的纸张，先画出内容，再用一句话的形式记录在画面下。

✳ 教师示范四种不同的记录方法：文字（涂色）、描写（绘画）、填空（添画）、图标（粘贴），幼儿挑选适合自己的方法记录。

### 5. 制作大书。

✳ 幼儿分配做大书过程中每人承担的任务，如：谁做封面、封底、谁做书的第几页。

✳ 小组合作自制大书，教师巡回指导。

✳ 自制大书展览：请幼儿欣赏自制的大书，互相介绍制作的经验。

## 活动材料

乔慧萍/文，《夏天的歌》，摘自《学前教学用书：语言》，西安出版社，2008。

## 活动分析

幼儿只有理解了作品的内容，感受到诗歌的美，才能在情感上产生共鸣。在对诗歌

225

形式有了一定了解后，教师引导幼儿把自己在夏天中熟悉的、看到的、想到的、听到的，都想象成一幅五颜六色的画，大胆说出自己的发现，创编好听的诗句，学习用不同的记录方法制作大书。

**作　　者：** 杨丽
**工作单位：** 陕西省政府机关幼儿园

# 吃掉黑暗的怪兽

## 教学班级

中班

## 活动背景

中班幼儿年龄在 4 岁左右，他们十分喜爱阅读课，从最开始的不会翻书或是哗啦啦飞快看完一本书到爱看书、会看书；从不懂故事的连贯性、只会看一幅图就讲一幅图，到会看图复述故事、个别幼儿还会在集体面前大方表演故事，同时还从书中认识了不少的字。现在，幼儿变得喜欢认字，爱在书里找自己认识的字，懂得了不少书面语言，乐意静静地坐着看一段时间书。

由于我园幼儿多为外来务工人员的孩子，有些幼儿晚上会独自在家，或和比他大一两岁的哥哥姐姐在家。4 岁的幼儿已经知道什么是害怕了，其中大多数幼儿最怕的就是黑暗和黑暗中想象的一些鬼怪、怪兽……于是我找来了图画书《吃掉黑暗的怪兽》，希望幼儿看了这一故事后不再恐惧黑暗。

## （一）

## 活动目标

1. 对故事画面进行大胆连贯表述。
2. 认识词汇"黑暗""怪兽"。
3. 乐意在书上找熟悉的字，和字宝宝玩游戏。

## 活动准备

1. 停电宝（类似电筒的较强光线的灯）。
2. 配有动物叫声和轻音乐的磁带。
3. 自制幻灯片。
4. 字卡"黑暗""怪兽"。

## 活动过程

### 1. 手影游戏。

＊ 教师：今天老师请大家看一场特别的电影好不好？……看电影要黑黑的。拉上遮光布关上教室里的灯，再打开停电宝，一个光柱出现了。

✳ 演电影：教师用手影表演一个简短的动物园的小故事，边演边讲，同时播放配动物叫声和轻音乐的磁带，自编手影故事见附录。

**2. 阅读故事《吃掉黑暗的怪兽》。**

✳ 教师：这个电影好玩吗？……可爱的信鸽给我们带来黑暗的故事《吃掉黑暗的怪兽》，我们一起来听听好吗？看到"不晓得到底发生了什么事"后怪兽很忧伤流泪的这幅图后，让孩子们猜猜以后会发生什么事，可以让孩子们自己讨论。

✳ 教师：你看到了什么？怪兽可怕吗？球球为什么会哭？带着问题看书，从"然后怪兽听到，从遥远的地方传来一阵奇怪的声音"开始看，引导幼儿说出我们离不开黑暗，黑暗也很有用。

✳ 边看书边完整听一次故事，教师边讲边出示字卡，讲完后说一说。

✳ 教师：黑暗可怕吗？怪兽是不是也很可爱？黑暗是怎样产生的？

✳ 教师：当爸爸妈妈不在家时，黑暗来临了我们有什么办法让自己不怕它？

# （二）

## 活动目标

1. 乐意在书上找熟悉的字，和字宝宝玩游戏。
2. 用图画表示自己对黑暗的理解。

## 活动准备

1. 图画书《吃掉黑暗的怪兽》人手一本。
2. 字卡"黑暗""怪兽"，幼儿熟悉的字卡"床""晚""吃""子""烟囱""好"。

## 活动过程

**1. 回忆故事。**

✳ 给幼儿每人一本图画书，请幼儿自主阅读。

✳ 请幼儿说说自己最喜欢图画书的哪个部分，为什么？

✳ 教师：你害怕黑暗吗？黑暗来临了你怎么办？

**2. 画画"黑暗"。**

✳ 请幼儿画与黑暗有关的图画，请讲给大家听。

**3. 和字宝宝玩游戏。**

✳ 给字宝宝照相：教师给书上字宝宝"照相"后，"洗照片"（出示字卡），让幼儿认一认是哪个字宝宝的照片，在这一页的什么地方。

✳ 字宝宝火车：教师当火车头在幼儿中行驶（逐一出示字卡），幼儿认对字卡（买对票），然后可以上车，直到所有幼儿都坐上车，行驶一圈停车。

## （三）

### 活动目标

1. 在体验黑暗的基础上，扩展思路，大胆构思创作。
2. 通过游戏了解黑暗的作用，进一步感受黑暗、接纳黑暗、利用黑暗。

### 活动材料

1. 旧胶卷、自制幻灯片、幻灯机、荧幕、电筒。
2. 幻灯组：已塑封过的过塑纸、彩色笔、电筒（为能力弱的幼儿准备）。
3. 电影组：玻璃纸（连成一米长左右）、彩色笔、剪刀、双面胶、纸、电筒（为一般幼儿准备）。
4. 神秘组：彩色卡纸、铅笔、各种几何形状的胶泥模具、电筒，教师做好的成品一个（为能力强的幼儿准备）。

### 活动过程

**1. 放电影，引出活动主题。**

❋ 教师：今天，老师邀请大家看一个我演的小电影。用电筒照胶卷给幼儿看，先一张一张地看几张，突然拉动胶卷"放电影"。

❋ 教师：我这还有给球球和怪兽照的照片，我们一起来看看。放自制幻灯给幼儿看，引起幼儿兴趣。

**2. 开展放电影和幻灯的游戏活动。**

❋ 教师：你们想不想像我这样做电影、做幻灯？老师今天给大家带来了好多好东西，我们来看看。

❋ 简单介绍游戏规则：

幻灯组：用彩色笔在过塑纸上画画，再用电筒放幻灯。

电影组：用彩色笔在玻璃纸上画画或把物体画在纸上，再剪下来贴在玻璃纸上，用电筒放电影。画要有轮廓，要不然看不清楚。

神秘组：只放一个成品在桌上，不告诉幼儿制作方法和游戏方法，让幼儿自己探索。（玩法：在彩色卡纸上用铅笔和模具画几何图形，再用剪刀剪下图形，把卡纸卷成圆筒形贴上，把电筒放在中间，光柱就会从洞里出来）

❋ 教师：现在我们来做游戏了，请把这段时间里我们和黑暗的故事或者小秘密都做出来，有三个组，小朋友可以自己选择。

**3. 幼儿自由制作，教师根据情况个别指导。**

**4. 自由欣赏作品。**

### 活动建议

**活动延伸**　和家长或同伴在黑暗中玩"捉迷藏"。

## 活动材料

[英]乔伊斯·邓巴/文，幾米/图，彭倩文/译，《吃掉黑暗的怪兽》，南海出版社，2008。

## 附　录

**（自编）[故事]**　　　　　　**信鸽的故事**

一只可爱的信鸽飞越大海去送信，它飞呀飞呀，飞得很累，终于在天黑之前找到一个小岛，可以睡觉休息。于是，它立刻到一棵大橡树最高的树枝上睡了。睡到半夜，它被一种痒痒的感觉弄醒了，一看是一个大蜘蛛在它身边织网，吓得它立刻飞到矮一点的树枝上。可是它还没睡着，"嗤嗤嗤"的声音又从树下传来，原来是一只大蟒蛇正从树下向它这边爬过来，吓得它又从树上飞到一个小山坡上。可是从山后又传来一阵阵"嗷……嗷……"的狼叫声，把它吓得哭了起来。这时山坡下的小洞里，走出一只小兔，小兔请信鸽到它的家里休息。在小兔的帮助下，信鸽安全度过了小岛的一夜。第二天，信鸽高兴地谢过小兔，上路了。

## 活动分析

三组活动幼儿都完成较好。神秘组开始吸引了不少幼儿，可是用剪刀在卡纸上挖洞这一难度太高，导致一些幼儿离开，几个能力较强的幼儿做得不错，只用了几分钟就发现了制作方法，玩法也很快被发现。电影组和幻灯组做得也很不错，好几个幼儿都是画怪兽，所有的怪兽都有一个共同的特点——红鼻子（没想到孩子们都喜欢怪兽的红鼻子），其他幼儿多画的是黑夜的动物，还有黑夜的游戏。有一个幼儿画的是黑夜里工作的人，这是来源于我和他们的一次日常谈话。

活动后，我让幼儿在黑夜里和同伴玩户外的游戏，幼儿给我说了好多我没想起的户外游戏：放孔明灯、放河灯、放焰火、还有看星星，幼儿在这一活动中真的长大了。

**作　　者：**张维林
**工作单位：**四川省轻工幼儿园

# 爸爸生气了

## 教学班级

大班

## 活动背景

本班幼儿具有一定阅读经验，基本上能理解画面的大致内容。活动之前，幼儿已经学习故事《爱发脾气的小老鼠》、歌曲《拉拉钩》和《开心指数》，对喜怒哀乐等情绪有了一定的认识和体会。本活动目的在于通过故事阅读，深入激发、挖掘幼儿的各种情绪体验，帮助幼儿学习调节、疏导情绪，保持健康、快乐的心境，培养幼儿的心理承受能力。

## （一）

## 活动目标

1. 观察体会别人的心情，认识情绪"怒"。
2. 学习词汇"疏导"并尝试运用。

## 活动准备

1. 人物表情"怒"脸谱系列。
2. 歌曲《拉拉钩》和《表情歌》。

## 活动过程

**1. 观察脸谱，认识情绪"怒"，引入话题"生气了"。**

＊ 教师：在刚才的观察中，你看到了什么？生气的时候是什么样子的？请用表情、声音或动作表现出来。

＊ 体验活动"拉拉钩"，幼儿自由两两组合，体验生气的表情、声音和动作。

＊ 教师：生气的时候，你的感觉是怎样的？生气对身体好不好？引导幼儿重温生气时的身体感觉，懂得生气对身体健康不利，要及时疏导，第一次出现词汇"疏导"，简单解释其含义并举例说明。

＊ 教师：当你生气的时候，应该怎样疏导自己的情绪？第二次出现词汇"疏导"，强化认识。

**2. 引导幼儿学会关注别人的情绪，生气时要及时疏导。**

＊ 教师：当你的朋友生气时，你会怎么做？怎样才能帮助他疏导情绪，让他也高

兴起来。第三次出现词汇"疏导",鼓励幼儿尝试使用该词汇。

* 幼儿互相讨论,表达各自的想法。教师倾听,了解幼儿的意见和想法。

* 幼儿写出或画出自己的方法。

* 和幼儿一起总结并进行整理,用表格陈列出来。

* 教师扮演生气的朋友,幼儿表达自己将会采用的方法,尝试运用所设想的办法疏导"朋友"的情绪。

**3. 延伸活动。**

* 歌表演《表情歌》:我们都是开心娃,生气时会及时疏导。我们关心父母、朋友和周围的人,希望大家都像我们一样开心。

# (二)

## 活动目标

1. 通过画面理解故事大意。
2. 体会父子的关爱之情,懂得关心、爱护他人。

## 活动准备

1. 人物表情"怒"脸谱及幼儿用书若干。
2. 配乐故事《爸爸生气了》。

## 活动过程

**1. 阅读和故事欣赏活动,了解故事大意。**

* 指导幼儿阅读故事,尝试根据画面内容理解故事内容。

* 教师:故事中出现了几个人物?他们的表情是怎样的?你能学一学并说明他们当时的心情吗?

* 教师:为什么他们的表情发生了变化?你能猜出到底发生了什么事吗?

**2. 幼儿再次阅读并欣赏故事,体会人与人之间的关爱之情。**

* 幼儿边欣赏画面边聆听配乐故事《爸爸生气了》。

* 师幼互动,讨论故事中父子之间的感情,体会人与人之间的关爱。

* 教师:谁的爸爸生气了?爸爸生气了,川川怎样想怎样做?

* 教师:川川的办法奏效了没有?

* 教师:川川没有把爸爸逗乐,他是怎样想怎样做的?爸爸又是怎样做的?引导幼儿体会父子之间的深厚感情,即儿子没把爸爸逗乐,自己不高兴了;爸爸反过来关心儿子,帮助儿子疏导情绪。

* 教师小结:生气对健康不利,不仅父母要关心疏导我们的情绪,我们也要关心疏导父母乃至周围的人的情绪。

**3. 想象和体验。**

* 教师:川川的办法属于我们之前所构想的哪一种?还有没有其他的办法?收集

并补充进去。

\* 幼儿自由组合，其中一个脸谱扮演"生气的人"，其他幼儿负责疏导、开解他，直到"生气的人"高兴地脱下脸谱为止。

## 活动建议

**环境创设** 美工区提供笔、纸、剪刀、不干胶等，语言区提供空白卡纸、笔和若干词汇，如"唱歌""跳舞""讲笑话""送礼物""玩游戏"等，音乐区提供音乐磁带、表演小道具等。可以根据幼儿的兴趣在各区角开展个人或小组游戏活动，延续并巩固教学活动的内容和成果，如欣赏故事、故事表演、阅读活动、歌表演《表情歌》《拉拉钩》和游戏《逗你开心吧》等。活动均由幼儿自行组织、实施，教师协助或指导。

## 活动材料

《爸爸生气了》，选自《幼儿园主题式课程教师用书·大班·春季》，朱家雄/主编，教育科学出版社，2007。

## 活动分析

本次活动的最大收获和亮点是成功引导幼儿感受情绪、认识情绪、表达情绪并学会疏导不良情绪。情绪是相对隐秘的东西，较难用具体的语言来表达。活动中，教师敏锐地察见幼儿思想，帮助幼儿表达自己的情绪体验。在引导幼儿感受、学习的过程中，教师自身的情绪感受成为激发幼儿相关情绪体验的一个重要手段。

在活动设计上，教师大胆地跳出了故事欣赏教学的固有模式，从情绪体验、方法构想入手，逐步过渡到阅读和学习故事。首先，幼儿的情绪感受在前一环节的表述中得到体认，连同教师的个人感受一起构成了一个思绪飞扬、充满感情色彩的生活世界，然后峰回路转，由现实的生活世界转入到故事虚拟的世界中，两者紧密地结合在一起，成为一个不可分割的、完整的、统一的、指向于美好生活的理想境界，最后，在自由、充分、真实的游戏活动中，幼儿的美好愿望得到了实现，幼儿的情感也得到了升华，为本次的情感之旅、关爱之旅画上了完满地句号。活动（一）着重情绪的认识、体验和释放，活动（二）以故事阅读为主，是活动（一）的进一步提升，在提高幼儿阅读水平的同时也也深化了本次教育活动的主题——心理健康教育，关注疏导情绪。

本活动的另一个亮点是引导幼儿学习词汇"疏导"。根据语言获得的基本原理，在同一语境中反复出现的词句，可以为幼儿"缄默"认知领会和理解接受。虽然没有刻意地进行专门的词汇教学和训练，但词汇本身的"新鲜"程度引起了幼儿的关注和重视，再通过同一语境的不断出现、重复，幼儿自然而然地学习、掌握了该词。"疏导"二字也为本次的心理健康教育活动做了最简洁、最恰当的概括，成为一个概念，牢牢地刻在幼儿的心中。

作　　者：韦瑞菊
工作单位：广西壮族自治区贺州市幼儿园

# 想吃苹果的鼠小弟

## 教学班级

小班

## 活动背景

活动来源与材料选择：喜欢小动物是每位幼儿的天性，这一点在小班幼儿的身上表现得尤为突出。参观上海动物园后，幼儿对动物的特征本领产生了更浓厚兴趣。在万圣节，幼儿把自己装扮成了各种动物。基于我班幼儿的当前兴趣及年龄特点，我选择《想吃苹果的鼠小弟》作为活动内容。首先，小班幼儿喜欢简单、重复的话语。在《想吃苹果的鼠小弟》中，文字简单而且不断重复。其次，动物形象生动，是幼儿喜爱的，因此能与故事中的角色产生互动，可启发幼儿运用对动物特点的已有经验，去解决"摘苹果"的情境问题。再次，这个文学作品没有"说教"的成分，能给幼儿很多快乐和思考的机会——学会动脑筋，一起发挥各自的本领。

活动组织要点：小班幼儿年龄小，注意力不稳定，他们通过直觉形象思维进行活动。因此在活动推进过程中，我适当运用了形体语言、音乐、数数等元素，帮助幼儿一起体验故事带给大家的快乐，激发幼儿对文学作品的喜爱。

## （一）

## 活动目标

1. 知道动物有不同的本领。
2. 愿意在猜猜、看看、讲讲中感受故事的趣味性。
3. 在故事情境中迁移已有经验，尝试解决问题。

## 活动准备

图画书《想吃苹果的鼠小弟》幻灯片、动物图卡、音乐歌曲。

## 活动过程

### 1. 回忆经验，激发兴趣：苹果与小老鼠的关系。

✳ 出示苹果树。

✳ 教师：秋天到了，苹果成熟了，树上结满了苹果。苹果红红的，圆圆的……我们来唱唱苹果的歌吧。和幼儿一起唱《APPLE 苹果歌》。

✳ 教师：数一数苹果树上有几个苹果？

✳ 教师（出示主要角色：鼠小弟）：为什么小老鼠感觉苹果树很高呢？理解苹果树与小老鼠的对比关系：苹果树又高又大，小老鼠又小又矮。

✳ 教师：鼠小弟能不能吃到苹果呢？怎么样才能吃到苹果呢？

**2. 情景设疑，经验迁移：理解动物特点，运用特点解决情景问题。**

✳ 教师（出示故事角色动物图卡：小鸟、猴子、大象、长颈鹿、袋鼠、犀牛）：它们都能吃到苹果吗？

✳ 利用幻灯片讲述故事情节，验证推测结果。

✳ 教师：犀牛在撞树怎么能摘到苹果呢？

**3. 尝试猜测画面表达的意思：建立小老鼠动作与动物特点之间的相互关联。**

✳ 教师：还剩下几个苹果了？眼看苹果越来越少了，鼠小弟真着急，怎么办才好呢？

✳ 教师：鼠小弟在想什么？它在学谁的样子？重点图片解读：鼠小弟模仿大象的动作形态。

✳ 学说鼠小弟的话，用反复句型"要是我也有……那该有多好呀！"

✳ 教师：鼠小弟在学谁的样子？引导幼儿对鼠小弟的动作图卡与动物图卡的配对。

✳ 在音乐中模仿动物角色的各种形态。

**4. 情感升华：感受小老鼠与海狮的友谊，摘到苹果时的快乐。**

✳ 欣赏小老鼠与海狮的对话。

✳ 教师：海狮到底会不会、行不行呢？我们来问问它。通过动作语言引导孩子复述句子。

✳ 教师：海狮和鼠小弟一起想了什么办法？鼠小弟怎么会到高高的树枝上去的呢？

✳ 幼儿完整听故事，教师看幻灯片，配音乐讲述。

✳ 教师：鼠小弟和海狮虽然没有其他动物那样的本领，但是他们一起动脑筋，想办法，最后都吃到了苹果。

# （二）

## 活动目标

1. 按顺序阅读图画书。
2. 大胆表演故事。

## 活动准备

1. 图画书《想吃苹果的鼠小弟》。
2. 苹果树四季的变化的图片。

## 活动过程

**1. 阅读图画书，讨论故事。**

✷ 给幼儿每人一本图画书，请幼儿自主阅读。

✷ 引导幼儿阅读封面，按照顺序一页一页阅读图画书。

✷ 教师：书中有哪些小动物？小老鼠想做什么呢？它后来吃到苹果了吗？

**2. 我爱苹果树。**

✷ 幼儿分组，根据苹果树四季的变化，按照春夏秋冬的顺序，将图片进行排列。

✷ 请幼儿用形体表现苹果树的四季变化。

**3. 故事表演。**

✷ 提供故事中的动物头饰、场景、音乐，引导幼儿选择自己喜欢的角色，尝试戏剧表演。

## 活动材料

［日］中江嘉男/文，［日］上野绘子/图，赵静、文纪子/译，《想吃苹果的鼠小弟》，南海出版公司，2007。

## 附　录

［歌曲］
### Apple

Apple round, apple red,

Apple juice, apple sweet。

Apple, apple, I love you。

Apple sweet，I love to eat。

［儿歌］
### 我是一棵苹果树

我是一棵苹果树，

春天来到了，

苹果树开花了。

夏天来到了，

苹果树长出了绿树叶。

秋天来到了，

苹果树结满了红苹果。

冬天来到了，

苹果树变得光秃秃。

236

**苹果树四季的变化图片**

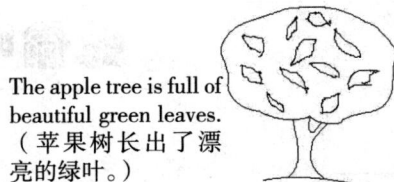

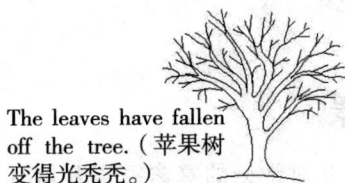

The apple tree is in bloom.
（苹果树开花了。）

The apple tree is full of beautiful green leaves.
（苹果树长出了漂亮的绿叶。）

The apple tree is full of apples.（苹果树结满了苹果。）

The leaves have fallen off the tree.（苹果树变得光秃秃。）

## 活动分析

1. 选材充满趣味，顺应幼儿的天性。

《想吃苹果的鼠小弟》把握住了小班幼儿好模仿、喜欢简单重复的语言节律、对动物外形特征感兴趣的特点，在情境中激发幼儿与故事中的角色互动，启发幼儿运用对动物特点的已知经验，解决"摘苹果"的情境问题。

2. 设计富有创意，拓展幼儿的思维。

设计上层层剥笋，注重价值点与内涵的把握，通过情景氛围的营造、多媒体图片的动态设计、清新风格的音乐浸染、栩栩如生的动物形象，让幼儿通过对画面的观察，在自然状态中学习语言，调动了幼儿在情境中对阅读的兴趣，给幼儿无限想象的空间。

3. 教学凸显灵动，激发幼儿的情感。

执教的国际班幼儿有着不同的母语背景和文化背景，这对老师与幼儿的互动能力是个挑战。整个活动过程，凸显出以语言为主体，让幼儿自然把句型运用到与角色的互动中，渗透音乐、数理、逻辑、情感等元素，在看看、讲讲、猜猜、学学等一系列过程中，引导幼儿感受理解鼠小弟心情的变化过程以及鼠小弟与海狮一起动脑筋想办法，最后得到苹果的快乐。师幼互动呼应，幼儿间彼此交流，幼儿的个体主动性被调动起来。

**作　　者：**毛伊君
**工作单位：**上海市徐汇区乌鲁木齐南路幼儿园

# 蛇偷吃了我的蛋

## 教学班级

中班

## 活动背景

中班幼儿对常见的家禽家畜开始有了一定了解，但时常有幼儿把狗或牛生的宝宝说成是蛋。尽管这样的幼儿为数不多，但的确说明有一部分幼儿缺乏这方面的科学常识，他们也困惑为什么有的动物妈妈生的宝宝是蛋，有的却不是。而《蛇偷吃了我的蛋》可以解除幼儿的困扰。这个故事线索单一，基本上都是重复情节，很符合中班幼儿的理解和阅读水平。

## （一）

## 活动目标

1. 认识会生蛋的动物。
2. 发挥想象力，理解故事的重复结构。

## 活动准备

大图书、幼儿用书。

## 活动过程

**1. 出示大图书讲述故事，让幼儿边看书边听故事。**

＊ 在讲述故事的过程中，请幼儿一起数一数窝里有几颗蛋。

＊ 讲述到"乌龟妈妈的蛋一颗也不少"时，停顿一下，请幼儿猜猜"蛇到底偷吃了谁的蛋"？

＊ 故事结束，请幼儿讨论：故事中哪些动物会生蛋？蛋里面有什么？蛇最后偷吃了谁的蛋？接着又会发生什么事？

**2. 引导幼儿分析鸡妈妈的形象。**

＊ 教师：你喜欢鸡妈妈吗？为什么？鼓励幼儿进行充分讨论。

## （二）

**活动目标**

1. 引导幼儿在原有故事的基础上续编新的情节。
2. 培养幼儿想象力，激发其表现欲望。

**活动准备**

大图书。

**活动过程**

1. 重温故事。

❋ 出示大书《蛇偷吃了我的蛋》，与幼儿一起重温故事，加深故事情节的印象。

❋ 教师：最后，蛇偷吃了谁的蛋？鸡妈妈是一位什么样的妈妈？

2. 引导幼儿创编故事的结尾部分。

❋ 教师：鸡妈妈的蛋宝宝不见了，它会怎样？

❋ 教师：让我们大家帮助鸡妈妈把蛋宝宝找到好吗？

3. 师幼讨论，综合幼儿的建议，选择符合幼儿意愿的情节作为故事结尾。

## （三）

**活动目标**

1. 能用完整的语句表达故事情节。
2. 愿意倾听同伴的想法并合作寻找合适的材料进行表演。

**活动准备**

1. 大图书。
2. 鸡妈妈、鸭妈妈、鹅妈妈、乌龟妈妈、蛇的头饰等。

**活动过程**

1. 重温故事。

❋ 教师：谁愿意上来介绍下《蛇偷吃了我的蛋》这个故事？

2. 讨论。

❋ 教师：上次，你们讨论了到底最后蛇吃了谁的蛋呢？很多小朋友都有自己的故事版本，那今天就请你们按照自己的故事版本，分组把这个故事表演出来给大家看，好吗？

❋ 教师：你们要表演的话，需要些什么材料呢？

**3. 表演。**

✳ 幼儿分组进行排练，教师巡回视各组情况进行分组指导。

✳ 每组幼儿依次在集体面前进行表演。

# （四）

### 活动目标

1. 初步了解鸡宝宝成长变化的过程，感受长大的快乐。
2. 在亲密接触蛋宝宝的过程中，学会照顾弱小，感受长大的本领。
3. 萌发继续观察和发现的愿望。

### 活动准备

1. 幻灯片。
2. 鸡妈妈的头饰。
3. 鸡蛋人手一个。

### 活动过程

**1. 亲亲鸡妈妈。**

✳ 教师：你知道鸡妈妈有什么快乐的事情吗？引导幼儿与"鸡妈妈"交朋友，并初次感受自己的成长。

**2. 抱抱鸡宝宝。**

✳ 教师：猜一猜，鸡妈妈生的宝宝会是什么模样的呀？

✳ 教师：刚才你们都已经和蛋宝宝亲密接触过了，谁来说说这些鸡蛋宝宝，摸上去的感觉怎样呀？

✳ 教师：和蛋宝宝说句悄悄话吧。

✳ 教师：时间不早了，该让我的蛋宝宝们睡觉了，来轻轻地把蛋宝宝们送回家吧。

**3. 播放幻灯片，看看蛋宝宝的梦。**

✳ 教师：瞧，这会儿宝宝们都睡着了，他们一定做起了世界上最美的梦。哎，他们会梦见什么呢？

✳ 教师：看，美丽的梦开始了。

✳ 教师：多美的梦呀，原来蛋宝宝就是这样长大的，原来小鸡就是这样来到这个世界上的呀，长大真是件奇妙的事！

### 活动材料

李紫蓉/文，许仙燕/图，《蛇偷吃了我的蛋》，信谊基金出版社，1990。

### 活动分析

活动中，教师先引导幼儿理解故事内容，然后帮助幼儿梳理里面的情节，为之后的完整欣赏故事作铺垫。整个故事中科学教育的痕迹比较明显，教师在活动的后半段进行了讨论，为幼儿提升了对卵生动物概念的认识，使作品的科学性内涵得以彰显。

作　　者：姚丽达
工作单位：上海市浦东新区六一幼儿园

# 哎哟！ 我的牙！

**教学班级**

大班

**活动背景**

幼儿进入大班，各方面能力迅速发展，他们掌握了看书、翻书的正确姿势，知道看书时要顺着页码一页一页地看。我班幼儿能很好地将符号语言转化为内部语言，但是不能将内部语言很好地转化为外部语言。

5—6岁是幼儿容易发生蛀牙的时期。幼儿对蛀牙有着强烈的好奇心，因此我选择《哎哟！我的牙！》这个故事，借助小老鼠这一幽默、诙谐、幼儿喜爱的动物形象，引导幼儿讨论、观察，鼓励幼儿大胆讲出图画中的内容，培养幼儿的阅读能力以及手口一致的指读习惯，帮助幼儿逐步学会阅读的技巧。

同时，我班的幼儿对美术活动兴趣十分浓厚，绘画水平有一定基础。于是，我借助幼儿的这一兴趣，让幼儿学习自制图书的方法，初步锻炼幼儿将阅读经验迁移到其他活动中的能力。

## （一）

**活动目标**

1. 仔细观察图画，能用比较完整的词句表达图画内容。
2. 学会按页码翻书。

**活动准备**

1. 图画书《哎哟！我的牙！》人手一本。
2. "运""忙""尝""困""刷""爱""检""悔"字卡，每人一套。

**活动过程**

**1. 激发幼儿的阅读兴趣。**

✳ 教师：请小朋友相互找找，看看谁有小蛀牙？

✳ 教师：看看封面上是谁？在干什么？

✳ 教师：小老鼠的牙也被蛀了，我们一起来看看它是怎么被蛀的？

**2. 自主阅读，探索图画基本意思。**

✽ 引导幼儿掌握一页一页翻书看的方法：书的右下角有页码，看书时要一页一页地翻。

✽ 幼儿自主阅读。

✽ 教师运用直观法、猜测讨论法、间接插问的启发提问，指导幼儿自主阅读，如：第一页图画上有谁？什么时间？在干什么？

✽ 教师：说说有哪些地方看不懂？不明白？

**3. 集体交流。**

✽ 教师按故事发展的顺序，运用直观法、提问法帮助幼儿仔细观察理解。

✽ 教师：小老鼠晚上在干什么？它是怎么得到漂亮的小彩包？小老鼠睡觉前在干什么？为什么会牙疼？小老鼠后悔什么？

✽ 教师同时让幼儿认识每一幅图画的关键字，了解每一个关键字就是表示每幅画的主题，教师给幼儿充分的想象、体验、思考机会，有效帮助幼儿解决难点。

**4. 师幼讲故事，归纳阅读内容。**

✽ 请个别幼儿讲解故事内容，引导幼儿初步了解故事内容。

✽ 教师示范讲解故事内容，引导幼儿体验和感受阅读内容的完整性，同时让幼儿掌握阅读技巧，理解故事内容。

✽ 幼儿把故事讲给自己的朋友听，让朋友找出每一幅图画的关键字。

### 活动建议

**活动延伸**　引导幼儿进行故事创编：自己的牙为什么会被蛀？我们应该怎样保护自己的牙齿？

## （二）

### 活动目标

1. 学习将对故事的感受用图画故事的形式表现出来。
2. 运用指纹画小老鼠的不同动态。
3. 通过制作图书，了解图书的结构。

### 活动准备

1. 幼儿已经初步掌握了指纹画小老鼠的方法。
2. 图画书《哎呀！我的牙！》一本，关键字每人一套。
3. 绘画笔、绘画纸、订书机。

### 活动过程

**1. 讨论、交流。**

✽ 教师出示图书，引导幼儿观察、讨论图书是由哪些部分组成，引出书名、封面、封底、页码等。

**2. 体验、制作。**

✳ 出示指纹画小老鼠的各种动态，激发幼儿的制作欲望。

✳ 幼儿确定自绘故事内容，鼓励幼儿将《哎哟！我的牙！》的故事内容进行创新。

✳ 幼儿自由组合，自由分工，进行自绘图书制作。

✳ 引导幼儿用手指蘸颜料，体会用手指的正面、侧面、指尖等不同部位印出小老鼠的大概，然后用笔大胆勾出小老鼠的五官及特征。

✳ 引导幼儿亲身感受到图书是一页一页组成的，故事书是由一幅画一幅画有序的接下去看，才能知道故事内容，同时指导幼儿懂得前后画面的联系，鼓励幼儿将语言符号转化为图画符号。

✳ 鼓励幼儿将图、文、字结合起来，引导幼儿将关键字与每一幅图结合起来。

**3. 交流、分享。**

✳ 分组讲述故事。

✳ 幼儿交流、欣赏每一组幼儿的自绘图书。

## 活动建议

**活动延伸**　引导幼儿从废旧的图书上剪下自己需要的图画制作图书，并请家长或教师帮忙记录，展览在图书角，供幼儿翻阅。

## 活动材料

可心/编绘，《森林里的故事·爱牙篇》，广州出版社，2005。

## 活动分析

本次活动中，我从幼儿的兴趣入手，对幼儿进行了阅读活动的迁移能力的培养，充分调动幼儿的内在动力，让幼儿体验到内在需要得到满足的快乐。在整个活动中，我始终以幼儿为主体，幼儿的自主性得到体现。在活动延伸部分，幼儿的想象力和语言表达能力得到充分发挥，使整个活动得到进一步升华。

选择的故事内容是幼儿感兴趣的，能够充分调动幼儿的阅读兴趣。幼儿在获得有益的阅读经验的同时也懂得了爱护牙齿的重要性和方法。活动中幼儿的参与性很高，充分体验到了合作带来的乐趣。

**作　　者：**吴永红
**工作单位：**四川省绵阳市安县安昌幼儿园花荄实验园区

# 胡萝卜火箭

## 教学班级

小班

## 活动背景

随着幼儿年龄的增长，在一些整合活动中对阅读的要求也会越来越高，比如：探索类活动中寻找资料、记录；社会类活动中对于符号、文字的认识；音乐活动中的音符阅读等，一切书面内容的理解归根到底都需要阅读能力。所以随着幼儿逐渐长大，阅读渐渐成为其他能力发展的基础。

小班幼儿正处于对书本非常好奇的阶段，但是由于年龄原因，理解能力相对较弱。这个时候的幼儿对于画面的兴趣很高，对文字的兴趣较小。所以我选择《胡萝卜火箭》一书，书中有趣的、诙谐的画面既吸引幼儿，又对幼儿的阅读有一定的挑战，能让幼儿感受到阅读乐趣，从而爱上阅读。作者以现实物品为想象的基点，也给了幼儿一个想象的平台，对幼儿的想象力发展有很大的推动作用。

在平常对幼儿阅读书本的观察中，我发现，本班幼儿也具有小年龄段幼儿阅读的一些共同问题：如不分封面、封底，翻页的时候随机，这样的阅读方法让幼儿不能联系、整体地阅读书本内容，只是随机的"观看图片"，无法体验阅读的乐趣，慢慢地对于阅读兴趣就会降低。所以，我设计了一系列活动，让幼儿慢慢养成正确的阅读方式，从而爱上阅读。

## （一）

## 活动目标

1. 学习逐页翻看图书，愿意讲述图书中的内容。
2. 体验阅读预测和想象带来的乐趣。

## 活动准备

大图书《胡萝卜火箭》一本。

## 活动过程

### 1. 书宝宝，我会看。

* 教师（幼儿围坐教师身边，教师出示大图书）：我今天带来一本好看的故事书，你们来猜一猜这讲的是谁的故事呢？

✳ 教师：这是书的封面，从封面上的图片可以猜出书里面讲的是谁的故事！

✳ 教师：看书应该从哪一页开始翻呢？

✳ 教师：你知道书的最后一页叫什么吗？

**2. 书宝宝，我来猜。**

✳ 和幼儿一起看书，翻看单页的时候停下来，鼓励幼儿大胆想象画中的东西像什么。

✳ 教师：在图书中小男孩眼中，它们都变成了什么？鼓励幼儿讲出多种答案。

✳ 教师：说说自己的答案和小男孩的有什么不同？引导幼儿翻看双页图片，在书中寻找答案。

✳ 教师：说一说最喜欢的是哪一页，为什么？和幼儿一起感受画面中有趣的地方。

**3. 书宝宝，我来编。**

✳ 教师：故事里的小男孩真厉害，所有的物品他都能将它们"变成"有趣的东西。

✳ 教师：你喜欢这个小男孩儿吗？

✳ 教师：你来给这个小男孩起个名字吧，你觉得他应该叫什么名字呢？

**4. 家里会变的东西。**

✳ 教师：宝宝回家也可以找一找你家里哪些东西会变呢？变成什么了？明天来幼儿园告诉你的好朋友，好吗？

# （二）

## 活动目标

1. 通过观察、阅读，发现原物品和联想产生的物品的变化关系。
2. 知道看书要一页一页向后翻。

## 活动准备

图画书《胡萝卜火箭》人手一本，图片若干。

## 活动过程

**1. 观察封面。**

✳ 提醒幼儿用较完整的话讲述，重点是男孩眼神、脑袋上方冒出的一串泡泡。

✳ 引导幼儿在封面上找到书本的名称。

✳ 点读图书的名称《胡萝卜火箭》。

**2. 出示图片，引导幼儿猜测图片中的物品像什么。**

✳ 教师：酸奶的瓶子像什么？

✳ 教师：为什么你觉得它像……

**3. 自主阅读。**

✳ 幼儿翻看图书，仔细观察画面，并自己说一说看到的物品。

✳ 出示图片，请幼儿观察它们之间的联系。教师观察幼儿是否能一页一页翻书，并且能根据书本的页数往下看。

✳ 教师：小朋友们想了这么多，那我们来看看书中的小男孩是怎么想的！

**4. 说一说，想一想。**

✳ 教师：你最喜欢这本书的哪一页？幼儿一起关注书中的细节。

# （三）

## 活动目标

1. 通过想象，用身体动作表现物体或事物。
2. 在活动中体验想象和表演的乐趣。

## 活动准备

大图书《胡萝卜火箭》一本，小图书人手一册。

## 活动过程

**1. 大图书一起读。**

✳ 教师（和幼儿围坐一圈，教师出示大图书）：我今天带来一个有趣的故事《胡萝卜火箭》。

✳ 边翻大图书边讲述故事，幼儿人手一本图书。

✳ 教师：小男孩儿把家里的物品想象成什么了？引导幼儿感受书本中画面的诙谐。

✳ 教师：你觉得这些东西像什么呢？鼓励每位幼儿都大胆想象一下。

✳ 教师：除了物品可以变形外，我们还可以用什么来变形呢？

**2. 老师变一变。**

✳ 教师做小兔的造型，幼儿猜测，让幼儿也来学学小兔。

✳ 教师学吹气球的动作，幼儿猜测，让幼儿也来试一试吹气球。

✳ 教师做螃蟹走路的姿势，幼儿猜测，让幼儿也来试一试螃蟹横着走路的动作。

**3. 宝宝变一变。**

✳ 鼓励幼儿尝试用身体"变形"，让教师和同伴来猜一猜做的是什么。

## 活动建议

1. 经常和幼儿一起玩"实物想象"的游戏，鼓励幼儿大胆想象和表达。
2. 将图书投放在班级的图书区，鼓励幼儿养成会看书、爱看书的好习惯。

## 活动材料

佐佐木牧/文、图，游珮芸/译，《胡萝卜火箭》，南京师范大学出版社，2004。

## 活动分析

　　设计《胡萝卜火箭》一系列的活动，首先是想让小班幼儿养成正确的看书习惯。小班幼儿往往有胡乱翻书的行为，不管封面、封底，翻到哪边是哪边，翻页的时候往往翻过几页就几页。所以，在《胡萝卜火箭》这个系列活动中，我在和幼儿讲讲看看图书有趣内容的同时，也注意让幼儿了解封面、封底和翻书的方法，知道看书的时候要从封面开始一页一页往后翻，慢慢形成良好的看书习惯。其次，书中诙谐的画面内容和作者有趣的想象能吸引幼儿，引导幼儿体验想象的乐趣，从而爱上阅读。

作　　者：曹朱怡
工作单位：上海市张江经典幼儿园

# 好朋友

## 教学班级

大班

## 活动背景

故事《好朋友》中的三位主人公形象可爱逼真，故事内容生动有趣，符合大班幼儿的心理和年龄特点，通过本次早期阅读活动可以让幼儿感受到"好朋友是要合作的""好朋友是要学会分享的""好朋友总是分不开的"，学会和幼儿正确相处的方法，珍惜朋友之间的友情。

## （一）

## 活动目标

1. 了解故事内容，通过画面感受故事的情节。
2. 发展观察力和表达能力。

## 活动准备

1. 图画书《好朋友》人手一本。
2. 大图书（第 4 页部分图画内容用纸遮住）、大头饰、大字卡（贴到大图书相应的位置）、录音带。

## 活动过程

### 1. 活动导入。

＊ 音乐情境：《找朋友》游戏。

＊ 教师：你们的好朋友是谁？你和好朋友在一起玩什么游戏？

＊ 出示头饰：咕咕、吱吱、噜噜。

＊ 教师：今天老师也请来了三个好朋友，你们看他们是谁？

＊ 教师：这三个小客人都有自己的名字，小老鼠的名字叫"吱吱"，公鸡的名字是"咕咕"，胖猪的名字是"噜噜"，它们三个是好朋友。为什么小老鼠的名字叫"吱吱"，公鸡的名字叫"咕咕"，胖猪的名字叫"噜噜"呢？引导幼儿感知三个小动物的叫声和特征。

＊ 教师：有一天，三个好朋友约好了出去玩，它们去哪里玩了呢？又玩了什么有

趣的游戏呢？请你们在自己最喜欢的小图书里找一找吧！

**2. 自由阅读。**

❋ 教师：请小朋友双手接过老师的书，左手拿书右手翻书角，从第 1 页看到第 13 页，看三个好朋友的故事。

❋ 幼儿自由阅读，教师巡回指导。

❋ 教师：请小朋友仔细看看并猜一猜，三个好朋友去哪里玩了呢？玩了什么有趣的游戏呢？

❋ 教师：小朋友们，你们看到三个好朋友都去哪里玩了吗？请轻轻地把小书合上，我们一起来说一说。引导幼儿讲述自己看到的内容，通过画面感受故事的情节。

❋ 幼儿讲述的同时，教师将大图书翻到相应的内容，请幼儿看着大图书讲述自己观察到的细节。

❋ 教师：其他小朋友和他的想法一样吗？有不同的想法的小朋友也可以来说一说。

❋ 教师：这几小朋友刚才都说得非常好！其他小朋友你们最喜欢好朋友去什么地方玩呢？你猜猜它们在哪里会玩什么游戏？你可以把大图书翻到这个地方讲给我们听。

# （二）

## 活动目标

1. 理解故事内容，感受三个好朋友之间勇敢、合作、分享的情谊。
2. 知道好朋友不用永远在一起，但彼此想念的心永远不变。

## 活动准备

1. 图画书《好朋友》人手一本。
2. 大图书（第 4 页部分图画内容用纸遮住）、大头饰、大字卡（贴到大图书相应的位置）、录音带。

## 活动过程

**1. 大图书阅读。**

❋ 阅读封二至第 3 页。

❋ 教师：三个好朋友先去哪里玩的？玩的什么游戏？它们三个是怎样分工的？为什么它们要这样分工呢？

❋ 教师：你们喜欢的游戏是什么？在游戏中是如何分工的呢？随文出示大字卡"勇敢""合作"，引导幼儿认读。

❋ 阅读第 4 页至第 5 页（第 4 页图画遮住）。

❋ 教师：它们会想什么办法采樱桃呢？如果是你，你会想什么办法呢？讨论后揭晓答案。

❋ 教师：它们采到樱桃是怎么分的？为什么分给小猪的特别多？

✳ 教师：你们是如何和自己的好朋友进行分享的？随文出示大字卡"分享"，引导幼儿认读。

✳ 阅读第 6 页至第 9 页。

✳ 教师：它们是如何骑自行车回家去的呢？引导幼儿观察图画，感受好朋友的相互帮助。

✳ 教师：它们有没有回到家呢？它们又到了什么地方？

✳ 教师：什么叫发誓？一辈子有多长？为什么好朋友要做这样的决定？

✳ 教师：好朋友总是不分开的，但晚上该回家时要怎么办呢？

✳ 阅读第 10 页至第 12 页。

✳ 教师：好朋友回家遇到什么困难了呢？为什么好朋友自己的家都不适合好朋友一起住呢？

✳ 教师：最后好朋友回到哪里了？它们的心情是怎么样，你是从哪看出来的？引导幼儿观察图画。

✳ 阅读第 13 页。

✳ 教师：它们又见面了吗？在哪里见面的？你的好朋友有没有出现在你的梦中呢？

✳ 教师：故事讲完了，请小朋友给我们的故事取一个好听的名字吧！为什么故事要叫这个名字呢？故事的名字是"好朋友"，因为故事讲的是吱吱、咕咕、噜噜这三个好朋友的事情。

**2. 完整欣赏。**

✳ 幼儿看大图书完整欣赏故事。

✳ 幼儿阅读小图书，听录音欣赏并讲述故事。

✳ 教师小结：好朋友之间要勇敢、好朋友是要合作的、好朋友是要学会分享的，虽然老师指导我们好朋友总是分不开的，可是好朋友也不能永远在一起，但好朋友可以彼此想念对方。

# （三）

**活动目标**

1. 能简单创编角色间的对话。
2. 能根据故事内容进行角色表演。

**活动准备**

1. 图画书《好朋友》人手一本。
2. 大图书（第 4 页部分图画内容用纸遮住）、大头饰、大字卡（贴到大图书相应的位置）、录音带。

251

## 活动过程

**1. 创设情境进行创编。**

* 教师：有一天，咕咕搬家了，它很想念吱吱和噜噜，于是就给它们打电话。小朋友，你们看看下面的图画，猜猜它们在说些什么？
* 教师：咕咕给噜噜打电话会怎么说呢？噜噜又会怎么说呢？
* 教师：咕咕又给谁打电话了？在电话里它们会怎么说呢？
* 教师：为什么吱吱又和噜噜通电话了呢？它们在商量什么事情？
* 幼儿分角色讲述创编的内容
* 请部分幼儿分组表演打电话的情节。

**2. 交流讨论。**

* 教师：好朋友之间除了打电话，还可以用什么办法交流呢？

## 活动材料

张明红、王雯/主编，《好朋友》，选自《分级阅读·第5级》，武汉出版社，2007。

## 活动分析

幼儿活动的兴趣很浓厚。出乎意料的是，幼儿对画面的观察很细致，但延伸到自己时经验不够丰富，对游戏中的合作、分享虽能理解，但结合自己经验讲述的不够准确。创意部分不是本节活动的重点，但是在表演打电话时耗时过多，可以进行适当调整。

**作　者：**王占毅
**工作单位：**武汉亿童教育教研部石家庄教研中心

# 入围奖

# 风在哪里

## 教学班级

中班

## 活动背景

美丽的春天来了，我们和幼儿共同进行了主题活动"春天来了"，在主题活动的进行中生成了《风在哪里》的诗歌阅读活动，诗中有画，画中有诗，通过画面阅读调动幼儿有关风的已有经验，引领幼儿和大自然对话，感受优美画面与生动语言之间的关系，逐渐获得诗歌阅读的经验，感受诗歌的语言美、意境美。

本阅读教材来源于叶圣陶的《风》。这是一首优美抒情的小诗，诗歌用浅显易懂的语言将看不见的风变得"看得见"，同时营造了生动、深情的诗歌意境。教师根据本班幼儿的年龄特点、生活经验以及发展水平，对原作进行了细微调整，并制作成了利于中班幼儿阅读的图书，使它将春天里看不见摸不着的"风"与幼儿身边的现象结合起来，让幼儿具体地感受到风就在我们身边。幼儿已有的感性生活经验成为此活动开展的基础经验准备。诗歌语言浅显生动，每一页都采用重复方式，适合中班幼儿进行诗歌学习，给幼儿仿编提供了参照的书面语言，帮助幼儿将自己的经验进行迁移和语言整理，便于他们理解和感知、想象和创造，获得阅读图书、自制图书的经验。

## （一）

## 活动目标

1. 仔细观察画面，理解诗歌语言，感受诗歌的意境美。
2. 尝试有表情地朗诵诗歌。

## 活动准备

1. 自制小图书人手一本。
2. 自制大图书、录音带（背景音乐、诗歌）、大字卡。

## 活动过程

**1. 自由讨论，充分发表意见，了解风的特征。**

＊ 教师：小朋友，你们见到过风吗？它是怎样的？你在哪里感觉到了风？

＊ 出示大字卡"风在哪里"，引导幼儿尝试阅读认识的字、感受陌生的字。

**2. 幼儿自由阅读，感受诗歌内容。**

＊ 教师发书，幼儿拿到书后自由翻阅，提示幼儿遵守阅读常规，养成良好的阅读习惯。

＊ 教师：你在图上看到了什么？你知道风在哪里了吗？引导幼儿边看边交流，猜测诗歌的内容，说出自己的看法。

＊ 鼓励幼儿找出自己认识的汉字，与同伴说一说。

＊ 出示大书，配乐完整朗诵诗歌，幼儿欣赏，重点引导幼儿感受诗歌的语言、内容、意境以及教师朗诵时语调、语速的变化。

**3. 师幼共同阅读，理解诗歌内容。**

＊ 教师：谁见过风？在书中你看到风在哪里？重点引导幼儿观察画面物体的特征，感受其中的变化，并尝试用诗歌语言回答。

＊ 播放诗歌的朗诵录音，共同看大图书朗诵2—3次，重点表现"树叶沙沙响、头发飘起来、风筝飞起来、风车转起来"，引导幼儿发现每一页诗句的特点，充分感受诗歌内容，体验诗歌意境。

**4. 诗歌朗诵会，师幼自愿结伴分组轮诵，感受轮诵的快乐。**

＊ 教师以同伴身份加入活动，引导幼儿初步尝试同伴间相互商量、分工合作并大胆进行表现，朗诵时视情况引导幼儿可加上动作来表演诗歌内容，注意提示幼儿的轮诵方法，提出倾听要求，培养倾听习惯。

**5. 结束活动。**

＊ 教师：小朋友再去找一找，风除了在书上这些地方以外，风还在哪里呢？试一试用诗歌中好听的语言说出你的发现吧！

# （二）

## 活动目标

1. 感受风的存在带给身边物体的变化。
2. 能将自己的发现用恰当的词语表达出来。

## 活动准备

1. 有意识地在户外设置丰富的、可供幼儿观察的物品，如：气球、大风车、彩旗、各种植物等。

2. 提前在教室中挂上风铃、风车、彩纸条、细绸带等轻柔的物品。

## 活动过程

**1. 组织幼儿在室外进行观察，提出观察重点。**

＊ 教师：上次活动我们从书中找到了风在哪里，并且用好听的话说出了风在哪里，现在，我们再去找一找，风还在哪里呢？

**2. 引导幼儿说出自己的发现，进一步感受诗歌内容。**

✳ 教师：想一想，自己曾经还发现了风在哪里？

# （三）

## 活动目标

1. 用绘画的方式记录自己的发现。
2. 根据绘画记录仿编诗歌。

## 活动准备

1. 纸、彩色笔、订书机。
2. 大图书。

## 活动过程

**1. 集体看大书，复习朗诵《风在哪里》。**

**2. 引导幼儿用诗歌语言表达自己的发现。**

✳ 重点引导幼儿再现自己的生活经验，大胆想象并在同伴、集体面前表达，要求幼儿注意倾听同伴发言。

**3. 幼儿分组自制图书。**

✳ 鼓励幼儿把看到的、想到的风存在时身边物体的变化用自己的方式画下来，过程中可提示有困难的幼儿参考大书，每组装订成一册，准备进行诗歌朗诵，并提示幼儿有序地取拿、收放材料。

**4. 进行诗歌表演，鼓励每组幼儿对自制大书内容用不同方式进行朗诵。**

✳ 引导每组幼儿自由协商本组的朗诵方式，大胆进行表演，要求其余幼儿认真倾听，发表意见，说一说自己最喜欢这一组编的风在哪里。

**5. 将每组自制图书组合，师幼共同朗诵，总结幼儿创编情况，帮助幼儿积累创编经验。**

## 活动建议

**活动延伸**　请每组幼儿用绘画、剪贴等方式配合常见的简单文字，为自己的自制书制作封面和封底，然后投放在活动区，供全班幼儿自由阅读。

## 活动材料

[诗歌]

**风**

谁也没有看见过风
不用说我和你了
但是树叶颤动的时候
我们知道风在那儿了

257

谁也没有看见过风

不用说我和你了

但是树梢点头的时候

我们知道风正走过了


谁也没有看见过风

不用说我和你了

但是河水起波纹的时候

我们知道风来游戏了

（叶圣陶/文）

（仿编）［诗歌］　　　　　**风在哪里**

谁也没有见过风

不用说我和你了

但是树叶沙沙响的时候

我们知道风来了


谁也没有见过风

不用说我和你了

但是头发飘起来的时候

我们知道风来了


谁也没有见过风

不用说我和你了

但是风筝飞起来的时候

我们知道风来了


谁也没有见过风

不用说我和你了

但是风车转起来的时候

我们知道风来了

## 活动分析

本阅读活动分三次完成。内容的选材和调整、活动目标的制定、活动过程的设计、教学方法的运用、活动的内容等方面，都充分考虑了本班幼儿的年龄特点、阅读学习特点和阅读发展水平，注重创设有利于幼儿阅读的环境，在活动中体现幼儿的主动参与性，将幼儿的已有经验引入到教学活动中，取得了较好的教学效果。在活动结束后，我对本次教学活动进行总结：

第一，阅读选材要适合班级幼儿。选材来自于叶圣陶的《风》，其中浅显生动、多次反复的语言风格非常适宜中班幼儿阅读，结合班级幼儿的实际，我又在内容上做了一定的调整，出现了幼儿常见的、熟悉的头发、风车等，更贴近幼儿生活，内容和语言做到更适宜本班幼儿。从幼儿在活动中表现出的兴趣和教育效果来看，调整原素材取得了较好的效果。

第二，活动设计充分考虑了幼儿学习特点，活动（一）"诗歌学习、欣赏感受"有利于幼儿充分阅读作品，感受散文的语言和意境；活动（二）"观察探索、丰富经验"帮助幼儿扩展阅读内容，运用已有的诗歌语言表达自己的发现；活动（三）"迁移经验，创意阅读"在幼儿已经掌握诗歌语言、具有较丰富的探索经验基础上，鼓励幼儿迁移经验，大胆想象创造，并满足了幼儿用制作简单图书方式记录创编诗歌的愿望。三次活动体现了"循序渐进、层层推进"的教育原则，带领幼儿由浅入深，体现了感受、表现、创造的教育原则，也保证了阅读活动的教育效果。

第三，本次活动将幼儿的阅读习惯培养自然融入到作品教学中，其中收拾习惯、倾听习惯、协商沟通、分工合作等能力培养，对养成幼儿良好的阅读习惯、形成积极的阅读态度有很重要的作用，这也体现了《纲要》的基本精神。

在活动组织过程中，我也发现了很多问题。从教师方面看，如：教师对幼儿和教材的把握、教育价值的挖掘能力还不够；教师自身的文学修养还有待于提升；兼顾多数幼儿时不能体现对个别幼儿的有效指导、教师的某些观察指导语不到位等。从幼儿方面看，如：幼儿的阅读兴趣很高，但个别幼儿的阅读习惯较班级幼儿表现不良，需要下大力气培养；班级幼儿书面语言表达能力两极分化、参差不齐，部分幼儿词汇贫乏，口语化程度严重；部分幼儿观察、阅读方法欠缺等，都有待于教师不断学习、持续提高，让幼儿在阅读活动中学习和获得有效的、有用的语言。

作　　者：马莉　刘莉
工作单位：四川省成都市金苹果锦官新城全程幼儿园

# 小猪多多

## 教学班级

中班

## 活动背景

美丽的秋季正是水果丰收的季节，多种水果激起幼儿贪吃的欲望，班上的幼儿经常在玩橡皮泥时制作出各种各样的水果。幼儿思维活跃，想象大胆丰富，对同一问题常常能提出自己不同的意见，对充满神秘色彩的故事表现出较大的兴趣和好奇，喜欢用自己灵巧的小手去做一做、玩一玩，进行艺术表现活动。

《小猪多多》是一篇富有童趣、语言生动形象的故事，它以小猪多多看见各种水果为线索，将秋天多种水果的特征描写得淋漓尽致，符合中班幼儿的年龄特点。

在活动中，我们尝试将语言与手工制作相结合，让幼儿设计美观、形象具有一定艺术价值的作品，采用生动形象的语言，设置生动有趣的情节，使幼儿直接感知形象、描述形象、制作形象，促使幼儿思维活动呈现多样性、独特性、变通性，鼓励幼儿愉快地表演故事，发展其语言表达能力、表演欲望，体验手工制作活动带来的快乐。

## （一）

## 活动目标

1. 理解故事内容，能说出几种水果的味道，知道再好吃的东西也不能贪吃。
2. 在理解故事基础上，运用搓、团、捏、压印等技能制作故事形象。
3. 大胆创作，充分想象，发展语言表达能力、表演欲望和动手能力。

## 活动准备

1. 幻灯片《小猪多多》。
2. 小猪、蝴蝶、香蕉、葡萄、苹果、西瓜的图卡若干。
3. 人手一份泥巴，各种废旧材料：梳子、纽扣、瓶盖、牙签等。
4. 幼儿对秋天的水果有一定的感性经验。

## 活动过程

**1. 谈话直接导入主题。**

✳ 教师：美丽的秋天到了，小猪多多想到外面去玩，于是它和妈妈打了个招呼。

教师通过语言直接导入故事情节，引出故事人物。

＊ 播放幻灯片，幼儿分段欣赏故事内容。

＊ 教师：图上有谁？他吃了什么？

＊ 完整欣赏故事，表演故事情节。

＊ 教师：小猪多多和小蝴蝶真有趣，让我们再来听听故事，学学它们的样子。

＊ 教师：如果你看见这么多好吃的东西，你怎么做呢？为什么？

**2. 橡皮泥创作。**

＊ 教师：用泥巴来制作故事中可爱的小猪、苹果、香蕉、葡萄、西瓜、蝴蝶，做好以后，就用你的作品表演《小猪多多》的故事，好吗？

＊ 幼儿制作，教师巡回指导。

＊ 幼儿利用自己的作品，边摆弄边讲述故事。

# （二）

## 活动目标

1. 展示自己制作的几种水果，大胆讲述水果的味道、颜色等特征。

2. 学习运用"请问××多少一斤""××元一斤""谢谢，请给我来一斤"等日常用语。

## 活动准备

1. 幼儿对秋天水果的味道有一定的经验。

2. 将制作好的香蕉、葡萄、苹果、西瓜等水果摆放整齐，布置成"美味水果店"。

## 活动过程

**1. 谈话：秋天的水果。**

＊ 教师：我们昨天制作了许多小猪多多爱吃的水果，真高兴。谁愿意来介绍下你制作的水果的颜色、味道？

**2. 游戏：买水果。**

＊ 介绍游戏规则：请一名幼儿作水果店的售货员，其他幼儿轮流当顾客。要求顾客和售货员都要说礼貌用语。

＊ 幼儿自由结合（2—3人一组），互相讲述、交流。

＊ 请3—4组幼儿上来表演。

## 活动建议

**活动延伸** 在幼儿区域活动中增加"美味水果店"这一区角。

## 活动分析

活动选材适合幼儿年龄特点，活动设计新颖别具匠心，活动气氛浓厚，每位幼儿都被教师创设的情景所吸引，幼儿可以自由表现内心感受，同时不断从同伴处获取更多的信息，产生灵感，并大胆、有创意地表达。教师尊重每位幼儿的想法与创造，接纳幼儿独特的审美感受和表现形式。

活动充分体现了《纲要》提到的幼儿园教育内容的"全面性""启蒙性"和各方面教育内容的"相互渗透"，反映了新的幼儿教育课程整体观念导向，活动中渗透了语言、艺术、科学等多方面内容，幼儿参与兴趣积极踊跃，收效很好，处处体现幼儿的主体性与教师主导的作用。

**作　　者**：傅静娴
**工作单位**：江苏省苏州市市级机关民治路幼儿园

# 野生动物园里怪事多

## 教学班级

大班

## 活动背景

尽管学前阶段以发展口头语言——听说能力为主，但应当为幼儿创造一定的接触"读"和"写"的机会，让幼儿了解一些有关书面语言的信息，增加学习书面语言的兴趣，懂得书面语言的重要性，养成良好的阅读习惯，为入小学打下基础。地震后，我园接受了爱心人士捐赠的许多图书，如何利用这些资源让幼儿更好地学习书中丰富的知识，爱上看书、会自己看书并尝试自己制作图书成为重要的教育内容，因此我在本班开展了一系列早期阅读活动。

同时，为了让幼儿从小树立环保意识，热爱野生动物，我选择了这个故事，又因我班幼儿已具有一定的阅读能力，对汉字的敏感度较高，故设计了本系列活动。

## （一）

## 活动目标

1. 大胆讲述画面内容。
2. 结合图画认识生字：动物、孔雀、鳄鱼、猴子、蛇、长颈鹿。

## 活动准备

1. 图画书《野生动物园里怪事多》人手一本。
2. 新词卡片：动物、孔雀、鳄鱼、猴子、蛇、长颈鹿，动物卡片。
3. 新词小词卡每人一份，小箩筐。
4. 故事录音。

## 活动过程

**1. 初次阅读图书，引发幼儿阅读兴趣。**

＊ 引导幼儿观察书的封面，介绍书名，猜测书的内容。

＊ 教师：今天，我们一起来看一本书，书的名字叫做《野生动物园里怪事多》。请幼儿想想野生动物园有些什么动物，为什么这本书会取这样的名字？

＊ 幼儿自主阅读。

❋ 教师：图书里画了一个什么故事？故事的主人公遇到了什么事情？你对故事哪一段感兴趣？

❋ 教师：我们把图片按着故事中主人公遇到的不同野生动物，给图书内容分成五个部分。

❋ 教师：我们一起把书完整看一遍，请完整地听故事《野生动物园里怪事多》。

**2. 边翻图书边讲故事，通过提问引导幼儿看图，感受图书内容的有趣。**

❋ 教师：小男孩刚刚走进动物园时看到动物没有？他说了一句什么话？

❋ 教师：男孩看到几种野生动物？第一只是什么？他是怎么认出是孔雀的？

❋ 教师：小男孩又来到哪里？当小男孩站在一块"石头"上感觉到什么？他看到的第二种动物是谁？

❋ 教师：小男孩看到"大树枝"荡来荡去，走进一看才是谁？为什么小男孩把小猴子当成大树枝了？

❋ 教师：小男孩在草丛里干什么？会出现什么情况？他又看到了谁？他是怎么做的？

❋ 教师：你看出来树上有什么吗？它的眼睛瞪着谁？这是哪种可爱的动物？

❋ 教师：在野生动物园发生了这么多"怪事"，小男孩会说什么？

**3. 结合图画，识认新词宝宝：动物、孔雀、鳄鱼、猴子、蛇、长颈鹿。**

❋ 教师说出一种野生动物的特点，幼儿说出它的名字，同时出示相对应的词卡。或请一名幼儿说出一种野生动物的特点，其他幼儿说出它的名字，认识相对应的词卡。

❋ 出示一种动物卡片，找出相对应的动物词卡片。或交换出示动物词卡，找出相对应的野生动物卡片。

❋ 把词卡放在黑板上，请幼儿闭上眼睛，教师或请幼儿取走一张，看看"谁不见了。"

❋ 幼儿跟着录音翻看图书，当录音机里讲到野生动物时，找出相对应的小词卡。

**4. 游戏：你说我举。**

❋ 幼儿从小箩筐内既快又准确地举出听到的动物名字，进一步认词宝宝。

# （二）

## 活动目标

1. 能说出野生动物的特点，并利用它们的特征续编故事。

2. 尝试将自己续编的故事制作成图书。

3. 为画面配解说词，初步了解画面、口语、文字之间的转换关系。

## 活动准备

制作图书的工具材料，如白纸、彩笔、装订工具等。

## 活动过程

**1. 续编故事。**

✳ 教师：野生动物园还有哪些野生动物，它们有些什么特征？

**2. 绘制图书。**

✳ 引导幼儿回忆自己平时看过的图书结构：封面、图文并茂的故事内容、封底。

✳ 分小组讨论怎样制作图书。

✳ 师幼共同制作图书。

✳ 用书面语言为图书画面配解说词。

## 活动分析

本活动以早期阅读为引线，不仅提高了幼儿的阅读能力，而且让幼儿提高了环保意识，整合了语言与科学。内容的选择、问题的设计、形式的采用，都是对新的教学理念的积极尝试。活动过程体现了幼儿的主体地位及新型的"对话式"师生关系，幼儿始终处于积极、主动、愉快的状态，参与性极强。

作　　者：张议心
工作单位：四川省绵阳市安县安昌幼儿园

# 我不愿悲伤

## 教学班级

中/大班

## 活动背景

　　当打开这本艺术的轻灵、感性与心理的抚慰、理性完美结合的图书时，温情与感动油然而生。书中的主角是一个可爱的毛毛兔，它用诗性而亲切的语言表达自己的悲伤。多棒的小毛兔啊，我们要让幼儿读好这本书，并在阅读的基础上，让幼儿与自己的已有经验相联系，学习正确地辨别出自己的悲伤情绪，并在此基础上控制自己低落与沮丧的情绪，应对、接纳和转化不良的情绪，学会振作起来，建立起积极自信的人生态度。

　　经过小班早期阅读活动的积累，幼儿在阅读准备、书写准备、识字准备方面有了一定的经验。因此，我认为在中班下学期或大班上学期阅读这本书，通过观察、想象和讲述画面情节，对作品中的人物行为与情感表现做出简单评价，体验作品所表达的情绪，并将作品与生活相联系，根据作品提供的线索，依据自身经验进行创造、仿编。

## （一）

## 活动目标

　　1. 观察画面，理解内容，体验作品表达的"悲伤"而"温暖"的情绪。

　　2. 借助文字符号特征，推导画面表达的情绪与文字意义之间的联系。

　　3. 联系已有生活经验，正确辨别悲伤情绪，学习控制、应对和转化不良情绪。

## 活动准备

　　1. 自制大图书一本或制作方便幼儿观察的幻灯片。

　　2. 幼儿用书人手一本。

　　3. 舒缓节奏的背景音乐。

## 活动过程

　　**1. 出示大图书，师幼共同观察封面并猜测图书内容，初步感受毛毛兔的悲伤。**

　　✳ 教师：封面上有谁？

　　✳ 教师：毛毛兔怎么啦？我们可以从哪些地方看出毛毛兔伤心了呢？

　　✳ 教师：毛毛兔为什么很悲伤呢？

✳ 教师：悲伤的时候，毛毛兔会怎么办呢？它会不会想出办法赶走悲伤呢？

✳ 教师：毛毛兔想出了好多办法赶走悲伤，所以这本书的名字就叫《我不愿悲伤》。引导幼儿观察书名。

**2. 引导幼儿阅读大图书，理解作品内容，体验毛毛兔的"悲伤"和"温暖"情绪。**

✳ 每翻到一页，先引导幼儿观察画面，根据画面内容提出引导性问题，在幼儿理解内容后，教师朗诵文字。

✳ 教师：为什么画面没有颜色呢？

✳ 教师：毛毛兔悲伤的时候会怎样？

✳ 教师：什么时候毛毛兔会好难过、好悲伤呢？

✳ 教师：悲伤的大乌云来了，毛毛兔需要怎么办呢？

✳ 师幼根据大图书画面完整地阅读一遍大图书。

**3. 推导画面表达的情绪与文字间的联系。**

✳ 教师：翻翻小图书，仔细看看这本书上除了美丽的图画还有什么呢？

✳ 教师：找一找哪一页上的文字很特别呢？

✳ 教师：为什么"灰蒙蒙一片"掉了下来？

✳ 教师：为什么"没事儿，小宝贝，一切都会好起来的"是黑黑粗粗的字呢？

✳ 教师：文字也会表达毛毛兔的悲伤，我们在读这本书的时候也要把毛毛兔的悲伤难过的心情读出来好吗？

**4. 回顾与评价。**

✳ 教师：你们喜欢这本书吗？喜欢什么呢？不喜欢什么呢？

✳ 教师：小朋友，你们有过悲伤的时候吗？悲伤的时候你是什么样的？

✳ 教师：你有什么赶走悲伤的好办法？

# （二）

## 活动目标

1. 知道每个人都有悲伤的时候，赶走悲伤的方法也会不同。
2. 尝试用绘画记录的方法表现采访的结果。
3. 仿编"悲伤的大乌云来了，我……"。

## 活动准备

1. 邀请家长来园，一起参加亲子采访和记录活动。
2. 长卷画纸，写有醒目的"赶走悲伤的100种方法"。
3. 采访纸和笔。
4. 笔、颜料等绘画工具。

### 活动过程

**1. 回顾图书作品情节，导入活动。**

✳ 教师：上次我们看了图书《我不愿悲伤》，毛毛兔想了哪些办法赶走悲伤的呢？

**2. 出示长卷画纸，激发幼儿征集"赶走悲伤的 100 种方法"的兴趣。**

✳ 教师：你有悲伤的时候吗？你们是用什么办法赶走悲伤的呢？

✳ 教师：是不是每个人都会有悲伤的时候呢？他们又是用什么办法赶走悲伤的呢？

✳ 教师：我们用什么办法了解到其他人的想法呢？

**3. 亲子采访活动。**

✳ 家长和幼儿一起设计讨论采访表的内容和记录的方法，如：我们可以采访谁？采访什么？采访的时候注意什么？怎么记录？

✳ 可以采访自己的家长、也可以采访别的家长、还可以和家长一起采访本班或其他班级的教师。

**4. 张贴采访表格，交流展示采访结果。**

✳ 将采访记录表张贴在长卷画纸上。

✳ 幼儿交流了解到的赶走悲伤的方法。

✳ 教师：每个人都有悲伤的时候吗？每个人赶走悲伤的方法一样吗？

**5. 亲子仿编活动。**

✳ 教师：和爸爸妈妈一起，学学毛毛兔的语气，仿编"悲伤的大乌云来了，我……"。

268

## （三）

### 活动目标

1. 阅读不同的表情，用表情卡表达对自己情绪的理解。

2. 关注自己和同伴的情绪，能用行动关心帮助自己和他人。

### 活动准备

1. 不同情绪的脸谱。

2. 班级张贴"心情预报"表格，上面贴有每个小朋友的照片和插袋，插袋里可以放小朋友们自己制作的各种心情卡。

3. 空白脸谱插卡若干张。

4. 笔、颜料等绘画工具。

### 活动过程

**1. 讨论：不一样的心情。**

✳ 教师：今天你的心情怎样？为什么？

✳ 教师：除了高兴、悲伤、还会有哪些不一样心情呢？

**2. 出示不同的情绪脸谱，观察不同心情的脸部特征。**

✳ 教师：这些脸谱都代表了不一样的心情，你能看出他们的心情吗？

✳ 教师：高兴的时候人的五官是怎样的？悲伤的时候呢？生气的时候呢？……

**3. 鼓励幼儿学习关注自己和他人的情绪，并能尝试用行动关心自己和他人。**

✳ 教师：如果让你选择一张脸谱卡代表自己今天的心情，你会选择哪一张呢？

✳ 教师：我看到了你的心情有点难过，能告诉大家是什么原因吗？鼓励有不良情绪的幼儿自己尝试排解、转移情绪。

✳ 教师：你准备用什么办法让自己快点开心起来呢？

✳ 教师：小朋友们，你们有没有看到××小朋友不开心了？我们怎么关心她呢？让我们来试试吧。引导幼儿关注朋友们的心情，学习和体验同情和关爱朋友的情感。

**4. 学做心情记录卡。**

✳ 每个幼儿制作一套心情卡，放在照片下方的插袋里。

✳ 提醒每天早晨来园的时候，选择一张合适的心情卡插在自己的照片下，让大家都来关心自己和朋友哦。

## 活动建议

**活动延伸**　将长卷画挂在教室的走廊里，请其他班的幼儿、家长、教师们继续添画，自由活动时可以请幼儿数一数有 100 种赶走悲伤的办法了吗？

## 活动材料

[新西兰] 特蕾西·莫洛尼/文、图，萧萍/译，《我不愿悲伤》，广州出版社，2007。

269

## 附　　录

### 采访表格

| 称呼 | 请问你什么时候会悲伤呢？ | 请问你喜欢用什么方法赶走悲伤？ |
|---|---|---|
|  |  |  |

## 活动分析

这是一个涉及情绪管理的系列早期阅读活动，在活动中，幼儿：

学会了阅读悲伤——通过色彩、通过表情、特别的文字符号……

学会了表达悲伤——通过语调、通过绘画、心情卡……

学会了排解悲伤——用他们的互动模仿、调查收集、自己的行动……

这不一定是一个最优秀的活动设计方案，但是从主题内容到活动方式，从学习管理情绪到积累阅读经验，相信它一定是能让幼儿终身受益的活动。作为一个学前教育工作者，能为幼儿找到一本好书，做一个觉得值得的活动，总也常常觉得幸福。

作　　者：石文华
工作单位：上海维华（世纪花园）幼儿园

# 为什么我不能？

## 教学班级

小班

## 活动背景

结合小班幼儿的年龄特征，我们确定了小班早期阅读的教育目标：（1）发展阅读图书的兴趣；（2）掌握阅读图书的基本方法，会按顺序翻阅画页，知道爱护图书；（3）发展观察力和口语表达能力，学会用简短的语句表述一幅图的意思，并连贯成一个完整故事。

我发现，幼儿天生就对动物有着莫名的喜爱和好奇。千变万化的动物世界总是能引起幼儿的注意，幼儿对不同种类的动物充满了好奇与探索兴趣。动物是人类的好朋友，与人们的生活密切相关，而喜爱动物又是幼儿的天性。《为什么我不能？》故事情节简单，充满童趣，形象鲜明突出，容易引起幼儿学习的兴趣，且游戏融入教学活动过程中，符合幼儿的年龄特点和学习特点，正如《纲要》中所述，"既符合幼儿的兴趣和现有经验，又有助于形成符合教育目标的新经验；既贴近幼儿的生活，又有助于拓展幼儿的经验。"因此，我利用"动物朋友"主题活动，通过故事、儿歌、参观、游戏等各种不同的活动内容，满足幼儿探索动物的愿望，进而引导幼儿用丰富多彩的方式了解和获得有关动物的更多信息，并在活动中帮助幼儿增强学习感受力。

## （一）

## 活动目标

1. 理解故事主要情节。
2. 初步了解各种动物的基本习性和本领。

## 活动准备

1. 早期阅读大书《为什么我不能？》。
2. 动物头饰。
3. 事先录制故事中动物的声音。

## 活动过程

**1. 阅读读本。**

✳ 出示《为什么我不能?》的大书,引起幼儿讲述故事的兴趣。

✳ 重点引导幼儿逐一观察画面上的每一个动物,通过大书内容了解动物的基本习性,掌握动词。

✳ 教师:画面上有什么?它们都在做什么?每一种动物都有什么本领?

**2. 幼儿进行模仿表演。**

✳ 幼儿分组,自由选择小动物的头饰,并进行模仿表演。

✳ 当教师出示小白兔时,扮演小白兔的幼儿做出兔子吃萝卜的样子;出示小鱼时,扮演小鱼的幼儿就做出鱼儿吐泡泡的样子。

**3. 拓展讨论其他动物和小朋友的本领。**

✳ 教师:你还知道哪些动物呢?它们有哪些本领?

✳ 教师:我们小朋友有什么本领呢?

✳ 请幼儿用多种方式表现出来。

# (二)

## 活动目标

1. 会运用和拓展词语:厉害、强壮、快乐、可爱、漂亮。
2. 能有节奏、有韵律地表现自己扮演的角色。
3. 仿编句式"我是××的××"。

## 活动准备

1. 经验准备:熟悉多种动物,对书中的形容词有一定理解。
2. 材料准备:大书;收集"化装"的道具。

## 活动过程

**1. 逐页翻阅大书,回顾图书。**

✳ 教师:小朋友把自己化装成了谁?一起来读一读。

**2. 运用和拓展词语。**

✳ 出示角色图片和相应的文字。

✳ 教师:我们阅读的书里出现了哪些动物?它们是什么样的?

✳ 教师:这是什么样的狮子(大象)?我们一起用动作来做一做。

✳ 教师:你能用动作来表现词语"厉害、强壮"吗?

✳ 教师:除了"厉害的狮子",还有哪些动物可以用"厉害"这个词来形容?鼓励幼儿说一句完整的话:"我是厉害的××。"

✳ 教师:除了快乐的蝴蝶,还可以用什么样的词来形容蝴蝶?鼓励幼儿拓展词语,说一句完整的话："我是××的蝴蝶。"

### 3. 有节奏地表现句子。

* 幼儿按节奏"×× | ××× | ×× | ×××× | ××× ‖"说唱书中句式，如：我是 | 厉 害的 | 狮 子 | 厉害 厉害 | 真 厉害 ‖ 。
* 教师：你想把自己扮演成谁？请按我们说的节奏表演一下。

### 4. 幼儿化装表演。

* 幼儿选择自己喜欢的角色和道具进行化装。
* 教师：说说你选用了哪些道具化装成了谁？可以用什么词来说一句话？
* 幼儿用句式"我是××的××"进行说唱表演，说自己扮演的角色。表演的幼儿说出前一句扮演角色，其余幼儿说出后一句的形容词，如前者说：我 是 | 厉害的 | 狮 子 | ，后者说：厉害 厉害 | 真 厉害 ‖ 。
* 扮演相同角色的幼儿共同出场表演。
* 在音乐的伴奏下，幼儿集体自由表演自己扮演的角色。

## 活动建议

**活动延伸**　（1）在化装活动中，幼儿自由选择服装和道具，教师用相机记录幼儿化装后介绍的过程。然后，教师将照片（贴在白纸上，纸的下方留白）发给幼儿，请幼儿回家向爸爸妈妈介绍自己扮演的角色，并让爸爸妈妈把自己的话记录在纸上。同时，挑选一张自己平时的生活照，与自己的角色扮演照片一并带到幼儿园来。（2）幼儿五到六人一组，制作小书，将本组小朋友的生活照贴于封面，角色扮演照逐页粘贴，做内页。（3）把制作好的小书放入图书角，供各组幼儿比较阅读。

## 活动材料

王淑芬/文，何云姿/图，《为什么我不能？》，南京师范大学出版社，2004。

## 活动分析

活动（一）一开始，教师出示大书请幼儿观察，帮助幼儿回忆原有经验，了解动物突出的外形特点，我以提问方式引导幼儿观察大书，在幼儿回答过程中发展幼儿语言，引导幼儿了解动物们有不同本领。幼儿看到图画后非常开心，对看到的动物印象深刻，一边看着照片一边说："小鱼的本领是在水里游。"等。最后，幼儿一起总结动物的基本习性，巩固对动物本领了解。第二环节中我以分组形式，请幼儿自由选择想扮演的动物角色，边看、边说、边回忆，加深教师与幼儿、幼儿与幼儿的经验交流，使幼儿更轻松、自然地掌握相关经验。第三环节中，结合幼儿已掌握的经验，请幼儿说一说知道的其他动物及本领，发言中与幼儿个别交流、幼儿之间自由交谈，我发现幼儿知道许多动物的本领，有兴趣表演自己总结的动物本领，部分幼儿还用不同表情、动作扮演动物，在说到自己的本领时更是积极比划着，但也发现幼儿对形容词运用太少，许多幼儿都重复运用单一形容词表达，也有幼儿用一些不恰当的词语形容所讲的事物。针对幼儿对表演动物的浓厚兴趣及缺乏正确运用词语的情况，于是我生成了活动"化装"。

活动（二）一开始，教师出示大书引起幼儿的兴趣，结合文字帮助幼儿学习运用词语。我用提问、幼儿说一说、做一做的形式，让幼儿反复学习运用和拓展词语，仿编句式，活动中请出幼儿熟悉的动物朋友，激发幼儿对活动的兴趣，同时让幼儿自由选择动物，按节奏说，加强幼儿有节奏、有韵律表现扮演的角色。幼儿在这一环节中积极发言，有效运用相应的词仿编句式，通过化装引导幼儿结合句式大胆用身体动作表演。表演吸引了许多幼儿主动参与到活动中。在为幼儿提供许多表演服装道具后，活动推向高潮，幼儿随着欢快的音乐，自由装扮自己喜欢的动物角色，十分开心。穿着好的幼儿三三两两地围在一起，说着："我是漂亮的小兔。""我是活泼的小鸟。"最后穿着相同的幼儿用句式"我是××的××"，向大家介绍扮演的角色，体验化装表演的乐趣。幼儿摆起各种造型，有许多幼儿开始穿着动物服装，加上各种对话台词开始表演。

作　　者：黄舒懿
工作单位：四川省成都幼师丽都实验幼儿园

# 爱心树

## 教学班级

大班

## 活动背景

《爱心树》是世界经典图画书，它讲述了一棵大树和一个孩子耐人寻味的故事，字里行间蕴藏着"付出"与"索取"、"施"与"受"的深刻内涵。如此意蕴深远的书籍，幼儿能接受并喜欢吗？一次过渡环节从幼儿的嘴里听到了这个故事，这激起我尝试讲这个故事的想法。有人曾道出："感恩的心正是现在孩子们最欠缺的部分，平日里我们应该更加关注孩子的品格教育过程，这是一条很长的路，家庭教育与学校教育都是重要的环节。"

为了培养幼儿的爱心，让幼儿学会感恩，并鼓励幼儿尝试用自己的方式表达对父母及他人的爱心，我们开展了"爱心树"系列活动。系列活动的主要目标包括三个方面：（1）感受大树对小男孩的付出和爱；（2）初步理解爱的相互性，萌发关爱他人的情感；（3）能尝试用自己的方式表达对父母及身边人的爱。

## （一）

## 活动目标

1. 根据封面大胆猜测故事内容。
2. 大胆发表自己的观点。

## 活动准备

图画书《爱心树》。

## 活动过程

### 1. 活动导入。

✳ 出示图画书，引导幼儿仔细阅读封面。

✳ 鼓励幼儿根据封面大胆猜测故事内容。

### 2. 一起阅读图画书。

✳ 和幼儿一起阅读幻灯片。

✳ 给幼儿每人一本图画书，请幼儿自主阅读。

**3. 幼儿分组讨论故事的内容，说说自己的想法。**

# （二）

### 活动目标

1. 深入理解故事，体会大树对小男孩的爱。
2. 续编故事，并用画笔绘画出来。

### 活动准备

图画书《爱心树》幻灯片，绘画工具。

### 活动过程

**1. 回忆故事。**

✳ 配乐录音故事，请幼儿听故事。

✳ 教师：听了这个故事，你想说什么？引导幼儿说出自己的感受。

**2. 再次阅读故事。**

✳ 请幼儿再次欣赏故事幻灯片。

✳ 教师：大树为什么要给小男孩那么多东西呢？

✳ 教师：大树为小男孩做了什么事情让你觉得大树很爱小男孩呢？

✳ 教师：看来大树非常爱小男孩，为小男孩做了很多事情。你们觉得小男孩应该怎么对待大树呢？

✳ 教师：故事里的大树是怎么做的？

✳ 教师：你喜欢大树吗？你喜欢小男孩吗？为什么？

**3. 如果我是小男孩：关爱故事里的大树。**

✳ 教师：男孩也很想有机会好好回报大树，想着想着，小男孩就睡着了。他梦见自己又回到了小时候，看见了大树又变回原来枝繁叶茂的样子……你觉得小男孩应该怎么对待这棵大树呢？如果你是小男孩，你会怎么做呢？请你用画笔画出你希望男孩和大树之间发生的故事。

✳ 鼓励幼儿大胆地续编故事，并绘画出来。

✳ 将幼儿的作品进行展示。

# （三）

### 活动目标

1. 制作爱心调查表。
2. 用多种方式进行记录。

275

## 活动准备

1. 调查表。
2. 展板。

## 活动过程

### 1. 我身边的"大树"。

✻ 教师：小男孩慢慢长大，再到一点点变老，是谁一直在帮助他？

✻ 教师：小朋友从刚生出来，到现在都上幼儿园大班了，你们身边有像大树一样帮助过你的人吗？是谁？

✻ 教师：那他们都是怎么爱我们的，为我们做过什么呢？

### 2. 爱心调查。

✻ 制作爱心调查表，引导幼儿观察和记录爸爸妈妈的爱心和自己的爱心。

✻ 将收回的爱心调查表粘贴在一张展板上，让幼儿观察，并引导幼儿进行讨论。

### 3. 我们能为爸爸妈妈做什么？

✻ 和幼儿讨论自己能为爸爸妈妈做什么，请幼儿把自己做的事讲给大家听。

✻ 制作展板，请幼儿把自己做的事记录在展板上，比一比谁最能干！

## 活动材料

〔美〕谢尔·希尔弗斯坦/文、图，傅惟慈/译，《爱心树》，南海出版公司，2007。

## 活动分析

活动取材于优秀的儿童文学作品。虽然作品本身有着深厚的哲理，但采用合适的形式，幼儿是能够感受作品的魅力的，这主要取决于两点：第一，调用多种形式让幼儿反复地感受作品、体会作品；第二，对文学作品进行解析，根据幼儿的年龄特点及经验水平，选择适宜的切入点，在幼儿和文学作品之间搭建桥梁，从而充分挖掘作品的教育价值，促进幼儿的发展。活动再次表明，再难的文学作品，只要教师敏感地洞察文学作品的价值，对教材进行较好地分析，就能够挖掘文学作品的教育内涵，使活动收到不错的教育效果。

艺术对于渲染情感有着很好的助力作用。心理学的研究成果表明，幼儿的情绪情感具有强烈的易受环境感染的特点。在活动中，借助富有感染力的音乐以及多媒体讲故事的形式彻底感动孩子，让幼儿对作品中的爱的情感有了深刻的体验。而情感的感受和体验环节最为关键，只有让幼儿反复而充分地去感受，才能激发和调动幼儿的情感，从而实现从情感到行为的转化。

另外，对于爱心活动，记录幼儿的爱心的过程显得很重要，但是需要教师娴熟地把握住所谓的"外烁"和"内发"的平衡关系，那就意味着在最初用外烁的方法来激发幼儿表现关爱行为的动机时，绝对不能只剩下外因的引导，教师的职责是要清楚地认识到"外烁"的弊端，引导幼儿去体会被关爱的人的内心感受，以及自己从中获得的快乐体验，这才是最为要紧的，然后通过教师的长期的引导和家长的鼓励，逐步实现激发幼儿关爱他人的内部动机，使爱心行为得以内化为习惯。

作　　者：丁乐
作者单位：北京师范大学实验幼儿园

# 尾 巴

**教学班级**

小班

**活动背景**

对于小班幼儿，《尾巴》的活动重点在于观察了解图书带给我们的各种尾巴，感受尾巴对动物的重要性，展示不同动物的尾巴，了解千奇百怪的动物有着千奇百怪的尾巴，通过观察让幼儿了解尾巴的外形，讨论说出不同动物尾巴的不同功能，与此同时丰富幼儿的词汇，如："条纹""细长""斑点""很粗"等，同时培养幼儿爱护小动物的情感，通过纸张作业"小动物找尾巴"培养幼儿的观察力，在巩固之前内容的同时，提高幼儿动手操作能力。

## （一）

**活动目标**

1. 观察图画，了解小动物尾巴的外形和功能。
2. 感知字词：尾巴。

**活动准备**

1.《小壁虎借尾巴》幻灯片。
2. 大书《尾巴》。
3. 字卡：尾巴。
4. 老鼠、松鼠、豹子、狐猴、蜘蛛猴、袋鼠图片（身体和尾巴分开）以及文字。
5. 自制表格。
6. 纸张作业"小动物找尾巴"。

**活动过程**

**1. 通过观看幻灯片，引入主题。**

＊ 教师：刚才故事里小壁虎找什么？
＊ 教师：它的尾巴是什么样子的？
＊ 教师：你们还知道哪些小动物有尾巴？
＊ 出示字条"尾巴"，请幼儿感知图画和文字的区别。

**2. 阅读图画书。**

✳ 出示大书，请幼儿观察封面及内容。

✳ 教师：封面上是谁？它的尾巴是什么样子的？

✳ 引导幼儿逐页阅读。

✳ 教师（第 1 页，遮盖老鼠的身体，只露尾巴在外面）：大家看看这条尾巴是什么样子的？什么颜色？引导幼儿用字词"细长、很长"等来形容，然后总结大多数幼儿同意的意见，如：很滑、细长等。

✳ 教师：你们猜猜这会是谁的尾巴呢？教师揭晓答案，共同讨论它的尾巴有什么样的功能，将结果记录在相应的表格中。

✳ 教师（第 2 页，遮盖松鼠的身体，只露尾巴在外面）：你们看看这条尾巴和刚才的一样吗？它是什么样子的？摸上去会是什么感觉？引导幼儿用字词"很粗"来形容。

✳ 教师：你们想想谁的尾巴是这样呢？教师揭晓答案，共同讨论它的尾巴有什么样的功能，将结果记录在相应的表格中。

✳ 教师（第 3 页，遮盖豹子的身体，只露尾巴在外面）：你们看看这会是谁的尾巴呢？为什么？它是什么样子的？引导幼儿用字词"斑点"来形容，最后揭晓答案。

✳ 教师：豹子尾巴的毛色和身体相似，豹子的尾巴敢摸吗？为什么？共同讨论它的尾巴有什么样的作用，将结果进行记录。

✳ 教师（第 4 页，遮盖狐猴的尾巴，将身体露在外面）：这是狐猴，它长什么样子？它的尾巴会是什么颜色呢？会是什么样子？教师揭晓答案，记录观察后的结果。

✳ 教师（第 5 页，遮盖蜘蛛猴的尾巴，将身体露在外面）：这是蜘蛛猴，它和狐猴一样吗？它的身体是什么颜色？它在什么地方？它的尾巴会是什么样子呢？请幼儿观察推测它尾巴的样子，教师揭晓答案，并进行记录。

✳ 教师（第 6 页，遮盖袋鼠的身体只露尾巴在外面）：大家看看这条尾巴是什么样子的？什么颜色？你们猜猜这会是谁的尾巴呢？袋鼠的尾巴有什么样的功能？教师揭晓答案，记录在表格中。

**3. 小动物找尾巴。**

✳ 出示字卡"尾巴"，请幼儿根据内容，说出小动物出现的顺序，然后一起寻找小动物的图片。

✳ 请幼儿根据小动物特征为它找到尾巴，把尾巴和身体粘在一起贴到对应的地方，并根据动物身上的毛色给它染上相应的颜色。

# （二）

## 活动目标

1. 能够正确指读内容，加深对内容的理解。

279

2. 认读字词"细""粗""条纹""斑点""挂""支""撑"。

3. 正确掌握翻书的方法。

## 活动准备

1. 图画书《尾巴》。

2. 教学大书《尾巴》。

3. 字卡"细""粗""条纹""斑点""挂""支""撑"。

4. 字词相对应的动物的图片。

## 活动过程

### 1. 出示大书，引导幼儿一起观察图书。

✳ 快速翻阅图画书，回顾故事内容，提醒幼儿翻书的正确方法。

✳ 教师：图书由封面、封底、内容组成，封面上有什么？封底上有什么？

✳ 结合画面，出示字词卡片，引导幼儿理解词语的含义：第1—4页，理解"细" "粗""条纹""斑点"；第5—6页，理解"挂""支""撑"的含义，并请幼儿做相应的动作。

### 2. 玩字词游戏。

✳ 游戏1：教师出示字词，请幼儿用自己喜欢的方式表现字词的含义，如"细"。幼儿利用手指表示它的含义，也可以通过自己身体的造型动作来表示，或肢体语言来说明。

✳ 游戏2：在幼儿理解字词的基础上，教师出示字词时，请幼儿用身体来模仿相对应的动物，或找出相对应的动物图片。

### 3. 阅读图画书。

✳ 幼儿听音乐传书，人手一本。

✳ 幼儿先集体阅读，再进行自主阅读，在阅读过程中请幼儿仔细观察辨别不同动物尾巴的相同点和不同点，加深对重点字词的识认和理解。

✳ 请幼儿选出自己喜欢的一页内容，选择相同内容的幼儿分成一组，教师说出该页中的形容词，请相应小组举起自己手中的相应页，并完整朗读该页文字。

## （三）

## 活动目标

1. 学习记录的方法。

2. 知道图书的结构，掌握制作小书的工序。

## 活动准备

1. 影片《动物尾巴的妙用》。

2. 小动物图片、没有涂色的动物图画若干。

3. 绘画纸、彩笔、订书机。

4. 和图片相对应的文字说明（有完整的文字和虚线文字两种）。

## 活动过程

### 1. 学习记录自己的讨论内容。

✳ 请幼儿欣赏相关动物尾巴的影片《动物尾巴的妙用》。

✳ 教师：除了课本中的动物外，其他小动物是什么样子，有什么样的尾巴，具有什么样的妙用？

✳ 教师：你还见过什么样的尾巴，知道这些尾巴都有什么作用？

✳ 将幼儿的讨论记录下来，形成表格，和幼儿分享不同尾巴所具有的不同功能和形态，帮助幼儿丰富经验，填进表格。

### 2. 制作小书。

✳ 出示大书《尾巴》，引导幼儿说说图书的结构。

✳ 教师：图书由封面、封底、内容组成，封面上有具有代表性的图画、故事名称、出版社等。封底上有定价、条码等。每一页的图画都有相应的文字说明，右下角有页码。

✳ 示范制作图书的过程及方法，介绍制作材料。

✳ 以《尾巴》为主题内容，进行构思，准备制作以什么内容为主的小书，如：以爬行动物为主，或以哺乳动物为主，也可鼓励幼儿自由选择自己喜欢的动物。

✳ 根据内容在已有材料中选择相应的动物图片，可根据幼儿的能力自由选择，如：能力强的幼儿可以亲自动手进行绘画；较弱的幼儿可以选择没有涂色的动物图画，自己再进行涂色，在涂色过程中加深对动物的认识；再弱的幼儿可以直接选择现有图片。

✳ 根据已选好的内容选择相对应的文字，可根据幼儿的情况进行自由选择，有完整的文字和虚线文字两种，能力较强的幼儿可以进行描写。

✳ 书写页码，设计封面、封底，进行装订。

✳ 进行分享，展评小书，感受合作制作小书的喜悦心情。

## 活动建议

**户外活动：揪尾巴**

目标：1. 在游戏过程中学会闪躲并能够保护自己的尾巴。2. 发展幼儿的手眼协调性。

游戏方法：每一名幼儿准备一条形态各异的尾巴，将尾巴上端放入自己的身后腰间。当音乐响起时游戏开始，每位幼儿在保护自己尾巴的同时将对方的尾巴揪掉。音乐停止游戏结束，谁揪的尾巴多并保护好自己的尾巴为胜。

## 活动材料

Divan Leake /文，《尾巴》，北京师范大学音像出版社，2007。

## 活动分析

　　幼儿对图书的兴趣比较浓,尤其是对老鼠、松鼠、豹子等有了解的动物,一下就能根据特征猜出什么动物,而且还积极运用所了解的词汇形容,如:在形容老鼠时,好多幼儿说"很细、很长、细长"等;在看到松鼠时用"大大的、毛茸茸的"来形容;在观察豹子时,幼儿则用"点点、块块"等词来形容它们的毛色。在引导下,幼儿了解到"斑点"一词,还能说出还有其他什么小动物身上也有斑点。对于狐猴和蜘蛛猴,幼儿了解的不是太多,教师介绍的相应比较多。在出示蜘蛛猴时,有一部分幼儿用黑猴子来形容它。幼儿了解的袋鼠比较多,在学习模仿时也很积极,把袋鼠的特征表现得很突出,尤其对它的大尾巴,有好多幼儿都知道它有支撑身体的作用,在跳跃时起着很大的爆发力。当幼儿看到最后一页出现小朋友的画面时,好多幼儿都觉得很奇怪,个别幼儿知道人以前是由猿演变来的,但多数幼儿并不了解,感觉很奇怪,在教师将人的演变过程讲述给幼儿时,他们显得很感兴趣,回去后还愿意和爸爸妈妈在网上了解相关内容。

作　　者:孙砾
工作单位:陕西省政府机关幼儿园

<h1 style="text-align:center">我的秘密</h1>

## 教学班级

大班

## 活动背景

每个人都有属于自己的秘密，大人有，幼儿也有。拥有秘密并能恰当地处理秘密是幼儿走向独立的重要环节。但是，对幼儿而言，秘密常常藏不住。与其说它是幼儿的秘密，不如说它是幼儿情感表达或者释放的一种方式。它往往刚钻进幼儿的小脑袋，转眼间就变成一句句悄悄话，成为伙伴之间、亲子之间的有趣话题。我们这些自认为有秘密的大人千万别小看幼儿的秘密，要紧紧把握亲子交流的时机，并用行动告诉幼儿：什么是友谊？什么是真诚？什么是真正的朋友？

我们希望通过这一系列早期阅读活动，帮助幼儿达成下列目标：乐意与同伴（或长辈）交流，感受朋友之间的关爱之情；认真倾听，仔细阅读，用多种表现方法表达对诗歌与故事的理解；能根据作品提供的线索，进行想象和创造，编构作品内容，仿编诗歌。

<h2 style="text-align:center">（一）</h2>

## 活动目标

1. 理解儿歌，感受作品的语言美。
2. 识认汉字：秘密 、露、笑容、窗户、脸庞、开心、光芒。
3. 乐意扮演儿歌中的角色，体验与朋友一起游戏的快乐。

## 活动准备

1. 大字卡、根据诗歌内容自制挂图、写秘密的纸张和笔、录口述秘密的录音机。
2. 设置"秘密信箱"一角：提供用来存放写有秘密的纸张的盒子作"秘密信箱"。

## 活动过程

### 1. 我们的小秘密。

✳ 教师：今天我们将要欣赏一首非常优美的儿歌，儿歌的名字叫"秘密"。小朋友，你们知道什么是秘密吗？

✳ 教师：我们慢慢长大，心里就会有一些话藏起来，不想告诉别人，或者只想告诉有些人，这些话就是"秘密"。出示字卡"秘密"。

❋ 教师：不仅我们有秘密，还有许多朋友也会有秘密，我们一起去听一听。

**2. 欣赏并理解儿歌。**

❋ 第一次欣赏：教师出示挂图同时朗诵诗歌，幼儿安静，认真倾听感知儿歌的语言美和意境美。

❋ 教师：你听见儿歌里谁和谁在说话？

❋ 第二次欣赏：教师在《托塞利小夜曲》的背景下朗诵儿歌，朗诵到需要认读的生字时，出示相应的字卡：露、笑容、窗户、脸庞、开心、光芒。

❋ 教师：蜜蜂和花朵、小雨和窗户、月亮和星星常常在一起，是一对好朋友，所以他们有了心里话就会说给对方听。

❋ 第三次欣赏：教师播放儿歌录音，朗诵到相应的字时，用手指出已出示的字卡。

❋ 教师：听了好朋友的秘密，他们会怎样？花朵儿听了蜜蜂的秘密，觉得怎么样？幼儿回答后，教师用儿歌里的语言小结，出示"露"字，请个别幼儿表现"露出甜甜的笑容"。

❋ 教师：窗户听了小雨的秘密为什么睁大了眼睛，露出亮亮的脸庞？幼儿回答后，教师用儿歌里的语言小结，出示"睁"字，请个别幼儿表演"睁大了眼睛"。

❋ 教师：月亮对星星说出了自己的秘密，星星会怎样？出示字卡"开心""光芒"，和幼儿一起用动作表现"眨眨眼""闪光芒"。

**3. 体验活动。**

❋ 教师朗诵儿歌，师幼一起用动作表现儿歌，加深对儿歌中词汇的理解。遇到生字时，放慢表演的速度，可以重复表演几遍同一个动作。

❋ 教师有表情地朗诵儿歌，请幼儿感受朗诵的情绪，鼓励幼儿有表情地朗读儿歌，掌握儿歌的基本情绪。

**4. 游戏活动：看一看、学一学。**

❋ 教师出示字卡，幼儿用动作表示生字的含义，如：秘密（幼儿可以附耳说话；可以用食指在嘴前做"嘘"的动作等）。教师鼓励幼儿创造性地表达。

❋ 教师做动作，请幼儿取字卡表示。

**5. 创造活动：说说身边的"好朋友"。**

❋ 教师：蜜蜂和花朵是好朋友，月亮和星星是好朋友，我们身边还有谁和谁是一对亲密的好朋友呢？

## 活动建议

**活动延伸** （1）幼儿在"秘密信箱"一角用图画和符号记下自己的秘密。（2）将挂图和字卡放置在语言区里，幼儿自由欣赏、讲述。（3）提供录音机，让幼儿录下自己的秘密。（4）提供玩具电话机，幼儿之间玩打电话的游戏。（5）操作句卡：教师拿出儿歌大句卡，请幼儿读一读，再将此句卡与挂图上的儿歌对比一下，然后放到挂图旁。请六位小朋友到前面，和教师一起每人拿一张大句卡读一读，互相找到前一句或后一句的大字卡，摆成一首完整的儿歌，再与挂图进行比较。（6）分组活动：第一组：句卡找朋友。幼儿拿句卡找朋友，大家一起摆出完整的儿歌。第二组：配对游戏。幼儿操作字卡，将文字与图片一一对应。

**家园共育** （1）将儿歌朗诵给爸爸妈妈听。（2）家长可以将自己想对孩子说的话画成图画，藏在孩子的枕头下、鞋子里，让孩子有意外的惊喜和阅读的兴趣。

# （二）

## 活动目标

1. 大胆地展开想象，仿编儿歌。
2. 继续理解儿歌，发现生活中有关系的事物。
3. 复习汉字：秘密、露、笑容、窗户、脸庞、开心、光芒。

## 活动准备

1. 挂图、录音带、录音机，大字卡。
2. 茶壶、杯子、勺子、碗。

## 活动过程

### 1. 感知理解活动。

﹡ 播放儿歌录音，师幼共同跟录音一起念儿歌。
﹡ 教师：儿歌的名字是什么？
﹡ 第二次欣赏儿歌录音。
﹡ 教师：仔细地听听蜜蜂、小雨和月亮它们有什么秘密？听了他们的秘密吗？
﹡ 将幼儿的想象编进儿歌，如：蜜蜂喜欢说秘密给花朵听：你的蜂蜜真甜，你的蜂蜜真香。花朵笑开了脸，露出甜甜的笑容。
﹡ 教师（出示茶壶、杯子、勺子、碗）：其实，生活中还有许多朋友也会有秘密，请小朋友选两个朋友，为他们编一句儿歌。

### 2. 体验活动。

﹡ 每个幼儿在大家面前念出自己编的儿歌，一个接一个。
﹡ 幼儿在念儿歌时，播放儿歌录音，然后播放给大家听。

### 3. 游戏活动：看谁找得快。

﹡ 教师把大字卡放在地板上，幼儿坐在椅子上。教师说："三个人找'露'。"三个幼儿就围在字卡"露"的旁边。注意提醒幼儿不要踩到字卡。

### 4. 创造活动。

﹡ 教师：还有许多朋友藏在我们身边，谁能把它们找出来，画一画，然后编一句好听的儿歌。

285

## 活动建议

**活动延伸**　（1）幼儿搜集有联系的两种物件（实物或图片），布置成"对对碰"一角。幼儿可以在游戏中发现，有许多物件可以分别和几种物件组成对子。（2）继续将挂图和字卡放置在语言区里，幼儿可自由欣赏、讲述。（3）使用录音机，录下幼儿继续创编的儿歌。（4）操作句卡：教师拿出儿歌大句卡，请幼儿读一读，再将此句卡与挂图上的儿歌对比一下，然后放到挂图旁。请六位幼儿到前面，和教师一起每人拿一张大句卡读一读，互相找到前一句或后一句的大字卡，摆成一首完整的儿歌，再与挂图进行比较。（5）分组活动：第一组：句卡找朋友。幼儿拿句卡找朋友，大家一起摆出完整的儿歌。第二组：配对游戏。幼儿操作字卡，将文字与图片一一对应。

**家园共育**　将仿编的儿歌朗诵给爸爸妈妈听。

## 活动材料

[诗歌]
秘密

蜜蜂喜欢说秘密给花朵听，
花朵笑开了脸，
露出甜甜的笑容；
小雨喜欢说秘密给窗户听，
窗户睁大了眼睛，
露出了亮亮的脸庞；
月亮喜欢说秘密给星星听，
星星开心地眨眨眼，
露出了美丽的光芒。

## 活动分析

为了更好地开展活动，我们在区角设置了"对对碰"墙面或桌面，请幼儿与家长共同收集生活中成对实物或图片并摆放或张贴；同时将部分收集来的实物或照片，放在操作区内，供幼儿摆弄配对；还设置"秘密信箱"一角，提供纸箱、笔、纸张，引导幼儿写写或画画自己的心里话；同时还每周安排一次"悄悄话大公开"，鼓励愿意公开悄悄话的孩子拿出"秘密信箱"中的纸张与同伴共同阅读；设置"爸爸妈妈我想对你说"一角，提供实物录音机一个，引导幼儿录下自己想对爸爸妈妈说的心里话，鼓励幼儿在家长来园的时候，请他们前来听录音。

作　　者：王珏
工作单位：上海市嘉定区实验幼儿园

### 教学班级

中班

### 活动背景

什么样的书籍、什么样的指导才能在阅读活动中有效地促进幼儿语言的发展呢？带着这样的问题，我发现：现在不少书籍每页都有大量的文字，有的幼儿就去寻找自己认识的单个字。其实，会认字不一定会阅读，幼儿并没有通过认真观察图画去了解这个故事的主要内容，只去认字限制了幼儿想象力和创造力的发挥；有的书里有许多个故事或一页有多幅图，这样也会影响幼儿仔细观察图画上所有的细节。因此，我选择一些图画颜色鲜艳、画面清晰、文字句式符合幼儿年龄特点的图书，引导幼儿去观察、思考、发挥想象进行讲述，促进其语言发展。

## （一）

### 活动目标

1. 仔细有序地观察图片内容。
2. 大胆自信地在集体面前讲述。

### 活动材料

大书、每位幼儿一本小书。

### 活动过程

**1. 活动导入。**

＊ 将大书每页的文字用纸蒙上，引导幼儿从封面开始阅读，仔细、有序地观察画面内容。

＊ 教师：今天我们阅读图书的名字叫《画画》。请你从左到右仔细看看画面上都有些什么？

＊ 教师：这些小朋友的表情是怎样的呢？

**2. 完整阅读图画书。**

＊ 引导幼儿逐页阅读。

＊ 教师：这个小男孩在做什么？

* 教师：他的表情是什么样的？他在想些什么呢？
* 教师：这个小男孩遇到了困难，谁来帮助了他，是怎样帮助的？
* 教师：当大家帮助了这个小男孩后，小男孩的表情是什么样的？他会对朋友说些什么？
* 出示最后一幅图请幼儿讲述。
* 教师：这么多小朋友帮助小男孩后，又会发生什么事呢？

# （二）

## 活动目标

1. 大胆讲述故事内容。
2. 了解标点符号及其不同的作用。

## 活动准备

1. 空白卡片。
2. 图画书人手一本。

## 活动过程

### 1. 回忆故事。

* 每位幼儿一本小书，再次阅读。
* 教师：你觉得故事中哪一页最有趣呢？为什么？

### 2. 有趣的标点符号。

* 教师：说一说，什么是标点符号？
* 教师：找一找，图画书中有哪些标点符号？
* 教师：它们分别有什么不同的作用？

### 3. 我来加标点。

* 幼儿每人一张卡片，写上自己最喜欢的标点。
* 教师阅读图画书中的句子，请幼儿添加标点。幼儿认为应该添加什么标点，就举起那张卡片。

## 活动分析

在活动中，不少幼儿由于认识一些文字，当他们拿到一本书时，往往去找自己认识的字而不能静下心来仔细观察图片上的细节及每页图的关联性。当蒙上了文字后，幼儿就将注意力集中到了图画上，我通过一步一步提问引导幼儿有序观察，关注图画上的细节。除了请幼儿讲述图画上的内容外，我还鼓励幼儿多思考画面背后的故事，引导幼儿组织语言，发挥想象力讲述，并帮助幼儿提炼语言，丰富相关词汇、句型。在讲述中，我还会抛出问题："请你猜猜接下来会发生什么事情？"这样的提问能引发幼儿的讨论，为幼儿提供更多说的机会，也让幼儿能大胆表达自己的想法。每位幼儿都很期待下面即将发生的故事，也对接下来的阅读有了更浓的兴趣。在阅读中，我还及时捕捉幼儿的兴趣点，开展随机教育，通过多种延伸活动增加阅读兴趣。当幼儿学习一种句式后，我又通过系列活动让幼儿自然地学习应用。

在整个活动中，我为幼儿创设了说的平台，提供了说的机会，幼儿逐步提高了阅读的兴趣和能力，并促进其语言发展。

作　　者：贺黎
工作单位：四川省成都市市级机关幼儿园

# 首先有一个苹果

### 教学班级

大班

### 活动背景

自从我班开辟了"好书大家读"栏目，幼儿之间分享图书的兴趣越来越浓，但是活动更多是以欣赏、理解为主，在早期阅读方面稍显欠缺。因此，我选择了伊东宽的《首先有一个苹果》，文字很少，主要靠丰富细致的画面表现故事的发生发展，这样有利于促进幼儿的图画阅读能力以及理解讲述、创编故事的能力发展。此外，故事内在的逻辑性，有助于大班幼儿推理能力的发展。另外，作者的真实意图是用来帮助读者感受数量变化，所以可利用这本书提高幼儿数学方面的能力。

（一）

### 活动目标

1. 大胆想象，体验故事创编的乐趣。
2. 理解画面内容，能清楚、连贯地讲述故事内容。
3. 初步运用逆向推理的方式进行思考。

### 活动准备

1. 有利用1—2个事物进行简单故事创编的经验。
2. 电脑、投影仪、幻灯片。

### 活动过程

**1. 出示故事中的主要形象，鼓励幼儿大胆创编。**

✳ 教师：今天，我想和大家分享一本图书，先请大家看看故事里都有谁？

✳ 教师：他们之间会发生什么事情呢？你可以选择其中的两个或者更多的角色来讲一讲。

✳ 教师：这个故事的名字叫《首先有一个苹果》，说明故事是从哪里开始的？你能从苹果开始编一个故事吗？

✳ 教师：这是故事的结尾，发生了什么？你能想象为什么会这样吗？

**2. 逐页翻看图书，引导幼儿理解画面内容。**

❋ 教师自由讲述简单画面。

❋ 教师：大家想了那么多，让我们看看作者是怎么写的吧。请你仔细地看，可以小声和旁边的小朋友说说你的想法。教师逐页展示画面内容，由于画面易于理解，每幅画面只停留几秒，鼓励幼儿说给旁边的小朋友，进行自由、个体讲述，引导幼儿有重点地讲述故事。

❋ 教师：现在哪些故事角色还没有讲到？你觉得下一幅图谁该出现了？他来做什么？

❋ 教师："终于闹得一塌糊涂"，什么叫做"一塌糊涂"？

❋ 教师：你认为究竟是谁把这里闹得一塌糊涂？

**3. 阅读完整故事，进行选择性讲述。**

❋ 教师：故事从一个苹果开始，变得越来越复杂。小朋友可以选择一幅喜欢的画面给大家讲一讲。

**4. 根据线索尝试进行回忆性讲述。**

❋ 教师：让我们再回到第一页，现在你能把所有的故事形象连起来，讲给大家听吗？

❋ 教师：今天，我们讲的这个有趣的故事就是这本书《首先有一个苹果》，其实这本书里还有很多画面没有看到，还有很多秘密需要小朋友自己去发现，老师把这本书放在图书区，小朋友可以自己去找一找，好不好？

# （二）

### 活动目标

1. 大胆想象，根据已有故事形象创编创丰富、曲折的故事情节。
2. 能够用连贯、恰当的语言表达。

### 活动准备

白板、油性笔。

### 活动过程

**1. 回顾故事，理解故事的串联性结构。**

❋ 教师：故事中，这些形象是怎样出现的？按什么顺序出现的？

❋ 教师：原来，故事是按照一个一个形象的依次出现来讲的，而且越讲越复杂。

**2. 设定故事开头，引导幼儿依次创编。**

❋ 教师：我们也来试一试，从一个简单的开头开始，看看能不能也像这个故事一样，最后变成一个复杂的故事！

❋ 教师：我来说一个开头，"从前，在森林里，有一个大大的蛋……"，谁能接着说下去，发生了什么？教师把幼儿说到的故事形象随即画在白板上。

❋ 教师：很好，你看从一个蛋开始，又出现那么多其他的事物，而且每出现一个形象就发生了一段有趣的事，最后变成一个那么曲折的故事。再看看，我们编的这个故事里都出现了哪些形象？

**3. 小组自设故事开头，进行合作创编。**

❋ 教师：现在，请小朋友5人一组，讨论一下你们组的故事要从一个什么东西开始？请幼儿将小组讨论结果记录在白板上。

❋ 教师：根据你们选择的事物，开始编故事吧，注意小组里每个小朋友都要在讲之前，把你说到的形象画在白板上。

**4. 集体分享小组故事。**

# （三）

## 活动目标

1. 认真观察画面，发现画面细节。
2. 能找到故事中的数量关系。

## 活动准备

《首先有一个苹果》中的画面、白板、油性笔。

## 活动过程

**1. 开始部分。**

❋ 教师：《首先有一个苹果》大家都已经很熟悉了，那我想问一个问题：谁知道故事里面有几只熊？有几只乌龟？你是怎么知道的？

❋ 教师：啊，原来每个形象的数量都不一样，而且这里面还很有规律呢。

**2. 中间部分。**

❋ 呈现画面，引导幼儿观察。

❋ 教师：你发现什么规律了？现在请问小鸟比虫子多几个？那我们看看是不是这样？

**3. 结束部分。**

❋ 教师：今天小朋友找到这本书里面藏着的这么多秘密，真是了不起。我们不仅会讲这个故事，而且还可以和你的朋友玩数学游戏，看来图书有很多所用呢！希望小朋友好好利用这本书！

## 活动建议

在阅读角投放代表故事形象的贴绒板，引导儿童自主讲述。

## 活动材料

[日] 伊东宽/文、图，蒲蒲兰/译，《首先有一个苹果》，二十一世纪出版社，2005。

## 活动分析

活动从目标看，创编故事、理解画面内容都基本完成了。使用幻灯片呈现故事内容，解决了故事书无法人手一本的问题，幼儿感兴趣，发言积极，气氛活跃。组织活动的过程中，教师尽量保证让每个幼儿都有机会说、敢说、喜欢说，根据幼儿不同的语言能力，请他们选择自己理解、想要讲述的画面。在自由宽松的氛围中，幼儿便有了强烈的表达愿望，在此基础之上，教师适时予以引导，使幼儿在原有水平上有了提高，幼儿表达更加丰富、有条理。另外，幼儿在此次语言活动中，还表现出了较强的推理能力，他们愿意表达自己的见解，还能以理服人，这得益于故事本身带给幼儿的思维能力上的促进。

**作　　者**：李琳
**工作单位**：北京师范大学实验幼儿园西苑分园

# 小蝌蚪找妈妈

## 教学班级

大班

## 活动背景

春天来了，自然角里的小蝌蚪激发了幼儿观察的兴趣，每天他们都会乐此不疲地观察蝌蚪的成长变化。"老师，它的后腿长出来了！""老师，它的前腿长出来了！"每看到蝌蚪的变化，幼儿总是欣喜若狂。蝌蚪成为了我们班最好的朋友，每一位幼儿都牵挂着它。《小蝌蚪找妈妈》这篇优秀童话故事便将幼儿带到小蝌蚪成长变化的世界里，让他们在优美的字句里、美丽的图画里去感受作品，学习作品。

本班幼儿从小班起就开始尝试进行早期阅读活动，阅读兴趣和阅读技能都有一定的基础。因此，对于本班幼儿来说，《小蝌蚪找妈妈》的故事可以先让幼儿自主阅读，猜测故事的主要内容，再由教师通过大书引导幼儿猜测动物妈妈的话语，以此来深入理解故事内容，最后通过幼儿讲述故事、制作图书巩固学到的内容，发挥幼儿的创造性。

# （一）

## 活动目标

1. 仔细观察画面，理解故事内容。
2. 理解小青蛙在寻找妈妈过程中的心情及身体上的变化。
3. 学习关于青蛙特征的词汇。

## 活动准备

蝌蚪实物、大书一本、图片每人一套、汉字卡。

## 活动过程

**1. 感知讲述对象，引发幼儿阅读兴趣。**

✳ 教师：今天，我们请来几个小客人，它是谁？（出示实物——小蝌蚪）

✳ 教师：小蝌蚪的妈妈不见了，你们帮它们找找吧。

**2. 幼儿自主阅读，初步理解故事内容。**

✳ 引导幼儿观察图中人物的动作和表情，联系前后情节变化，标上页码。

✳ 幼儿尝试轻声地讲述每幅画面。

✳ 请部分幼儿讲述故事内容。

**3. 和幼儿一起观看大书，共同阅读。**

✳ 引导幼儿观看封面，说出书名。

✳ 观看大书第 1 页。

✳ 教师：这是什么季节？画面上有什么？它们在干什么？小蝌蚪想到了什么？

✳ 观看大书 2—6 页，了解小蝌蚪找妈妈的过程。

✳ 教师：小蝌蚪看到了鸭妈妈，说了什么？鸭妈妈怎样说的？（学习词汇：大眼睛）

✳ 教师：它们接下来看到了谁？怎样说的？鱼妈妈说了什么？（学习词汇：四条腿）为什么它们认为鱼妈妈是自己的妈妈？

✳ 教师：小蝌蚪听了鱼妈妈的话，又看到了谁？说了什么？乌龟妈妈怎样回答的？（学习词汇：白肚皮）

✳ 教师：小蝌蚪听了乌龟妈妈的话，又遇见了谁？说了什么？鹅妈妈说了什么？（学习词汇：绿衣服）

✳ 教师：最后，小蝌蚪找到妈妈了吗？它们怎么知道青蛙就是它们的妈妈？为什么小蝌蚪和妈妈的样子不一样？

✳ 引导幼儿边翻看大书边完整讲述故事。

✳ 教师：小蝌蚪为什么几次都没有找到自己的妈妈？后来为什么又找到了？如果你是小蝌蚪，你会怎样去找妈妈？

**4. 重新整理自己的图片，排序后将书装订好，放在书架上。**

# （二）

## 活动目标

1. 喜欢听别人讲述图书，能根据画面展开联想，用连贯语言表达出来。
2. 结合所认识的文字阅读图书。
3. 尝试自制图书，激发爱护图书的情感及创作欲望。

## 活动准备

图书人手一本、画纸、水彩笔、油画棒、订书机。

## 活动过程

**1. 边引导幼儿观察画面，边有感情地讲述图画内容。**

**2. 幼儿自主阅读图书。**

✳ 根据幼儿水平，进行个别指导：

水平1：结合所认识的文字阅读图书，结合画面联想，并用连续的语言表达出来；

水平2：能在找出已认识的文字的基础上进行联想，结合画面的内容串字阅读图书，用比较完整的句子讲述故事。

**3. 尝试自制图书。**

✴ 复习图书的结构。

✴ 引导幼儿构思画面，通过联想为故事增加或变化情节，引起幼儿的创作欲望。

✴ 分成若干小组，根据故事情节、内容，各组成员商量负责哪部分内容，共同制作图书。

✴ 和幼儿共同装订图书。

**4. 小结。**

✴ 教师：小朋友的脑子和小手真巧，能编出比原来更好的故事，也会制作小书了，你们有什么感想？

### 活动建议

**活动延伸** （1）把《小蝌蚪找妈妈》和自制图书放在语言区，方便幼儿进行阅读和交流。（2）幼儿把新创编的图书带回家，与父母一起阅读。

### 活动分析

活动（一）通过自主阅读、阅读大书的环节帮助幼儿理解故事内容，教师的提问也让幼儿学会反思——"为什么小蝌蚪找妈妈会遇到那么多问题"。整个作品富有童趣、对了解蝌蚪的成长变化有很大意义。总体来说，选材很好，基本达到预期目标。

活动（二）把教师完整讲述故事内容设计在开始，主要目的在于：一是给幼儿一个完整的"概念"；二是提高倾听能力，让幼儿自己尝试自制图书，非常适合本班幼儿，既发挥了他们的创造性，同时也激发幼儿爱护图书的情感，达到良好的教学效果。

作　　者：巫小芳
工作单位：四川省成都市双流县华阳幼儿园

# 有趣的汉字

## 教学班级

大班

## 活动背景

　　大班下学期，早期阅读已经纳入活动计划中。本学期结合本园"国学教育"特色，幼儿初步尝试诵读了古文、古诗等，在欣赏古诗时，孩子们惊奇地发现古人写的字和现在的字不一样，对汉字的演变产生了极大的兴趣，于是我们生成了"有趣的汉字"主题活动。在选择阅读材料时，我们选择了象形字，因为其形象的字形和造字方法能够激发幼儿强烈的猜字、认字兴趣，从而培养幼儿阅读习惯、实现阅读目标——引导幼儿学习识字的方法，而不仅仅是追求识字量。实践证明，我班幼儿在经过半学期的识字活动后，养成了良好的认读习惯。大班幼儿有丰富的想象力，并能根据已有经验有根据地迁移猜想，这是本次阅读教育活动的前提经验。

## （一）

## 活动目标

　　1. 学习根据字形猜、认、读象形字。

　　2. 激发猜字、认字的兴趣。

　　3. 重点看、猜、认、读"林、竹、舟、夫、燕、草"。

## 活动准备

　　幻灯片、关于二十个象形字的动画片、二十个象形字象形图片、幼儿操作连线卡。

## 活动过程

**1. 初步尝试根据汉字形状，逐步猜、认汉字。**

＊ 出示古代象形字"山"，根据演变基本无变化的"山"，感受根据字形认汉字。

＊ 教师：你们看它像什么？这是什么字？出示现代"山"，与象形"山"进行对比。

＊ 教师：它们两个像不像？

＊ 教师：山，就是古人根据山的形状造出来的字，像这样的字叫做象形字！我们生活中有很多这样的字，所以我们认字有一个好方法，就是看它像什么，猜它

是什么字。

❉ 教师（出示现代字"日"，与象形"日"进行对比）：刚才的山太简单了，现在出个难点的，看看它像什么，猜猜它是什么字？你看它们两个像不像？

❉ 噢，这是太阳！古人把太阳叫做"日"！

❉ 教师（出示象形"木"）：看看这像什么？猜猜它又是什么字！

❉ 教师（出示现代字"木"，与象形"木"进行对比）：米？火？木？这到底是什么字呢？那两个木在一起是什么字呢？

❉ 教师（出示横向象形"燕"）：看看它像什么？猜猜它是什么字？

❉ 教师（出示燕子飞翔图片）：啊，都没猜对！没关系，现在，刘老师要给你们一个提示！看看，这是什么？

❉ 教师：你看它们像不像？那这是什么字？

❉ 教师：这是现在的"燕"字！你看它们像不像？（对比汉字"燕"与象形"燕"）

❉ 教师：看我变个魔术！现在它们像吗？（调转象形"燕"字方向，与现代汉字"燕"一样）

❉ 教师：刚才小朋友根据汉字的形状，猜、认出了"山、日、木、林、燕"这五个象形字！

**2. 看动画片，幼儿尝试使用认字方法，根据字的形象猜、认、读动画片中的象形字。**

❉ 教师：现在，我要给小朋友放一个动画片，里面还有很多很多这样的字，你们就可以用这个方法猜认出这些汉字！（播放动画片《象形字》）

❉ 教师：刚才随着爸爸的绘画和讲述，你看见了哪些字？幼儿说的同时，教师出示动画片中出现的象形字卡。

❉ 幼儿根据古代象形字形，猜、认、读现在的汉字"舟、夫、竹、草"。

❉ 教师：现在让我们一起来读一读他们！如果不认识，就看看演变前的形状吧！（集体认读，跳着指读"舟、夫、竹、草"）

**3. 幼儿进行操作练习，根据字形将相同的汉字连起来。**

❉ 教师：现在已经有六个象形字找到了朋友，请你拿出框下面的操作卡，帮助其他的汉字找到和他相似的汉字朋友，用线将他连起来！教师巡回指导，重点指导幼儿根据字形的形状来连线。

**4. 总结认识汉字的新方法，根据字形来猜、认。**

❉ 教师：今天我们用看汉字像什么的方法来猜、认汉字怎么读，现在我要去掉他过去的样子，看你们还能不能读出它！

❉ 出示象形字卡，鼓励幼儿根据字形猜、认、读汉字。

# （二）

## 活动目标

1. 根据事物形状和意义大胆设计象形字。
2. 大胆设计图文并茂的象形图画，帮助自己表达意思。

## 活动准备

1. 画纸、水彩笔、蜡笔、范画。
2. 象形字图：云、雨、木、日、水、夫。

## 活动过程

**1. 出示上次活动中认识的象形字，激发幼儿设计象形字的兴趣。**

❊ 教师：这是什么字呀？你是怎么认出来的？

❊ 教师：这些都是古人根据事物形状造出来的汉字，叫做象形字。

**2. 引导幼儿设计象形字，感受汉字书写。**

❊ 出示象形字和食物图片，感受象形字的特点。

❊ 教师：象形字和图画看起来感觉怎么样？

❊ 教师：你想设计象形字吗？你想设计什么字？

❊ 幼儿自由尝试设计各种象形字，注意根据形状、含义来设计。

❊ 总结并欣赏幼儿自由创作的象形字。

**3. 导入故事，引出使用图文并茂的象形图画解决生活中的问题。**

❊ 教师：如果我们要给父母留言，可是不会写字怎么办？

❊ 教师：我们可以用象形图画来画出你的意思。

❊ 教师：请你帮助阿里给妈妈写一条留言"妈妈我出去玩球了。"

❊ 幼儿尝试用自己设计的象形字绘画，表达自己的意思。

**4. 幼儿相互欣赏作品，鼓励幼儿大胆用丰富语言讲述自己的绘画。**

### （三）

## 活动目标

1. 认识书写汉字的田字格。
2. 了解田字格上、下、左、右位置的名称，学习正确握笔姿势。

## 活动准备

1. 田字格本，田字格板一块。
2. 四种小动物图卡（牛、鸟、猪、鸭）。
3. 操作卡《文字的家》、铅笔、握笔示范图片。

## 活动过程

**1. 由"田"引出田字格，引导幼儿认识文字的家。**

❊ 教师（出示汉字"田"）：这是什么字？

❊ 教师：妈咪妈咪，哄！我要变出很多很多的田！这是什么？（出示田字格本）

❊ 教师：本子上的格子像田字，所以叫做田字格。田字格可以书写汉字，是汉字宝宝的家。

**2. 认识田字格中各条线、格子的位置。**

✳ 教师：田字格由很多线组成，最上边的线叫做"上线"。

✳ 教师（出示田字格卡）：请你数一数田字格一共有几格？

✳ 将四只动物分别放在田字格的四个格子里。

✳ 请个别幼儿放动物，其余幼儿说出它们的位置。

**3. 游戏巩固：营救狮子大王。**

✳ 出示被肢解成 4 大块的狮子大王拼图。

✳ 教师：这一块图片应该放在田字格的哪一格？左上格应该放哪张图片？

✳ 请幼儿将狮子大王各肢体放回相应的田字格内，拼出完整狮子图片，解救狮子大王。

**4. 幼儿进行操作练习。**

✳ 教师：看一看怎样握笔能够保护我们的眼睛？

✳ 教师：请你在田字格的左上格画出一颗爱心。

✳ 教师：请你在右下格写上数字 4。

✳ 教师：请你在右上格画出一朵花。

**5. 总结评价幼儿的练习卡。**

✳ 教师：我们今天认识的田字格是汉字宝宝的家，能够把所有的汉字都装进去。

## （四）

### 活动目标

1. 了解中国姓名的多样性。
2. 感知常见的汉字，并进行简单统计。

### 活动准备

幼儿每人一张姓名字卡，班级幼儿各"姓"的字卡，姓名统计卡。

### 活动过程

**1. 出示并欣赏幼儿制作的姓名字卡，说说自己的姓。**

✳ 教师：我们制作了一张自己的姓名卡，谁愿意让大家欣赏你的姓名卡？

✳ 教师：你有没有发现，我们的名字是由姓和名组成的。

✳ 教师：请把你的名片贴在黑板上你的姓的下边！幼儿分别用小组或集中的方式向同伴介绍，每介绍完自己的姓名后，将姓名卡贴在黑板上。

**2. 感受同姓，了解姓的传递方式。**

✳ 教师：你家里有人和你同姓吗？

✳ 教师：为什么你会和爷爷、爸爸同姓的呢？

＊ 教师：班上还有很多朋友和你同姓，你们是一家人吗？

**3. 找一找、数一数，初步尝试统计班里一共有几种姓。**

＊ 教师：现在来找一找黑板上的名片，数一数我们班里有几种姓？哪种姓的小朋友最多？

＊ 教师：哪些姓是一样多？幼儿进行操作练习，进行数量的统计。

**4. 听音乐，了解中国的《百家姓》。**

＊ 教师：这首音乐叫做《百家姓》，正如这首歌中说的，中国人的姓还远远不止我们黑板上的这些姓。我们中国人的姓，有 500 多个呢。

# （五）

## 活动目标

1. 大胆尝试用各种方式配乐朗读《百家姓》。
2. 尝试读图谱。

## 活动准备

图谱、音乐。

## 活动过程

**1. 朗读《百家姓》，激起幼儿兴趣。**

＊ 教师：你们会念《百家姓》吗？

＊ 教师：今天，我们一起来听一段音乐。听了以后，你们告诉我有什么感受？

＊ 教师：这首音乐是什么节奏的？要跟上音乐的节奏，我们还能那么快地读吗？

**2. 引出图谱，尝试配音乐朗读。**

＊ 教师：为了跟上节奏，我请来一个帮手。你们瞧！

＊ 教师（出示图谱）：耳朵表示什么意思？嘴巴表示什么？跟着图谱怎么读？

＊ 教师：让我们跟上图谱，听音乐来试一试，进行配乐朗读。

＊ 幼儿跟随音乐尝试不同节奏朗诵《百家姓》。

## 活动建议

**活动延伸**　继续开展了亲子活动"和爸爸妈妈认识象形字"，激发幼儿在家里和父母认识更多的象形字，同时在班级区角里设置"象形字"，鼓励幼儿将新认识的象形字带到幼儿园，并带领大家一起认识，生成"每日一字"的常规语言活动，激励幼儿认识更多的象形字。

## 活动分析

在设计《有趣的汉字》时，我想到要有效利用大班幼儿前十几分钟注意力非常集中、专注的时间来引导幼儿从易到难地学习根据汉字形状来猜字、认字的方法，于是在活动的前部分，我用了幻灯片来实现这一过程。接着，为了继续激起幼儿的兴趣，我播放了动画片《象形字》，这是幼儿都喜欢的媒介，很容易将活动成功地开展下来。

总体来看，在整个活动过程中，教师紧扣活动目标，成功有效地运用幻灯片与动画片激起了幼儿的兴趣，最终达到了本次活动的目标。教师从活动开始一直处于兴奋状态，因为幼儿的反应比预想快、好，教师与幼儿进行了多种形式的有效互动。幼儿的反应快，教师情绪兴奋，活动节奏也相应地把握较好。幼儿也一直处于兴奋、专注的活动状态，动画片激起了幼儿的强烈兴趣。全班幼儿基本上都能够积极主动与教师互动，教师的提问给予了幼儿适度挑战，也激起了他们的兴趣。在观看动画片后，教师请幼儿回顾片中出现的象形字，我预计会有部分汉字，幼儿说不出。出乎意料，幼儿将片中出现的 20 个象形字全部找了出来，这进一步说明幼儿的状态是自然的、快乐的。

作　　者：刘静
工作单位：四川省成都市第十六幼儿园

# 一个黑黑、黑黑的故事

## 教学班级

中班

## 活动背景

　　五颜六色、绚丽多姿的事物，是幼儿喜欢的、易于接受的。而单纯的黑色并不是每一位幼儿都喜欢。这是一个悬念迭起的故事，故事以黑色为主线，让幼儿感到了一些害怕、压抑，故事结构像一个"连环扣"似的把幼儿的好奇心紧紧地吊起来，幼儿喜欢追根问底，他们非要一口气把这个故事读到底不可。故事最后以意想不到的开心而结尾，让幼儿紧张的情绪瞬间得到释放，并让幼儿体验猜想、思考的快乐，这是一种黑色的幽默！幼儿感兴趣，会给他们留下深刻的印象，这是我选择和设计本次活动的最初意图。

　　活动前，我首先对图书进行了认真细致分析，梳理其中的阅读线索和知识点。我认为在本次阅读教学中，应以事物的变化为线索，鼓励幼儿自主探索与发现，为幼儿提供充分观察、想象和创造的空间，充分调动幼儿的积极性和主动性，让幼儿真正感受到发现的乐趣、阅读的乐趣。

　　中班幼儿活泼大方、富有观察力、好奇心、探究欲望强、想象力丰富，他们的认知水平正在不断提高，开始接受和理解内容较丰富、表现手法较复杂的故事，但他们缺乏有意注意和将前后页内容相联系起来的逻辑思维能力。本活动试图通过中心问题引导幼儿围绕问题进行观察和思考，更有效地推进活动开展。带着问题阅读有助于幼儿有序阅读习惯的养成，这符合中班幼儿能力发展规律，也能促使幼儿自觉地控制注意力，并在孩子内心产生专心阅读的强烈愿望。

## （一）

## 活动目标

1. 理解故事内容，能用"黑黑、黑黑的"叠词来讲故事。
2. 学习在特定的场景下使用"上、下、里面、正面、后面"等方位词。
3. 尝试用有趣、神秘的语言讲述、体验故事讲述过程中带来的乐趣。

## 活动准备

1. 图片一套。
2. 图画书《一个黑黑、黑黑的故事》人手一本。

3. 丝巾每人一条。

## 活动过程

**1. 游戏：捉迷藏。**

✴ 教师：老师和小朋友们来玩一个游戏。老师把眼睛闭上，你们把丝巾藏在身上任何地方，让我来找一找，好吗？我们再来交换，我来藏你来找，比比谁最聪明吧。根据游戏情境帮助幼儿巩固上下、前后、里外等方位概念。

✴ 教师：小朋友们真聪明，你们说说你们把丝巾都藏在哪儿了呢？

✴ 教师：让我们一起用丝巾把眼睛蒙住，你感到了什么？引导幼儿感受黑暗，为故事情景做情绪铺垫。

**2. 出示图片，让幼儿提前熟悉故事场景。**

✴ 教师：这些图片上的地方，你觉得是晚上看到的还是白天看到的？为什么？

✴ 教师讲述故事。

✴ 教师：这是一个什么样的夜晚？这只勇敢的小动物经过了哪些地方？这些地方是什么样子的？听故事时，你有什么感觉？

✴ 教师：到这个空无一人的黑房子里旅行的勇敢的小动物会是谁呢？空无一人的大房子你的主人会是谁呢？和老师一起看看图书，找找答案吧。

**3. 幼儿自主阅读。**

✴ 教师：勇敢的小动物是谁？房子的主人是谁？

✴ 教师：躺在床上的小老鼠是什么样的表情？为什么？

✴ 教师：刚才我们讲了一个什么样的故事？这个故事用得最多的词是什么？

✴ 教师：请你们根据自己的感受给故事起个名字吧。

**4. 和教师一起用有趣神秘的语气完整地边看书边学讲故事，注意使用"黑黑、黑黑的"叠词。**

## （二）

## 活动目标

1. 大胆想象，创编一个故事情节，并尝试将其画出来。
2. 愿意与同伴分享自己的想法。
3. 学习制作图书。

## 活动准备

1. 利用午休或离园时为幼儿播放《猫和老鼠》的动画片，丰富幼儿创编故事的素材。

2. 每人一份折叠自制空白的"图书"、彩笔。

## 活动过程

**1. 幼儿自主阅读图画书。**

＊ 幼儿阅读图画书，教师观察并简单记录幼儿的阅读情况，如幼儿认识的汉字、幼儿阅读过程中出现的困难或不当阅读行为等。

＊ 鼓励幼儿讲述故事内容，强调幼儿用"黑黑、黑黑的"叠词讲述。

**2. 引导幼儿通过合理想象，编构一个新的故事情节。**

＊ 欣赏个别幼儿创编的故事，帮助幼儿理顺故事情节。

＊ 教师：故事的最后是当小老鼠看见猫时惊慌地瞪大了眼睛，小朋友们猜一猜后面会发生什么故事呢？小老鼠会被猫吃掉吗？它是怎么逃脱的呢？

＊ 幼儿以小组为单位，互相倾听同伴的故事。

**3. 鼓励幼儿将自己的想象用绘画的形式表现出来，并讲述给其他幼儿听。**

＊ 与幼儿共同制作新的图书，将幼儿画的新的图画书情节装订成册，放在阅读区，供幼儿阅读讨论。

## 活动建议

**活动延伸** 继续编讲故事：两只小动物（猫和老鼠）之间，会发生什么事情呢？

## 活动材料

［美］露丝·布朗/文、图，敖德/译，《一个黑黑、黑黑的故事》，浙江少年儿童出版社，2008。

## 活动分析

1. 教具的使用，帮助幼儿融入故事情境

图书文字很少，每一页都出现了"上、下、里、外"等方位词。怎样带领幼儿复习巩固这些方位词，还能和故事一样具有神秘感，充分调动起幼儿的兴趣呢？我选择用一条小丝巾玩捉迷藏的游戏，既让幼儿学习在特定情景下使用这些方位词，又很有趣地将孩子引入下个环节——感受黑暗，为感受故事情境做铺垫。

另外，怎样让幼儿对故事中"黑黑、黑黑的"叠词有深刻记忆呢？我绘制了"门、楼梯、柜子、盒子"的图片。图片采用深棕色卡纸，用油画棒画出阴影，突出了神秘、可怕的效果，图片还制作成活动、连续的，房门是可以打开的，柜子门也可以打开，从里面依次取出教具，牢牢吸引幼儿的注意力，更加符合故事一环套一环的特点。

2. 采用恰当的教学方法

阅读活动一定要根据幼儿的认知水平、实际情况和教材自身的特点，采用恰当的教学方法。在教法上，我主要采用了互动体验法、直观演示法、讲述法和提问法，倡导转变幼儿被动地接收状态到主动参与、乐于探究的积极状态，使幼儿积极参与其中，体验阅读的乐趣。

3. 基于经验的故事创编

开始时，我把故事创编放在第一次活动结束时，结果发现幼儿创编的故事都是黑猫把老鼠吃到肚子里去。我们要引导幼儿创编出热烈、轻松的故事，将动画片《猫和老鼠》与故事联系在一起，幼儿对看动画片的兴趣很浓，自然而然地影响了后面故事的创编。第二次活动时，虽然很多幼儿的故事已经偏离了原有故事，但幼儿都是怀着快乐、跃跃欲试的心情，尽情想象、创编故事。

4. 共同制作、体验成功

最后，我们设计并使用"折叠书"，把幼儿创编的故事绘制出来，幼儿自制这本书既能逐页翻看，又能拉开全部呈现在眼前，同时，教师为幼儿写上新故事的名字，一本全新的图书就做好了，幼儿都欢呼雀跃起来，感受到了成功的喜悦。

总之，通过《一个黑黑、黑黑的故事》的阅读活动，我体会到，早期阅读教学活动，绝不仅仅是要给幼儿看一本书或讲一个有趣的故事，而是通过图画书阅读，培养幼儿的阅读兴趣，促进幼儿情感、观察、想象与创造力的发展，这才是早期阅读最终的目的。

作    者：白净
工作单位：甘肃省兰州市实验幼儿园

# 要是你给老鼠吃饼干

## 教学班级

中班

## 活动背景

还记得小时候我们经常听到"从前有座山，山上有座庙……"，多少次在这个极其简单而又循环往复的歌谣里获得了满足和快乐。图画书《要是你给老鼠吃饼干》也是此类型的故事，只是它的细节更加丰富。故事一开始，只是一只身穿牛仔背带裤、背着双肩包的小老鼠在没完没了地向一个小男孩提出一连串要求，从吃饼干开始，接着要牛奶、麦管、餐巾……甚至铺床睡觉、讲故事、画画。可笑的是到最后它的要求又回到要吃一块饼干，故事在这里结束，却又回到了开始，而且通篇反复着一种句型："要是你给……它就会要……"，极其单纯、极其迷人，就像推倒了多米诺骨牌，一发不可收拾，令人忍俊不已。在设计活动时，教师把活动目标落在"感受作品循环往复的幽默风格"上，不强调情节，不突出人物，而是营造一种轻松、温馨的氛围，让图画书接通幼儿与成人之间的"心路"，让成人走进孩子的"心里"，从多元阅读的欢笑中相互地交流、交心。

## （一）

## 活动目标

1. 感受作品循环往复的幽默风格。
2. 尝试迁移，运用连环和轮回的结构，表达对图书的理解。
3. 与同伴合作创编故事，体验创编的快乐。

## 活动准备

1. 幻灯片。
2. 图画书《要是你给老鼠吃饼干》。
3. 圆形面板、相关图片。
4. 记录板、绘画工具。

## 活动过程

**1. 谈话导入，激发幼儿的兴趣。**

✳ 教师：要是我给你吃饼干，你会怎么样？尽可能引导幼儿用自己的声音、动作表达"诙谐、有趣"。

✳ 教师：要是你给老鼠吃饼干呢？会发生什么事情呢？

✳ 教师：你们说得对，它吃到好吃的饼干，一定会非常高兴。不过，这可是一只非常特别的老鼠，要是你给它吃饼干，会发生什么事呢？下面我们就一起来看看这个有趣的故事。

**2. 阅读理解，感受作品循环往复的特点。**

✳ 教师（出示课件1）：你看到了什么？出示圆形面板，根据幼儿的讲述，按照圆形路线依次贴上饼干→牛奶→麦管→餐巾的图片。

✳ 教师：这只小老鼠真是有趣！它很爱干净，吃完东西还不忘擦擦嘴巴。它擦好嘴巴，想检查自己擦干净没有，于是来到镜子前。

✳ 教师（出示课件2）：老鼠照着镜子，会怎么想？

✳ 教师：这是只爱干净、爱漂亮的小老鼠。瞧，它拿起剪刀，对着镜子理起发来。教师在圆形面板上贴上：镜子→剪刀。

✳ 教师（出示课件3）：接下来会发生什么事情呢？

✳ 教师（出示课件4）：小老鼠是怎么打扫房间的？（贴上清洁工具的图片：扫帚→水）让我们一起来帮小老鼠打扫打扫房间吧！（集体用动作体验打扫房间的情形）

✳ 教师：老鼠照了镜子，剪了头发，还打扫了房间，它做的事儿真不少！你们猜猜，接下来老鼠会干些什么呢？充分让幼儿想象并掌握"要是你给老鼠……它就会……"的句式。

✳ 幼儿自主阅读图书，欣赏完整的情节。

✳ 教师：刚才你们看到了什么？

✳ 教师（边复述这一段故事情节，边依序调整面板上的物品图片）：咦？正好是一个圈，好像又回到前面的故事里去了！

✳ 教师：故事又重新开始了，这一次又会发生什么有趣的事呢？

**3. 分组合作，创编故事。**

✳ 每组准备一个记录板和一盒水彩笔，分组合作，将创编内容画下来。

✳ 小组交流新故事。

**4. 情感体验。**

✳ 教师：你觉得这是一只什么样的小老鼠？假如你是这只小老鼠，你会怎样？

# （二）

## 活动目标

1. 朗诵儿歌，正确使用量词"块"进行表述。
2. 巩固对图形和排序的认识，发展表达、循环排序和思维能力。

## 活动准备

1. 数卡 1—3。
2. 小老鼠、圆饼干、方饼干、三角形饼干图片若干。
3. 标记图若干。

## 活动过程

**1. 谈话导入活动，了解图形的基本特征。**

✳ 教师（出示小老鼠）：你自己喜欢吃什么形状的饼干，小老鼠可能喜欢吃什么形状的饼干？

✳ 教师（出示装有饼干的袋子，请幼儿来每人摸一块饼干）：谁摸到了圆饼干，请举起手来！圆饼干是什么样子的？（依次提问认识方饼干、三角形饼干）

**2. 在情境中学习儿歌，出示排序图，找出图形循环反复的排序规律。**

✳ 教师：有只小老鼠，想要吃饼干，饼干怎么吃，大家仔细听……

✳ 教师示范朗诵儿歌。

✳ 教师：小老鼠想要吃饼干，它会按照什么顺序吃完这些饼干呢？

✳ 根据幼儿回答，出示排序图，并请幼儿根据所出示排序图将操作图片排列出来。

✳ 教师：小老鼠究竟吃了几块圆饼干？几块方饼干？几块三角形饼干？……我们再来听一听。

✳ 教师再次朗诵儿歌，然后出示 1—3 数卡，引导幼儿出示自己手中的数卡。

✳ 幼儿边听教师朗诵儿歌，边根据儿歌内容，将 1—3 的数卡和小图片对应起来，并根据儿歌顺序正确排列。

✳ 师幼一起看手中图片有节奏地朗诵儿歌。

**3. 幼儿根据排序图，动手操作，创编新儿歌"要是我给××吃饼干"。**

✳ 出示鸽子、猴子、狮子灯图片。

✳ 教师：森林里还有许多小动物也想吃饼干，请小朋友也为他们送去饼干，送之前要先看清楚排序图，想好第一块吃什么形状的饼干，第二块吃什么形状的饼干，第三块吃什么形状的饼干……依次按照规律往下排，再仿编出一首新儿歌。

✳ 教师巡回指导，提醒幼儿注意操作顺序，根据数量的多少，从左到右有序摆放。

**4. 集体展示、交流与评选。**

✳ 请幼儿自愿上来展示自己的排序卡，并根据图片内容在集体面前大胆朗诵自己仿编的儿歌。

### 活动建议

**活动变式** 可放在区角活动进行，还可利用饼干的颜色、大小、形状进一步创编儿歌。

### 活动材料

[美]劳拉·乔菲·努梅罗夫/文，[美]邦德/图，《要是你给老鼠吃饼干》，少年儿童出版社，2005。

### 附 录

（自编）[儿歌] **要是你给老鼠吃饼干**

要是你给老鼠吃饼干，

它会要——

一块圆饼干，

两块方饼干，

三块三角形饼干，

吃饱了，玩累了，

老鼠又要吃饼干，

它会要——

一块圆饼干，

两块方饼干，

三块三角形饼干，

……

### 活动分析

活动（一）中，教师首先让幼儿通过说说、看看、听听、玩玩，使其在温馨、愉悦中进行阅读的"暖身运动"，并基于作品循环往复的特点，在教学过程中将重点放在引导幼儿理解作品特点上，从开始出示面板，随着情节推进，慢慢呈现饼干、牛奶、餐巾等图片，最后箭头又指向饼干，整个面板就像一个钟面，表现出循环往复的特点。故事在面板上留下了"轨迹"，更向幼儿暗示了作品的特点，让幼儿感受到故事情节的完整性和连续性以及作品的幽默风格。活动中，有一个环节是让幼儿想象老鼠打扫了房间，累得出汗了以后还会干什么，从而让幼儿掌握了"要是我给老鼠……它就会要……"的句式。"除了故事中提到的事情，还可能发生些什么事呢？"在活动中，教师让幼儿先在轻松、热烈的气氛中阅读了整个故事，然后怀着快乐、跃跃欲试的心情尽情想象，创编故事。甚至有的幼儿还会编出"要是我给兔子吃青菜……它就会要……"的故事。

活动（二）中，我以游戏情节贯穿始终，首先在材料的选择上用幼儿熟悉的饼干为切入点，制作了不同形状的饼干，使得中班幼儿非常感兴趣。其次，以小老鼠喜欢吃饼干为契机，让幼儿对饼干的不同形状和数量进行循环有序排列。再次，我通过简单的儿歌，利用儿歌中语句指导给幼儿适当提示，采用标记图的方法让幼儿先把想法表示出来，然后再学习用儿歌语言说明排序标准，在教师引导下找出图形循环反复的排序规律。最后，让幼儿通过对各种几何图形的操作摆弄形成一定概括能力，通过创编儿歌"要是你给××吃饼干"使幼儿兴趣盎然，对分类排序得到了提升，把整个活动推向了高潮。

作　　者：印云

工作单位：江苏省扬州大学第二幼儿园

# 鼠小弟的小背心

## 教学班级

小班

## 活动背景

图画书《鼠小弟的小背心》背景单一，颜色以黑色铅笔画为主，在黑白色彩中，"小背心颜色为红色"，明显突出"故事的中心和线索"。而小背心是他们熟悉的，有相应生活经验。故事有 7 只动物，出场顺序从小到大，对于"小背心"变化有一个渐变过程，幼儿感知和理解起来比较容易，难点是小背心变形。故事有简单重复语句"小背心真漂亮，让我穿穿好吗?""嗯。""有点紧，还挺好看吧?"，比较适合小班幼儿学习复述。一次阅读活动针对他们的任务较多，所以将阅读活动设计成系列活动。

我班幼儿喜欢在教师的引领下进行图画书阅读活动，能随着画面的变换和教师的提问进行思考和应答。目前阅读现状是：有些幼儿能较细致观察画面，发现一些"细节"，并能进行简单的描述；有些幼儿看不到图画当中的"细节"，有意识观察和讲述的能力还比较薄弱，需要教师的引导和同伴的提示；有的幼儿能自己简单猜想，初步尝试将前后页建立简单的联系。为此，幼儿园开展的集体教学能恰当地弥补有些幼儿的缺失，在师幼互动、同伴互动的过程中，观察、发现、理解，促进每一位幼儿阅读水平和阅读能力的发展和提高。

## （一）

## 活动目标

1. 知道新朋友是谁，并喜欢与他们做朋友。
2. 在仔细观察图片的基础上，发现新朋友的不同特点。

## 活动准备

1. 鼠小弟、鸭子、猴子、海獭、狮子、马、大象的图片。
2. 黑板、磁贴。

## 活动过程

**1. 以"请动物朋友来班做客"的形式，引出活动的主题。**

＊ 向好朋友问好、打招呼。

* 教师：说一说"好朋友"都是谁？
**2. 辨认"动物朋友"外貌特征。**
* 教师：动物朋友长的什么样子，鼓励幼儿用语言或者肢体动作进行描述。
**3. 以游戏的形式，帮助"好朋友"排队。**
* 活动可以通过两个朋友比大小开始，尝试着帮助 7 只小动物排队（从大到小或者从小到大）。
**4. 游戏："我最喜欢它"。**
* 将好朋友图片张贴在活动室的四周墙壁上，音乐响起幼儿可以寻找自己最喜欢的小动物。当音乐停止时，幼儿一定要站在任何一个动物朋友的身边，说一说："你最喜欢的好朋友是谁？你为什么喜欢它？"从而帮助幼儿加深对"好朋友"的认识。

# （二）

## 活动目标

1. 仔细观察画面细节，理解故事内容。
2. 学习用语言和动作表达自己对图画书的理解。
3. 尝试用不同的语气学说图画书中的语言。

## 活动准备

1. 图画书《鼠小弟的小背心》。
2. 7 只小动物图片。
3. 用带有弹性布料制作的红色的小背心一件。
4. 视频展示台。

## 活动过程

**1. 展示"我们的新朋友——7 只小动物"，进行礼貌教育：欢迎、问好！**
**2. 出示道具"红色的小背心"，引出阅读活动。**
* 教师：这两天天气有点冷，有一位小动物的妈妈给我打电话，送给自己的孩子一件小背心，猜一猜是谁的妈妈送的？送给谁的？为什么呢？
* 教师：红色的小背心和这些小动物发生了一些很有趣的事情，下面我们一起来看一看。
**3. 出示图画书《鼠小弟的小背心》，与幼儿共同连续、完整地进行阅读。**
* 带领幼儿逐页阅读，重点观察画面细节：小动物的表情、动作；思考它们之间的对话；感受小背心的渐变。
* 鼓励幼儿一起来学说图画书中的语言。
**4. 重点阅读，充分感受"红色小背心的"变化。**
* 使用"道具——有弹性红色小背心"，观察和感受小背心变形，体会画面所要表

313

达的意思。

＊ 体会几个小动物穿小背心的画面，感受小背心的变化。

**5. 与幼儿一起再次完整阅读和讲述一遍。**

## 活动建议

**活动延伸** （1）将 7 只动物朋友图片放在阅读区，引发幼儿对动物朋友的再认识或者继续帮助他们排队。（2）将 7 只动物朋友图片张贴在语言活动区墙面上——"我们的好朋友"，鼓励幼儿观察和同伴阅读交流、分享你最喜欢的动物。（3）将图书放在活动区"好书推荐"栏目盒中，请幼儿在游戏时间去进行深层阅读，尝试与同伴共同阅读。

**重点提示** 最后一页不阅读，留下悬念请幼儿自己去寻找答案，"是哪只小动物做了一件什么事情，让鼠小弟特别开心？"鼓励和引导幼儿去寻找答案，继续自主阅读的兴趣和能力培养。

## 活动材料

［日］中江嘉男/文，［日］上野纪子/图，赵静、文纪子/译，《鼠小弟的小背心》，南海出版社，2005。

## 活动分析

活动（一）的有趣情景导致幼儿在活动开始时比较好奇。当好朋友——出现时，他们注意力很集中，能马上辨认出好朋友是谁。但说到好朋友的特征，有的幼儿能说出小动物的一些表情变化，并能用一些词汇来形容（高兴、生气、伤心），有的能说出小动物体形的变化（马好像背着一个小书包）。幼儿能很明白的拿两个小动物来进行大小比较，尤其是鼠小弟和大象的比较，有的还能给三只小动物排队。正像教师事前估计的那样，当给 7 只小动物排队时，体形和大小相近的动物不太好区分，需要教师具体指导和帮助。最后一个环节是幼儿最感兴趣的，他们动起来的同时，情绪一直很高涨、兴奋，并能说出为什么喜欢"它"，对小动物朋友再认识达到了一定的效果。

活动（二）开始后，拟人化、生活化的情景导入，极大地调动幼儿的生活经验，便于他们理解和接受。在接下来的阅读活动中，教师利用电教手段（放大、拉近画面）给幼儿细致观察和阅读带来便利，与图画书的交替使用帮助幼儿建立图画书的阅读概念。最巧妙的是单独提取几页画面、鼠小弟和大象穿背心的画面、道具小背心的变形来感受红色小背心的变化，极大地帮助幼儿理解画面所要表达的意思。另外，教师在处理画面中重复语句的问题中，前面重点强调，后面当幼儿渐渐理解和熟悉内容后，鼓励幼儿一起讲述画面语言，很好地帮助幼儿再认识、再理解画面。最有悬念的是在教学活动即将结束后，教师留下的"引子"，它不是将一个很"悲伤"的故事完结在这里，而是留给幼儿一个希望、一个快乐、一个问题，这个结果是需要幼儿自己去寻找答案才能获得的。

**作　者：**王克朵

**工作单位：**北京市崇文区第二幼儿园

# 是谁嗯嗯在我的头上

## 教学班级

中班

## 活动背景

《是谁嗯嗯在我的头上》用"嗯嗯"当主角，对生性快乐的幼儿来说，不但有趣，还具有"爆笑"效果。故事透过一只倒霉的小鼹鼠，寻找到底是谁"嗯嗯"在他头上的过程，轻松愉快地让我们了解：原来每一种动物的排泄物形状都不同。

本书比较符合中班幼儿的年龄特点。第一个层次是与幼儿一起阅读该故事，带领幼儿认识各种动物的大小便，满足其好奇心，帮助幼儿了解健康地面对大小便的正确常识；第二个层次是在熟悉故事的基础上表演故事。我班幼儿从小班到中班一直都在进行早期阅读和表演游戏活动，阅读活动中都能仔细观察画面，并将前后画面内容联系起来理解，对表演的兴趣浓厚，能按意愿选择和分配角色，在表演技能上也有一定的基础。

## （一）

## 活动目标

1. 阅读图画书，理解故事内容。
2. 通过猜一猜与图片配对，了解动物的"嗯嗯"是不一样的。

## 活动准备

1. 图画书，幻灯片。
2. 马、山羊、猪、奶牛的图片各4张，4张"嗯嗯"图片。

## 活动过程

### 1. 介绍图书名称，引起幼儿兴趣。

＊ 教师：今天老师带来一本新书，书名叫《是谁嗯嗯在我的头上》（重点突出"嗯嗯"字），嗯嗯是什么意思呀？（点"嗯嗯"字，幼儿自由回答）原来大便也叫"嗯嗯"。

＊ 教师：这是小鼹鼠，这是谁啊？咦？它的头上是什么？

### 2. 与幼儿一起阅读图书第1—4页。

＊ 教师：我们一起来看这本书（读第一页文字），发生了什么事情？

✳ 教师：请小朋友看一看小鼹鼠的表情是什么样？我们来学一学小鼹鼠的动作。眼睛怎么样？嘴巴怎么样？（站起来看幼儿表情动作）小鼹鼠看不清楚到底是谁，它为什么看不清楚？你们从哪里看出来小鼹鼠的视力不好？

✳ 教师（读第 3—4 页括号前）："叭"，鸽子的"嗯嗯"是什么样的？和小鼹鼠头上的"嗯嗯"一样吗？

### 3. 出示各种"嗯嗯"，玩猜测游戏。

✳ 教师：小鼹鼠非常生气，到底是谁嗯嗯在我的头上？它要去找一找，我这有一些动物"嗯嗯"的图片（重点讲第一个"嗯嗯"），这个"嗯嗯"是什么样的？什么颜色？什么形状？像什么？

✳ 教师（出示第二个嗯嗯）：这个"嗯嗯"呢？

✳ 教师（出示第三个）：这个"嗯嗯"是什么颜色？像什么？

✳ 教师（出示第四个）：这个"嗯嗯"是大的还是小的？

✳ 教师（出示第五个）：像什么？

✳ 教师：它们可能是哪个动物的"嗯嗯"呢？（出示小动物）这是谁？（依次出示图片）

✳ 教师：这些"嗯嗯"到底是谁的呢？请小朋友对应摆一摆？你认为这些"嗯嗯"是谁的，就摆在谁下面？

✳ 教师（摆放其他动物图片）：有没有不同意见？

### 4. 幼儿自由阅读图书第 3—14 页。

✳ 教师：到底这些"嗯嗯"是谁的呢？请小朋友从第 3 页看到第 14 页。

✳ 教师：看好了吗？这些"嗯嗯"都是哪些动物的呢？幼儿对检验之前的匹配结果进行调整。

✳ 教师：原来不是××的"嗯嗯"。（拿下错的图片）

### 5. 与幼儿一起阅读图书第 3—14 页。

✳ 教师：这些"嗯嗯"是小鼹鼠头上的"嗯嗯"吗？小鼹鼠询问了小动物，小动物们是怎样回答它的呢？我们一起来读一读，请小朋友翻到第 3 页。

✳ 教师：坨是什么样？

✳ 教师：野兔的"嗯嗯"落下来声音是什么样？山羊的"嗯嗯"是什么颜色？奶牛的"嗯嗯"像什么？

✳ 教师：小鼹鼠做了一个什么动作？为什么要这样呢？

### 6. 与幼儿共同阅读，了解故事的结局。

✳ 请幼儿将夹子拿掉，阅读图书。

✳ 教师：小鼹鼠找到是谁"嗯嗯"在他头上了吗？你们猜猜看？可能是谁？想知道吗？

✳ 教师：我数１２３，你们把夹子拿掉放在篓子里。（读到苍蝇前停，让幼儿讲）

✳ 教师：大狗的头上是什么？

### 7. 观看幻灯片，从头到尾阅读这本书。

✳ 教师：这本书有趣吗？我们一起来完整地读这本书，小朋友跟着老师一边看大屏幕，一边讲一讲。

# （二）

## 活动目标

1. 在熟悉故事内容的基础上，学习角色之间的对话，尝试进行表演。
2. 运用不同语气、动作、神态表现动物们的角色特征。

## 活动准备

1. 鸽子、马、兔子、山羊、奶牛、猪、鼹鼠、苍蝇、狗的桌面教具。
2. 《是谁嗯嗯在我的头上》表演头饰人手一个。

## 活动过程

**1. 复述故事，结合表演道具帮助幼儿回忆故事情节。**

✳ 教师：上次我们一起看了《是谁嗯嗯在我的头上》这本书，故事里有谁？

✳ 教师：我们看着桌上的小动物，再来听一听这个故事，好吗？

**2. 观看桌面表演，学习角色间的对话。**

✳ 教师：鼹鼠先遇见谁？它是怎么说的？

✳ 教师：然后又遇见谁？马先生又是怎么回答的呢？

✳ 教师：接着小鼹鼠又遇见了谁？它们是怎么回答的？

✳ 依次练习动物之间的对话。

**3. 再次演示桌面教具，幼儿学习用角色语言对话，并模仿角色动作。**

✳ 幼儿再次观看桌面表演。

✳ 教师：看看它们怎么样对话的？还可以做什么动作？

✳ 幼儿边听故事边练习角色之间的对话。

**4. 幼儿用道具进行表演。**

✳ 教师：这里有小动物的头饰，谁想来试一试表演这个故事？

✳ 请几位能力强的幼儿在教师事先布置好的游戏场地中示范表演。

✳ 教师：你觉得他们表演的怎样，为什么？还有什么改进的建议？

**5. 幼儿分组进行表演。**

✳ 教师事先将场地划分、布置好，引导幼儿讨论分组表演注意事项。

✳ 幼儿分组，教师指导，重点观察幼儿分组常规情况、与同伴合作表演情况、故事情节表现情况。

## 活动材料

［德］维尔纳·霍尔茨瓦特/文，［德］沃尔夫·埃布鲁赫/图，《是谁嗯嗯在我的头上》，河北教育出版社，2007。

317

## 活动分析

针对前一次试教中的问题，活动（一）进行了一些调整和修改，将原有的图与文字的匹配修改成各种"嗯嗯"与"小动物"之间关系的猜测与匹配；接着让幼儿自己在书中找答案，激发幼儿阅读图书的兴趣，并探究到底是什么动物"嗯嗯"在小鼹鼠的头上。这样的猜测和匹配游戏不仅能调动幼儿的积极性，而且还能满足幼儿自己在书中寻找答案的求知欲。教师引导幼儿观察每一页图画的重点都是不一样的，接着又利用象声词来抓住幼儿的注意力。幼儿很仔细观察了小鼹鼠的动作和表情，一起模仿起来，体验了书中幽默、有趣的乐趣。

活动（二）是满足幼儿阅读图书后想表演的需要。在观看桌面表演，学习角色对话的环节中，幼儿凭借前一个活动的经验，能较快地熟悉角色的对话和动物的出场顺序，为后面的分组表演打下基础。在组织个别幼儿表演时，坐在下面的"观众"能安静地观看台上的"小演员"表演，而参与表演的幼儿能用形象生动的语言、动作来表现不同的动物角色，随着故事情节的发展做出相应的表情，丰富了"小观众"的表演经验。

为了使幼儿更有序地开展表演游戏，教师在组织活动的策略上做了深入思考：1. 幼儿分组表演时，根据教学实际情况，避免组与组之间相互影响，教师把幼儿分成三组进行表演，一组在教室，一组在午睡室，还有一组在走廊；空间安排上的合理，促进幼儿有秩序地活动，表现出较好常规习惯。2. 表演过程中幼儿能按意愿选择角色，当遇到角色选择意愿相互冲突的时候，他们采用"黑白配"与"石头剪刀布"的形式解决，游戏中协商，轮流扮演角色，在合作游戏能力上有所提高。总之，大部分幼儿能有意识在语言、动作、表情等上反映不同角色的特点，但也发现个别幼儿不能充分表现角色的动作和表情。

作　　者：孙静
工作单位：江苏省南京市长江路小学附属幼儿园

# 为什么我不能？

## 教学班级

小班

## 活动背景

《为什么我不能？》这本书中的小动物都是小班幼儿所熟悉的，油画棒绘画方式贴近幼儿生活，图画设计单纯可爱，大多由拙朴线条勾出稚嫩造型，再用粗狂笔触上色。这样的图书很自然地得到幼儿的喜爱。故事从小鸟开始，一个接一个的小动物问妈妈"为什么自己不能像别人那样做什么"，直到造成了一连串"为什么我不能？"的循环圈。虽然作者没有给出现成答案，却引导着幼儿在带有节奏感的连环发问中发现动物之间的差异，了解每一个物体都是特别的，进而知道每一个人都拥有自己的优点，也难免有不及别人的缺点。书中问号和对话框等这些阅读元素以及"为什么我不能……像……一样"的句式，使小班幼儿有较强的学习兴趣，又易于接受，看似简单又不简单。

## （一）

## 活动目标

1. 初步了解各种动物的基本习性和本领。
2. 增进对动物的喜爱之情。

## 活动准备

1. 小动物图片，动物本领图片若干。
2. 磁带、录音机、笔。
3. 《动物本领连连看》大作业单一份，《动物本领连连看》小作业单若干。

## 活动过程

**1. 《快乐农场》歌表演引入，熟悉对象，激发兴趣。**

＊ 出示六个小动物图片。

＊ 教师：认识这些小动物吗？我们来唱一首它们在农场的歌曲。

＊ 师幼进行歌表演《快乐农场》。

**2. 出示作业单，幼儿观察，了解操作方法，梳理不同动物的不同本领。**

＊ 出示作业单，幼儿观察。

* 教师：看看这张作业单，你知道是要我们做什么吗？
* 幼儿交流发现结果，了解作业单的操作方法。
* 幼儿独立完成作业单。

**3. 夸夸这些小动物。**

* 出示大作业单。
* 教师：这些小动物都有自己很棒的本领，我们一起来看看，这些小动物还有什么本领呢？一起来夸夸它们吧！
* 幼儿自由夸夸小动物，教师出示相应的动物本领图片。
* 师幼共同看大作业单，小结动物的本领。

# （二）

### 活动目标

1. 初步了解各种动物的基本习性和本领。
2. 观察画面，了解画面内容与文字间的对应关系。
3. 认识符号，理解阅读内容。

### 活动准备

动物图片和与其匹配小图片，大书。

### 活动过程

**1. 图片引入，了解动物的名称及其本领，激发阅读兴趣。**

* 出示六只小动物图片。
* 教师：认识这些小动物吗？知道它们的本领吗？
* 根据幼儿的回答顺序出示相应的匹配小图。

**2. 带领幼儿阅读大书，引导幼儿观察画面，理解作品中蕴涵的意义。**

* 集体阅读封面，了解图书标题的含义。
* 师幼共同逐页阅读，教师通过提问，帮助幼儿理解图书内容。
* 教师：小朋友们看得真仔细，现在我们一起来看图书说的是什么故事？
* 教师：谁来告诉我，它们是谁？小鸟看到了什么？小鸭和鸭妈妈在干什么？
* 教师：可是，当小鸟看到小鸭玩水，它心里会怎么想呢？小鸟会问妈妈什么问题呢？
* 教师：泡泡里装的是小鸟问妈妈的问题，泡泡是表示说话的意思，泡泡尖尖地方对着谁就表示谁在说话。我们一起把小鸟的问题再说一遍，"小鸟问妈妈，为什么我不能玩水，像小鸭那样？"

**3. 请幼儿根据画面内容和已有经验猜测泡泡中的内容。**

* 教师：小朋友们真棒！我们一起来看看最后一页，妈妈们的泡泡里有东西吗？
* 教师：哎呀呀！妈妈们都不知道怎样回答才好，为什么？

✳ 教师：因为每种动物都不同，它们都有各自的本领或长处，就像我们每个小朋友那样。

**4. 与幼儿共同阅读。**

✳ 教师：我们小朋友有哪些本领呢？

# （三）

## 活动目标

1. 合作用绘画、粘贴的方法制作小书。
2. 学习简单地续编故事。

## 活动准备

1. 《为什么我不能?》图书。
2. 记号笔、纸、油画棒、剪刀等。
3. 有动物图片的废旧图书若干，书架。

## 活动过程

**1. 完整阅读图书，了解图书结构，激发制作兴趣。**

✳ 教师：这本书老师已经给小朋友读过了，今天我们再给读一次，读完后，说一说，谁向谁提问题？所提的问题是怎样在图画书中表示的？

✳ 师幼阅读《为什么我不能?》，了解故事的结构特点。

**2. 创编制作《为什么我不能?》。**

✳ 教师：桌上有一些动物图片，还有油画棒、剪刀、纸等，先想好要说哪个小动物？如果有现成的图片把它剪下来，如果没有就把它画下来贴在白纸上，然后想想谁对谁说？

✳ 教师：请小朋友分组，一起合作编一本属于我们的《为什么我不能?》，最后别忘了给书设计封面和封底呦！

**3. 分享阅读《为什么我不能?》，尝试用图书中的语言讲述，享受制作成功的乐趣。**

✳ 将幼儿合作创编的书展示在书架上。

✳ 教师：现在我们班有很多本不一样的《为什么我不能?》图书了。

✳ 幼儿轮流交流、分享创编图书。

**4. 自由阅读创编书《为什么我不能?》。**

✳ 教师：这里有很多的《为什么我不能?》图书，现在是书吧开放时间，大家可以自由借阅图书了。

## 活动材料

王淑芬/文，何云姿/图，《为什么我不能?》，南京师范大学出版社，2004。

## 活动分析

本次阅读活动开展后，总体来说有以下几个特点：

1. 注重阅读与幼儿生活相连

在幼儿教育活动中，很多内容都取决于日常生活，通过生活对幼儿进行全面的教育，达到让幼儿全面发展的目的。活动开始，教师引导幼儿从生活经验着手，说出熟悉的小动物名称及各自本领，在引导幼儿说出小动物本领过程中又注意与文中内容紧密结合，使阅读活动自然而然开展，让幼儿不感到陌生。

2. 注重阅读由浅入深，层层递进

系列活动中，"动物——动物的本领——阅读——创编"这一系列层次清晰、明了。在带领幼儿阅读大书过程中，教师注重在每幅图片上找出一个提问侧重点，让幼儿在重复中学习，又不显得单调。教师在整个阅读活动中，"扶——半扶——放"，让幼儿从"倾听——理解——迁移运用"，逐步学会了"为什么我不能……像……一样"的句式，使幼儿变被动的学习为主动的学习。

3. 注重变静态阅读为动态阅读

小班幼儿的思维发展水平还处在直觉行动思维阶段，决定了他们的注意力时间保持不长。为此，我们在设计、教学阅读活动的时候，注重将静态的阅读活动转变为动态的阅读。在活动中，教师让幼儿在一段安静观察和倾听后，注意让幼儿学学画面中小动物的本领，如学学小鸟飞、学学小猫抓蝴蝶等。

4. 注重阅读中教师的行为暗示

小班幼儿在阅读中，因为理解水平有限，因此教师除了利用提问帮助幼儿理解文本表达内容外，还注重利用自己的语调、语速、语气的变化，在夸张表情、夸大动作的暗示下帮助幼儿理解文本，也就是教师将自己对文本的理解通过自身动态的行为暗示传递给幼儿。此外，书中借助幼儿所熟悉的动物表现的游、抓、吃、叫、吹、踩、飞等动作，暗示人人都有自己的专长，教师也注意通过谈话帮助幼儿理解文本深藏的秘密，虽然幼儿还不能用完整的语言表达自己的阅读感受，但是相信在他们心灵深处播下了一粒自信的种子。

作　　者：于海燕　何冬冬
工作单位：江苏省南京市滨江幼儿园

# 我家是动物园

### 教学班级

大班

### 活动背景

　　《我家是动物园》这本书初看书名，让人不禁产生疑问，"家怎么会是动物园呢?"但是细细读下去之后，又让人忍俊不禁，家的确是个动物园，真有趣! 读这本书能让人充满惊喜的快乐，产生幽默的联想。故事从"我"开始，"我"是个小男孩，但是调皮让我转型成了"猴子"。抓住这样的角度，作者用孩子的眼睛来看和表述：早上的爸爸凶如"大狮子"，爱洗涤的妈妈像个"大浣熊"；爷爷个子高，当然似"长颈鹿"；奶奶出门要化妆，百变的面孔就如爱美的"狐狸"；无所不在的妹妹好似"小兔子"，静坐不动的曾祖母如同祥和的"猫头鹰"。故事内容是幼儿最熟悉的家和家人，能够引起幼儿的共鸣，让幼儿的已有经验充分地发挥出来。诙谐幽默的语言风格和温馨的内容是作品最吸引人的地方，既能唤起幼儿对家庭成员的关注，又能引起幼儿的兴趣。

　　本学期，我们班在开展早期阅读研究中，以图片阅读为切入点，关注幼儿阅读能力的培养。经过一个阶段的提高与培养，他们开始喜欢阅读图书，并且能自发阅读，阅读时改变了快速浏览、频繁换书的阅读习惯。幼儿能安静、持续地阅读一本图书，并且能够按照正确的阅读要求翻阅图书、观察图画。在前期开展的"我爱我家"主题活动中，幼儿学习观察与家人的关系，认识自己家庭及家庭成员，学习如何爱与被爱，学习当个小主人，能够与人分享，能够关怀家人。

## （一）

### 活动目标

1. 观察人物与动物的外在和内在相似性。
2. 体验图画书中语言的诙谐。

### 活动准备

1. 图画书《我家是动物园》人手一本。
2. 图画书中的人物与动物卡片。

### 活动过程

**1. 谈话引入。**

❈ 教师：你们去过动物园吗？你们知道的动物园里有些什么动物？

**2. 阅读书名，了解图书中的人物角色，引起阅读兴趣。**

❈ 出示小男孩"祥太"卡片，激发幼儿兴趣。

❈ 出示图画书，介绍书名。

❈ 教师：为什么小男孩说自己的家是动物园？引导通过阅读书的封面，对图画的
　　内容进行一些猜测。

**3. 尝试自己阅读图画书，匹配动物与人物卡片，讨论两者对应关系。**

❈ 幼儿自己阅读图画书，教师巡回与幼儿交流。

❈ 教师：小男孩祥太家里真的有这些动物吗？出示动物卡片集体讨论并鼓励幼儿
　　大胆表述。

❈ 教师：你看到祥太家还有谁？幼儿说出一个动物，教师就给幼儿一个动物卡片
　　贴在黑板上。

❈ 教师：祥太的家里怎么有这些动物？他能和这些动物生活在一起吗？通过讨论，
　　理解祥太家里不是真的有这些动物，而是家里的人像这些动物。

**4. 交流、拓展图书内容，能用连贯语言大胆讲述对图画书的理解。**

❈ 教师：图画书里还有谁？介绍祥太的"曾祖母"解释其含义。

❈ 教师：你看过书以后，觉得哪里最有趣？

## （二）

### 活动目标

1. 感受"这是……其实呢，他是……"的句式，并尝试使用。
2. 创编故事并制作图画书。

### 活动准备

1. 故事大书。
2. 展板。

### 活动过程

**1. 回忆故事。**

❈ 出示故事大书，一起阅读故事。

❈ 和幼儿讨论故事，说说自己最喜欢故事中的谁。

**2. 讨论图书中的人物，感受句型"这是……其实呢，他是……"。**

❈ 出示展板，最上面是句型"这是……其实呢，他是……"，下面分两栏。

﹡ 出示祥太的图片，说"这是祥太"，然后说"其实呢，他是……"，请幼儿说出答案，然后把相对应的图片贴在展板上。

﹡ 依次完成故事中的其他人物。

﹡ 请幼儿根据展板，使用这个句型说一说。

**3. 创编故事，制作图画书。**

﹡ 幼儿大胆想象，创编故事。

﹡ 把自己创编的故事绘制出来，制作成图画书。

﹡ 展览分享。

## 活动材料

正道薰/文，大岛妙子/图，游珮芸/译，《我家是动物园》，南京师范大学出版社，2003。

## 活动分析

在教学设计中，我从以下几个方面带领幼儿阅读这本书：1. 通过唤起幼儿对动物习性经验的认识，为幼儿看图做铺垫；2. 引导幼儿学习按图片讲述；3. 引导幼儿自主阅读；4. 集体阅读，完整讲述。

由于幼儿对书中用动物形象比拟人物特征的内容非常感兴趣，他们联系自己的生活经验，开始思考身边的同伴特点与动物形象之间的联系。因此，教师引导幼儿开展"我们班是动物园"的活动。沿着这个活动思路，幼儿与教师互动生成了新的主题，延伸出"我们班是奇妙的动物园""我们班是友好的动物园"和"我们班是快乐的动物园"等活动，设置集阅读、书写、图书制作、观察研究和语言运用于一体的"快乐动物园"活动区域，让幼儿在愉快而有创意的学习情境中习得自主学习的方法，不断提升阅读能力，发展有益的兴趣与技能，创设出开放、多元阅读的世界，激发幼儿的阅读兴趣与习惯，建构、积累和同化阅读经验，促进幼儿自主阅读能力的形成。

作　　者：孟庆　胡荣

工作单位：贵州省贵阳市第十幼儿园

# 我家窗口一幅画

## 教学班级

大班

## 活动背景

古诗工于音韵，极富意境，句式工整，读起来朗朗上口，是中华文化的经典。古诗诵读是幼儿十分喜欢的活动，幼儿从中受到了品德和美感熏陶，发展起对文学作品的兴趣，促进其语言、心智等方面的发展。结合我班幼儿即将进入小学学习，因此我尝试运用了故事阅读的教学方法，在幼小衔接的过程中，有意识引导幼儿阅读经典古诗。

在幼儿古诗学习中，怎样选择古诗是一个难点，这既要结合幼儿的年龄特点和已有的经验水平，又要充分考虑幼儿的兴趣点和理解能力。在活动中，欣赏古诗是重要部分，通过直观教具引导幼儿在欣赏的基础上理解古诗，在积极兴趣基础上学习诵读古诗。

## （一）

## 活动目标

1. 乐于诵读古诗，学习有感情地诵读古诗。
2. 在古诗故事的引导下理解古诗意思。
3. 通过古诗所描绘的景物，感受春天的美丽，激发对大自然的热爱之情。

## 活动准备

1. 大图书《我家窗口一幅画》、小图书《我家窗口一幅画》人手一本。
2. 布绒小猫一个、古筝曲。

## 活动过程

### 1. 布绒玩具，欣赏故事。

✳ 教师：小朋友们，你们看，这是谁呀？今天，老师给你们讲一个小猫咪咪和他爷爷的故事，可精彩了。

✳ 运用布绒小猫讲述故事一遍，幼儿欣赏。

✳ 教师（出示布绒小猫）：我是谁呀？我在我家窗口看到了什么？

### 2. 运用大图书阅读故事。

✳ 教师（出示大图书，翻开图书第1页）：你们看，小猫咪咪在什么地方？

✳ 教师（翻开图书第2页、第3页……）：他和爷爷看到了什么？咪咪想到了什么？

✳ 运用大图书完整讲述故事，幼儿一边欣赏一边阅读大图书。

**3. 运用小图书讲故事。**

✳ 教师：现在，请小朋友们来一边看图书，一边讲小猫咪咪的故事吧！教师发小图书给幼儿，幼儿和朋友自由讲述故事，欣赏画面。

**4. 配乐朗诵古诗《绝句》。**

✳ 教师：咪咪的爷爷把咪咪看到的景色写成了一首很好听的古诗《绝句》，我们一起来听听吧！教师示范配乐朗诵。

✳ 幼儿跟着教师朗诵古诗，体会古诗的意境美和语言美，首先采用逐句跟念，幼儿熟悉后，采用整体朗诵。

**5. 朗诵表演：请幼儿在集体面前进行古诗朗诵表演。**

# （二）

## 活动目标

1. 通过欣赏，理解古诗表达的意思，激发对古诗诵读的兴趣。
2. 感受古诗诵读的韵律，学习有韵律地诵读古诗。

## 活动准备

古诗配图、碟片、古琴配乐。

## 活动过程

**1. 阅读碟片，欣赏画面。**

✳ 教师：刚才，小朋友看到了什么景色？幼儿讨论后，分别请幼儿回答。

✳ 教师：你感觉到什么地方最美？

✳ 教师：你们知道黄河的水流到哪里去了吗？要想能看得更远，怎么办呢？

**2. 阅读图片，欣赏古诗。**

✳ 教师：古时候，有个聪明的人叫王之涣，他把看见的这样的美景写成了一首很好听的诗，你们想听听吗？

✳ 出示挂图，教师朗诵古诗，幼儿欣赏。

**3. 逐句跟念，诵读古诗。**

✳ 教师逐句教念，重点引导幼儿念出节奏和韵律。

✳ 念古诗和念儿歌的时候一样吗？

**4. 配乐朗诵，体验意境。**

✳ 教师：这有一首好听的古曲，现在请小朋友跟着老师，合着古曲的节奏来朗诵这首诗，一边念一边想象站在鹳雀楼上看着的美丽的风景。

# （三）

## 活动目标

1. 模仿鹅的各种动作，激发对鹅的喜爱之情。
2. 喜欢诵读古诗。

## 活动准备

1. 带领幼儿观察过鹅。
2. 大白鹅图片一张、鹅头饰一个、小池塘、古诗碟片。
3. 白纸裁成长方形若干。

## 活动过程

**1. 游戏引入。**

* 教师：鹅宝宝们，今天的天气可真好，跟着鹅妈妈到池塘里去游泳吧！
* 幼儿跟着教师，自由地在"池塘"里，模仿大白鹅伸伸脖子、理理羽毛、游泳划水、向天上叫一声……

**2. 观察"大白鹅"。**

* 教师（出示图片）：你们看大白鹅长得是什么样子呀？
* 教师：大白鹅的羽毛雪白雪白的，头上有红冠子，脖子长长的。红红的脚掌在水里划来划去。

**3. 欣赏古诗《咏鹅》。**

* 教师：大白鹅是怎样跳舞的呀？它们的脖子是怎样的？幼儿模仿动作。
* 教师：它们的羽毛是什么颜色的？你们看它们还在水里游泳呢！
* 教师：它们的小脚可真漂亮，是什么颜色的呀？它们是怎样游泳的呀？我们来学学大白鹅游泳。

**4. 配乐诵读古诗。**

* 幼儿一边模仿大白鹅的各种动作，一边跟着念古诗，感受古诗的韵律。

**5. 画古诗，制作古诗小图书。**

* 教师：小朋友们学会了念《咏鹅》，我们来把大白鹅画出来吧！画的时候心里要想到诗里是怎样写的，画好之后我们再装订成小图书。
* 幼儿 4 人分成一个小组，一个小组的画订成一本小图书。

## 活动材料

白天鹅/文，程思新/图，《我家窗口一幅画》，选自《幼儿画报》2007 年第 32 期。

## 活动分析

在活动（一）中：

1. 创设故事情境，激发阅读兴趣：教师注重创设环境，以游戏的方式，尝试运用了故事阅读的教学方法。教师的巧妙之处在于把古诗《绝句》所描绘的景色用小猫咪咪和爷爷的故事表达出来，贴近幼儿的生活和语言接受水平，有利于幼儿的理解，为幼儿创设了一个很美的故事意境，让幼儿记忆深刻，使幼儿有浓厚的学习兴趣。

2. 加强阅读指导，注重幼儿语言表达：设计制作了画面优美的大、小图书，引导幼儿在轻松愉快的氛围中阅读。首先，引导幼儿通过欣赏教师的大图书，自由表达自己所看到的内容，注重充分发挥幼儿参与阅读的主动性和想象力。其次，引导幼儿在阅读小图书的过程中，自由讲述、互相交流故事。幼儿欣赏感受，再学习古诗，说出自己的想法，语言得到发展，对美的欣赏也有了认识和提升。

3. 古诗诵读表演，加深阅读理解：幼儿在对故事理解和阅读讲述的基础上，学习朗诵古诗，记忆深刻，兴趣意犹未尽，为下一次古诗阅读活动奠定了良好的基础。

在活动（二）中：

1. 抓住幼儿学习特点，重在欣赏古诗：幼儿通过观看碟片，对《登鹳雀楼》所描绘的美丽景色有了直观的印象，初步理解这首诗的内容，了解了诗意，把幼儿引入了学习古诗的氛围中，充分发挥幼儿学习的积极性、主动性，关注每位幼儿的情感体验，引导幼儿说出自己所感受到的景色美丽。

2. 营造良好的诵读氛围，幼儿体验到了古诗的节奏和韵律美。教师精心准备挂图、古琴配乐，注重了古诗氛围的积极营造，让幼儿在活动中进一步感受到愉悦。

在活动（三）中：

1. 引导幼儿在游戏情境中学习古诗：紧紧抓住小班幼儿的兴趣和特点，创设有趣的游戏情境，让幼儿置身其中，增强了感染力。

2. 紧扣诗句内容，让幼儿在动作表演的过程中增强理解力：《咏鹅》的诗句直观性非常强，教师引导幼儿结合诗句内容进行动作表演，有利于幼儿理解。

**作　　者：**查霞
**工作单位：**四川省崇州市绿色实验幼儿园

329

# 我爸爸

## 教学班级

大班

## 活动背景

　　大班幼儿对图画书的基本结构已经有所了解，《我爸爸》在幼儿当中很受欢迎，这本书以幼儿的口吻描述了爸爸的各种本领和特征，语气稚嫩、幽默，表达出对爸爸崇拜和依恋的感情，书中还有许多细节图能映射出幼儿的纯真心灵。因此我们班的幼儿常常聚在一起边看边讨论，还争说着各自的爸爸，但他们对书中的爸爸并没有深入了解。而且，我还发现幼儿的阅读习惯（如翻书的方法）不太正确。因此，我以《我爸爸》为主题开展系列阅读，帮助幼儿理解故事的内容及深层含义，体会作者对爸爸的深深的爱，并从中巩固幼儿阅读的正确方法，培养良好的阅读习惯和语言表达能力。

## （一）

## 活动目标

1. 理解故事内容及环衬、扉页的含义。
2. 细致读图，表达对图画内容的理解。
3. 发展阅读兴趣。

## 活动准备

图画书《我爸爸》及幻灯片。

## 活动过程

**1. 巩固图画书的结构名称，并请幼儿注意环衬中的图案。**

＊ 教师：你们在环衬中能看到什么？

**2. 与幼儿一起看着幻灯片，读故事。**

＊ 教师：这是谁的爸爸？

＊ 教师：爸爸在做什么？

＊ 教师：都跳到哪儿了？

**3. 与幼儿一起讨论最后一幅画面。**

＊ 教师：你觉得作者最想告诉我们的是什么？

4. 再次与幼儿讨论环衬和扉页的意义。

# （二）

## 活动目标

1. 深入理解故事内容，找出能代表爸爸的特征图。
2. 巩固正确的翻书方法。
3. 发展细致观察的能力，提高读图水平。

## 活动准备

图画书《我爸爸》人手一本。

## 活动过程

1. 幼儿每人一本书，和教师再次讨论图书的结构。

2. 和教师一起翻书，提醒他们逐页轻翻图书的方法。

3. 与幼儿讨论爸爸的特征。

✳ 教师：这是个什么样的爸爸？他有哪些特点？

✳ 教师：请你们找找书里的什么地方有爸爸温暖、阳光的感觉？

4. 幼儿自发地相互比较自己的爸爸。

# （三）

## 活动目标

1. 回忆故事内容和爸爸的本领。
2. 用简练的语言表达自己的想法。

## 活动准备

图画书《我爸爸》。

## 活动过程

1. 与幼儿一起讨论"爸爸的本领"，翻看对应图画，回忆故事内容。

2. 请幼儿说一说自己的爸爸有哪些本领。

✳ 教师：你的爸爸有什么本领呢？请你用一句话或一段话说出来。

3. 幼儿自发地提问，引发下一个延伸活动。

## 活动建议

**活动延伸** （1）组织一次爸爸职业讨论会，通过介绍或模仿各自爸爸的工作，明确许多职业的名称和具体事情。（2）自制图书《我爸爸》。

## 活动材料

［英］安东尼·布朗/文、图，余治莹/译，《我爸爸》，河北教育出版社，2007。

## 活动分析

活动（一）中关于环衬的含义我没有直接告诉幼儿，是想让幼儿先猜测，然后通过不断引导幼儿"读图"，感受内容所传递出来的情感，最终让幼儿自己用语言概括出来，同时也是为了让幼儿带着疑问在读图的过程中去思考，真正学会"读图"。活动（一）后，幼儿选择这本书的频率更高了，为了给幼儿创造更多表达的机会，同时挖掘画面中的细节点，我准备组织幼儿进行第二次阅读。

我在活动（二）中发现讲故事不难，幼儿本来就喜欢听故事，讲得好听也不难。但当我准备活动时，发现想把图画书的故事内涵真正挖掘出来再传达给幼儿，确实需要教师去精心考虑的。因为图画书本身带给幼儿的不仅是眼睛的享受，更多的是细节的领悟和心灵的体会。

活动（三），从阅读图画书《我爸爸》到逐步引导幼儿猜环衬上的"格子"、找"小太阳"所代表的爸爸温暖、阳光的感觉、到讨论爸爸的本领，幼儿慢慢开始将书中爸爸的许多本领联系到自己爸爸身上，从而将对爸爸的崇拜一直延续着，开展了讨论交流、模仿表演、美术制作一系列活动内容，在认知方面培养了幼儿语言表达能力、表演能力、动手能力，锻炼了幼儿的胆量，在行为习惯方面培养了幼儿良好的阅读习惯，还发展了幼儿的思维和想象力，最重要的是带给幼儿的情感体验。幼儿从活动中体会到父母那无私的爱，也慢慢学着关心他人、表达自己的情感。

**作　　者：王颖**
**工作单位：北京师范大学实验幼儿园望京大西洋新城分园**

# 铁　马

## 教学班级

中班

## 活动背景

在学习交通工具的发展时，为了引起幼儿的学习兴趣，我们一起阅读了该书。《铁马》在设计上采用了图文并茂的形式，利用鲜艳的色彩对比和丰富的图画内容，结合实际生活中常见到的一些动作，向幼儿讲述故事，幼儿随即被形象逼真的图画深深吸引。

由于我们开展早期阅读活动已经有一年时间，幼儿有了浓厚的阅读兴趣，大部分幼儿都能通过对封面内容的观察，结合自己的经验进行猜测、想象并用完整的语句表达。

## （一）

## 活动目标

1. 积极参与阅读过程，感受故事情节的趣味性。
2. 观察科学家表情的变化，理解铁马各项本领的难度。
3. 通过观察图画，初步学习"站""降落""浮""沉"等动词。

## 活动准备

1. 阅读过图画书《机器人》。
2. 大书、白马的真实照片。

## 活动过程

**1. 开始部分。**

＊ 与幼儿一起回忆《机器人》中讲到机器人有哪些本领。

**2. 基本部分。**

＊ 教师（遮挡标题）：封面上科学家在干什么？这次他发明的是什么？

＊ 教师：这匹马是用什么做的？发明完成了吗？为什么？（出示标题）原来，这是一匹铁做的马。

＊ 教师（出示白马站立的真实照片）：这是一匹真的马，他们长得一样吗？哪里不一样？马都有什么本领？这匹马有没有这些本领呢？

＊ 引导幼儿观察图书第1—3页。

✳ 教师（第 1 页）：科学家手里拿的什么东西？铁马在做什么动作？它除了会站，还会做什么动作呢？

✳ 教师（第 2 页）：铁马在干什么？科学家的动作是什么样子？科学家的表情是什么样的？猜猜他会说什么？

✳ 教师（第 3 页）：现在铁马在做什么动作？科学家是什么表情？科学家在哪里？说明他的心情怎样？

✳ 回顾前三页，启发幼儿猜测铁马除了会站、跑、跳，还可能会做什么动作？

✳ 在幼儿猜测的基础上阅读第 4—6 页图画。

✳ 教师（第 4 页）：铁马的身上长出了翅膀，猜猜它现在想做什么？科学家现在是什么表情？他会说什么？

✳ 教师（第 5 页）：科学家手里的遥控器怎么了？铁马做了一个什么动作？它落地的时候稳吗？从哪里可以看出来？科学家会怎么想？引导幼儿观察空气中的斜线，铁马前蹄踢起的泥土。

✳ 教师（第 6 页）：这是哪里？铁马怎么样了？科学家为什么会有这样的表情呢？水里还有谁？他们会对铁马说什么呢？你觉得铁马能浮在水面上吗？为什么？

✳ 教师：铁马最后会怎样？接下来还会发生什么事情？请幼儿进行想象，同伴间进行互相讲述。

✳ 阅读第 7 页图画，揭晓答案。

**3. 结束部分。**

✳ 带领幼儿逐页翻阅大书进行讲述，在重要的动词地方请幼儿进行表述。

## 活动建议

**活动延伸** （1）请孩子和家长收集有关描述动作的词语。（2）在户外活动时，完成游戏"按指示做动作"。

# （二）

## 活动目标

1. 结合图卡与字卡，认识动词"站""跑""跳""飞""降落"并学会运用。
2. 初步学习运用"××能×吗？"的句式和"当然"造句。

## 活动准备

大书、幼儿用书、有关"站""跑""跳""飞""降落"的图卡与字卡。

## 活动过程

**1. 开始部分。**

✳ 引导幼儿根据大书回顾故事情节。

**2. 基本部分。**

✳ 教师示范指读，请幼儿跟读。

✳ 请幼儿说出故事中铁马做了哪些动作并模仿，教师根据幼儿的回答先出示图卡再出示字卡，重点在于结合动作分辨图卡与字卡。

✳ 和幼儿一起阅读图书，体会各页中"当然"的语气与表情的关系，分析语气随着故事情节发生的变化，体验科学家当时的心情。

✳ 练习用"××能×吗？"和"当然"造句，教师先示范造句，然后请幼儿练习。

✳ 请幼儿跟着教师完整地读一遍大书。

✳ 分组、分角色朗读，对能力较弱的幼儿进行个别指导。

**3. 结束部分。**

✳ 教师：如果让小朋友设计一种交通工具，你会设计什么？有什么功能？请把它画出来，带回家与爸爸妈妈一起分享。

## 活动建议

**活动延伸** （1）完成"我设计的交通工具"美术活动。（2）请孩子找一找奥运会上的运动项目中都有哪些动作，爸爸妈妈帮助记录。

# （三）

## 活动目标

1. 巩固加深对动词"站""跑""跳""飞""降落"的理解。
2. 观察物体在水中的沉浮现象，能用完整的语言表达。
3. 尝试用简单的符号记录观察探索的结果。

## 活动准备

1. 有关"站""跑""跳""飞""降落"的视频短片。
2. 自制记录表若干，笔。
3. 幼儿操作材料：水盆若干，钥匙、塑料皮球、小铁棍、吸管、勺子、硬币、乒乓球、空塑料瓶、皱纹纸、木头、橡皮泥、玻璃瓶。
4. 教师操作材料：石头、木头块、塑料玩具、瓶盖、玻璃球。

## 活动过程

**1. 开始部分。**

✳ 与幼儿一起按照封面的提示进行内容回顾。

**2. 基本部分。**

✳ 教师：说说短片中都出现了哪些动作？请幼儿作出相应的动作。

✳ 教师：铁马为什么会沉下去？在生活中，你还见到过哪些东西会浮在水面上？哪些东西会沉在水里？

＊ 出示操作材料，请幼儿猜测这些物品在水中的沉浮状态，讨论用什么符号表示沉与浮？教师辅助幼儿操作材料并验证猜测结果进行表格记录。

＊ 幼儿分为两人一组，自己商量分工，一人操作一人记录。教师讲完操作要求后，发放水盆和实验材料，幼儿完成实验。

＊ 教师：哪些物品浮在上面？哪些物品沉在水里？请每组幼儿来说说他们的实验结果。

＊ 和幼儿一起把结果记录在一张大的记录表上。

## 活动建议

**活动延伸** （1）观看视频《轮船为什么能浮在水上?》（2）利用橡皮泥和钥匙做实验，怎样将钥匙浮在水上？拓展生活经验并做记录。（3）请幼儿回家与爸爸妈妈讨论"重的东西一定会沉到水里吗？为什么？"，将答案记录下来，带到幼儿园和小朋友一起分享。

## 附　录

### 表格一

| 物品名称 | 猜测结果 | | 验证结果 | |
|---|---|---|---|---|
| | 沉（　　） | 浮（　一　） | 沉（　　） | 浮（　　） |
| 石头 | | | | |
| 木头块 | | | | |
| 橡皮泥 | | | | |
| 瓶盖 | | | | |
| 扣子 | | | | |

（注：此表格使用教师自己设计的沉浮符号记录）

### 表格二

| 物品 | 沉 | 浮 |
|---|---|---|
| 钥匙（图） | | |
| 塑料皮球（图） | | |
| 小铁棍（图） | | |

| 物品 | 沉 | 浮 |
|---|---|---|
| 吸管（图） | | |
| 勺子（图） | | |
| 乒乓球（图） | | |

| 物品 | 沉 | 浮 |
|---|---|---|
| 硬币（图） | | |
| 空塑料瓶（图） | | |
| 皱纹纸（图） | | |

| 物品 | 沉 | 浮 |
|---|---|---|
| 木头（图） | | |
| 橡皮泥（图） | | |
| 玻璃瓶（图） | | |

（注：四种表格，每两组幼儿用一种表格，操作三件物品，总共八组幼儿。四种表格最少每张准备四张，以备用）

**表格三**

| 物品 | 沉 | 浮 |
|---|---|---|
| 钥匙（图） | | |
| 塑料皮球（图） | | |
| 小铁棍（图） | | |
| 吸管（图） | | |
| 勺子（图） | | |
| 乒乓球（图） | | |
| 硬币（图） | | |
| 空塑料瓶（图） | | |
| 皱纹纸（图） | | |
| 木头（图） | | |
| 橡皮泥（图） | | |
| 玻璃瓶（图） | | |

（注：此表格内容由幼儿说出来，教师用幼儿设计的符号帮助整理记录）

## 活动分析

通过一系列活动，幼儿对图书有了深入了解。整个图书阅读过程中，每个阶段都会有意识地引出"铁马"这一话题，帮助幼儿回忆故事内容，为下一环节的教学做铺垫。

活动（一）中，幼儿在经过教师的引导以后对画面观察比以前认真仔细很多，注重对细节的把握，而且很多幼儿通过前两页引导，在后面渐渐学会根据图画进行自主想象和猜测。教师不断由浅入深抛出问题，激发幼儿想象力，通过对故事的简单阅读，幼儿对图书中出现的动词有了初步印象。

活动（二）中，教师利用图卡与字卡的结合使幼儿在做动作的过程中加深对动词的记忆和理解。通过角色的扮演，幼儿充分体会了人物对话时语气的变化。通过造句练习，幼儿迁移了大量生活经验，使口语表达能力在原有基础上得到了进一步的提高。

活动（三）中，幼儿表现出很强的积极性、探索欲，真正体现了《纲要》中"让幼儿做活动的主人"这一要求。活动中各个环节的设计促成了整个目标的顺利达成，明显能感到早期阅读与科学等其他领域活动的有机结合，不仅会使幼儿语言能力得到提高，而且也会使他们在其他领域的学习中取得事半功倍的效果。

整个活动结束后，各个目标已能基本完成。通过三个活动的组织，我深刻地认识到，在早期阅读活动中，教师应该及时抓住幼儿的兴趣，运用多种形式鼓励幼儿大胆进行猜测想象，通过各领域的有机结合，利用丰富的可操作材料，使幼儿在亲自参与的过程中将已有知识进行实践运用。但是在活动中，教师对于提问的细节上还存在着引导和组织方面的不足，需要不断调整，以提高教学方法的使用效果。

作　　者：郝燕妮
工作单位：陕西省西安市高新国际幼儿园

# 乌鸦的窝

## 教学班级

大班

## 活动背景

春天到了，晨间活动时，我带着幼儿在树丛中游戏。突然乔乔非常兴奋地跑来说："老师，快来，那边有一只小鸟。"我们跑过去，把小鸟捧在手心里，幼儿心疼地摸着小鸟说："它的妈妈呢？""它妈妈肯定出去找吃的去了。""它的家在哪里。""它家住在大树上。""它家住在屋檐下。""它家住在草丛里。""它……"幼儿为此争论起来。于是，我们借助图画书《乌鸦的窝》生成了这一系列活动。

## （一）

## 活动目标

1. 有序细致地观察画面内容。
2. 大胆想象，创造性讲述。

## 活动准备

1. 与父母一起查找"乌鸦"和"窝"的资料，了解相关的知识。
2. 教师自制的鸟窝两个。
3. 《乌鸦的窝》故事大书、小书，音乐磁带。

## 活动过程

### 1. 以猜谜语的形式引入，激发幼儿的兴趣。

＊ 教师：一身黑衣服，它家住大树。样子长得丑，唱歌叫呜哇。你们知道是什么吗？

### 2. 猜想阅读《乌鸦的窝》，引导幼儿大胆流利讲述。

＊ 出示鸟窝幼儿观察，引导幼儿观察封面。

＊ 教师：这是什么？它在什么地方？猜猜是谁的窝，用什么做的？你能根据画面想象创编一个发生在鸟窝里的故事吗？幼儿相互讲述自己创编的故事。

＊ 引导幼儿逐页看大书。

＊ 教师（图1）：画面与封面有什么相同之处和不同之处？窝里的蛋是什么形状，

什么颜色，有几个蛋，谁能用一句话讲出它的主要意思？

✳ 教师（图2）：窝里是谁？你怎么知道的？它在干什么？

✳ 教师（图3）：窝里有谁？它们是什么样子的？你能学学它们的动作吗？想想妈妈到哪里了？

✳ 教师（图4）：它们是谁？有几只鸟？乌鸦宝宝身上有什么变化？在干什么？我们来学学小乌鸦吃食的样子，妈妈为什么要喂宝宝吃东西，你小时候吃什么？你怎样回报你的妈妈？

✳ 教师（图5）：乌鸦宝宝与以前有什么不同？她们想干什么？

✳ 教师（图6）：乌鸦宝宝们在干什么？怎么飞的？为什么有三只宝宝不飞，它们想干什么？

✳ 教师（图7）：图上有什么？宝宝们干什么去了？

**3. 幼儿独立阅读小书，巩固复习故事。**

✳ 幼儿逐页有序独立阅读。

✳ 鼓励幼儿大胆讲述给同伴听，并认真倾听他人讲述。

**4. 随音乐自主表演，感受乌鸦的生长过程。**

### 活动建议

**活动延伸** （1）引导幼儿在美工区制作鸟窝，自制图书《鸟窝里的故事》。（2）引导幼儿在语言区创编故事《鸟窝里的故事》。

# （二）

### 活动目标

1. 大胆尝试，设计鸟窝。
2. 运用几种材料和工具制作，装饰鸟窝。

### 活动准备

1. 幼儿收集竹条、胶泥、纸带、布条、棉花、木板、钉子、锤子、树枝、树叶、羽毛、藤条等若干。
2. 纸、水彩笔、剪刀、小刀。
3. 乌鸦模型一个。

### 活动过程

**1. 回忆故事。**

✳ 和幼儿一起阅读图画书。

✳ 讨论乌鸦的窝的特点。

**2. 制作鸟窝。**

✳ 认识材料和工具。

* 教师：小朋友，你们准备为乌鸦做一个什么样的窝呢？想一想，把你想做的窝讲给小朋友听，把设计图画出来。
* 幼儿制作鸟窝，引导幼儿与同伴合作，支持鼓励幼儿大胆制作，适当给予幼儿指导帮助。

### 3. 鸟窝展示，分享作品。

* 教师：自己怎样制作的鸟窝，用什么材料，怎样做、自己感觉怎样？
* 教师：你认为他们制作的鸟窝怎么样？鼓励幼儿用赏识的眼光去评价幼儿。

## 活动建议

**活动延伸** 提出供幼儿继续思考的问题：鸟窝安放在什么地方？

## 活动分析

　　活动以谜语的形式，激活了幼儿的学习兴趣，加强了对乌鸦特征的了解。活动氛围充满爱心，情感渗透利于幼儿良好行为习惯的形成，如："小鸟们长大飞出去了，想想他们飞出去干什么呢？"这及时抓住幼儿的闪光点进行赏识教育。一幼儿回答："去找虫子给妈妈吃。"教师问："你们长大后怎样回报妈妈呢？"幼儿七嘴八舌地说："买好吃的给妈妈。""给妈妈买房子。""买漂亮的衣服给妈妈。""帮妈妈做事。"活动氛围活跃，情感体验充分。活动中，教师充分支持引导幼儿学习，为幼儿搭建起学习交流的平台，成为了幼儿朋友，同时为幼儿创设了一个宽松、自由、愉快、亲切的学习氛围，使幼儿能愉快，无拘束地与同伴、教师大胆主动交流、合作。

341

**作　　者：** 徐洪波　曾莉　冉秀
**工作单位：** 重庆第三军医大学西南医院幼儿园

# 胖国王

## 教学班级

大班

## 活动背景

活动源于主题"相反国"。在进行主题活动时，我为幼儿设计了一个反义词的游戏。幼儿对游戏很感兴趣，通过学说反义词、听词做动作，进一步熟悉和理解了反义词的含义。《胖国王》也涉及有关反义词的内容，正好作为主题活动的补充内容。

在现实生活中，有些幼儿饮食不健康，也不爱运动，出现了许多"小胖墩"。《胖国王》生动有趣的故事情节深深吸引着幼儿，让他们在感受风趣、幽默故事风格的同时，也明白健康饮食、科学运动的重要性。

本班幼儿从小班开始就一直进行早期阅读培养，具有一定识别文字能力和表演能力，但是在分析角色形象特征、内心活动及情绪变化等方面还不是很到位。

活动预计分三个活动来完成。活动（一）通过图文对应，了解人物的特点；活动（二）分析人物的内心活动和对话特点，学习用不同声音表现不同的情绪；活动（三）尝试用肢体和语言进行故事表演，加深对故事人物性格特点的理解。

## （一）

## 活动目标

1. 学会阅读图表获取信息。
2. 尝试用不同语气表现不同角色。

## 活动准备

1. 幼儿已经了解《胖国王》的故事情节。
2. 分类用的大表格，字卡和图片，配乐 CD。

## 活动过程

**1. 播放配乐 CD，带领幼儿大声、有感情地朗读故事。**

**2. 帮助幼儿回忆故事前面部分的内容。**

✱ 教师：国王因为太胖，给他带来了什么不好的影响？

✱ 教师：那国王决定怎么办呢？

**3. 出示图表，运用图文对应的方法，了解国王和周围人想的办法。**

✳ 在图片和文字相对应的过程中，引导幼儿了解和图画对应的汉字。

✳ 在分类的过程中，引导幼儿明白科学饮食和运动的重要性。

✳ 教师讲解"一边……一边……"的含义。

**4. 分析人物特点，进行分角色朗诵。**

✳ 教师：请你们想一想，厨师、医生、公主、皇后说话声音应该有什么特点？应该用什么样的声音表现呢？

✳ 教师：公主的声音应该是小女孩的声音：尖、细；皇后的声音应该带有威严，是成熟女性的声音；厨师的声音要体会出巴结的味道；医生的声音可以低沉些，表现出恭谨而不失权威。

✳ 教师念独白，幼儿分成四组，分别扮演厨师、医生、公主、皇后，大家一起分角色朗诵。

# （二）

## 活动目标

1. 用故事中的语言讲述故事。
2. 尝试用不同的声音表现不同的情绪变化。

## 活动准备

国王和周围人说话的字卡，配乐 CD。

## 活动过程

**1. 与幼儿分角色朗诵故事。**

✳ 教师念独白，在"想办法的部分"中，幼儿分成四组，分别扮演厨师、医生、公主、皇后，大家一起分角色朗诵。

**2. 帮助幼儿回忆故事的前面部分。**

✳ 教师：为了让国王瘦下来，周围的人想了哪些办法？

**3. 分析国王在减肥的过程中出现的情况。**

✳ 教师：受不了了——实在受不了了——真的受不了了，这几句话，你们感觉到有什么不同？引导幼儿感受到国王越来越难以忍受，情绪越来越强烈。

✳ 教师：国王在说这三句话时，语气应该有什么不同的变化呢？引导幼儿感受到说话的语气要越来越重，声音要越来越大。

**4. 幼儿尝试用不同语气朗诵国王说的三句话。**

**5. 分析国王周围的人，是如何鼓励国王的。**

✳ 教师：这三次鼓励的话，你们感受到它们有什么不同？如果朗诵的时候，语气应该有什么变化？引导幼儿感受情绪越来越激烈，语气越来越加重。

**6. 幼儿用不同的语气来朗诵这三句话。**

**7. 分角色朗诵减肥部分的对话。**

✻ 教师念独白，一位幼儿做国王，其余幼儿分为两组，一组做厨师，一组做医生，大家分角色朗诵。

# （三）

## 活动目标

1. 学习分角色进行表演。
2. 学习用肢体和语言，表现出不同的人物特点。

## 活动准备

1. 活动前，幼儿自由选择角色，并在区域活动中制作好自己角色的头饰、服装和道具。
2. 磁带《健康舞》，配乐 CD。

## 活动过程

**1. 教师和幼儿分角色大声朗诵故事。**

**2. 用肢体动作表现人物。**

✻ 国王肥胖的身体，走起路来笨笨的；公主活泼可爱，要表现出小姑娘天真的样子；皇后要表现出高贵的举止；大臣、厨师、医生要表现出恭谨的样子。

✻ 幼儿创编动作，尝试用各种动作表现人物的特点。

**3. 分角色表演。**

✻ 一人做国王，一人做皇后，其余幼儿分成四组：分别扮演大臣、厨师、医生、公主。

✻ 每组幼儿准备好自己的道具、头饰和服装。

✻ 教师按照故事的发展情节念独白，其余幼儿分角色表演，引导幼儿用肢体和声音表现出人物不同的特点。

✻ 针对表演中出现的问题，教师给予示范，鼓励幼儿大胆的表现。

✻ 分角色再次故事表演。

**4. 集体舞《健康歌》。**

✻ 教师：国王终于瘦下来了，大家一起跳起《健康舞》。

## 活动建议

**区域活动** （1）在活动（三）故事表演前，幼儿可在区域里制作表演用的头饰、服装、道具等。（2）用表演区的纱来制作成公主美丽的披肩，用卡纸来制作公主的头饰，用卡纸、胶带等材料来制作国王和皇后的皇冠等，用娃娃家的各种食物做道具，并在食物上贴上相对应的字卡。

**活动延伸** （1）活动（一）结束后，将"图片和文字对应"的图卡放在语言区中，幼儿可以看图进行分类讲述。（2）活动（三）结束后，将所有的头饰、服装和道具放在表演区中，给幼儿提供一个表演的天地，促使幼儿在区域活动时主动选择、自主表演。

**重点提示** 活动（一）的"图片和文字相对应"需要的时间比较长，此活动可以分为两个课时进行，给幼儿留更多的时间去想象和表现。

## 活动材料

张蓬洁/文、图，《胖国王》，选自《信谊健康图画书系列》，少年儿童出版社，2006。

## 附　录

### 图片和文字对应卡

| 厨师<br>（图） | 要少吃的食物 | 薯条（图）　巧克力（图）…… |
| | 要多吃的食物 | 青菜（图）　蒸鱼（图）…… |
| 医生<br>（图） | 不要 | 吃零食（图） |
| | 要 | 跑跑步（图）　游游泳（图）<br>做体操（图）　打打球（图） |
| 公主<br>（图） | 一边：玩呼啦圈（图）　一边：听音乐（图） | |
| 皇后<br>（图） | 爬楼梯（图） | |

## 活动分析

通过一系列的教学活动，教师引导幼儿对故事的情节、人物角色、内心活动、情绪变化进行了深入分析，并在熟悉故事情节的基础上，通过故事表演，提高了幼儿分析角色的能力和表现力，激发了幼儿创造力和想象。

在活动中，教师注重引导幼儿分析作品中的人物特点，并通过不同语气和动作来表现不同的人物特征。通过这样不断的分析、练习，幼儿在表演时的声音和动作越来越丰富，表演的能力也有了很大的提高。

整个活动中，教师营造了宽松的环境，给了幼儿充分展示的机会。在故事表演前，教师组织幼儿集体讨论，自由选择角色，共同讨论如何制作道具。通过制作道具，提高了幼儿表演的兴趣，为后面的故事表演做好了充分的准备。

**作　　者：** 陈君
**工作单位：** 广东省深圳市福田区彩田幼儿园

# 国王生病了

## 教学班级

大班

## 活动背景

　　"健康生活"是大班上学期的主题单元之一，健康饮食、良好的卫生习惯、运动健身都是重要组成部分。在"运动健身"这一环节，我们利用《国王生病了》让幼儿了解运动对强身健体的重要性。教师在选取图书时发现，这本图书的故事内容风趣幽默，人物姿态、表情都非常活泼生动，图与文结合的非常紧密，能带动幼儿的阅读兴趣，尤其是书中的"星期一、二、三……"这些有标志性的文字经常出现在我们日常生活的晨间天气预报中，所以对幼儿来说特别熟悉，有助于帮助幼儿掌握整个故事的时间线索。另外，我们希望通过这本图书的阅读，让幼儿能在理解故事含义的前提下，运用自己对故事中简单汉字的认识、对图意的理解、对生活经验的总结，发挥想象，重新绘制一张国王的运动计划表。

　　大班第一学期，班级里的幼儿识字量开始逐步提升，对画面的理解能力也提高很快，并能根据图画意思尝试猜测书中的文字。

## （一）

## 活动目标

　　1. 仔细观察画面，理解画面内容。

　　2. 根据图画内容概括关键词。

　　3. 尝试认读"国王的运动计划表"中与图画对应的文字。

## 活动准备

　　1. 大图书《国王生病了》一本。

　　2. 小图书《国王生病了》人手一本。

　　3. "运动计划表"一张。

## 活动过程

**1. 出示图书，请幼儿观察封面，讨论并猜测故事内容。**

※ 遮掉文字后，请幼儿观察封面。

✻ 教师：这是谁？他怎么了？从哪里看出来的？

✻ 教师：如果我们用一个词来表示他的这种情况，你们认为用什么词来表示？

✻ 教师：如果是你，你会用什么办法让国王变得健康呢？

✻ 教师：小朋友们想到了这么多让身体健康的方法，真不错！那么，今天让我们一起来听听国王是怎么做的吧！

**2. 师幼共读，根据图画内容概括与运动相关的词汇，并完成"运动计划表"。**

✻ 读完第 1—3 页，出示放大的"运动计划表"（遮盖部分内容），并继续往下阅读至第 17 页。

✻ 教师：这是一张已经放大了的"运动计划表"，如果你是医生，你会给国王安排一些什么样的运动？

✻ 教师：让我们接着往下看，国王的运动到底有哪些？可以分两部分："爬山\游泳"由教师直接阅读告知答案；"骑马\跑步\打棒球\做体操"请幼儿结合图及文字，找出关键词。幼儿说出运动名称，教师及时将相关内容图文并茂地添加到放大的"运动计划表"中。

✻ 完成后，请幼儿跟教师阅读国王的"运动计划表"，重点认读计划表中与运动相关的文字。

**3. 幼儿自己翻阅图书，寻找答案并讨论"国王的病为什么没有减轻呢？"**

✻ 教师：为什么国王没有好转，而其他人都病倒了呢？

✻ 幼儿自己翻阅图书，寻找答案。

✻ 请幼儿阅读第 18 页，听听医生的诊断，证实幼儿找到的答案。

**4. 幼儿仔细观察图书最后几页，并愿意尝试用自己的语言讲述故事。**

✻ 教师：猜猜看，后来国王怎么样了呢？他的病好了吗？

**5. 和幼儿一起再次完整地翻阅图书并倾听故事。**

# （二）

**活动目标**

1. 尝试书写"一、二、三、四、五、六、日"。

2. 运用图夹文的形式制作"运动计划表"，提升阅读不同符号的经验。

**活动准备**

1. 大图书《国王生病了》。

2. 汉字卡片"一——日"

3. 磁性板、笔。

4. 小图书《国王生病了》人手一本。

5. 放大的"运动计划表"，人手一张 A4 表格。

## 活动过程

### 1. 复习故事。

❋ 教师阅读图书，帮助幼儿复习故事内容。

❋ 教师（出示放大的"运动计划表"，遮住时间部分）：这些运动是安排在什么时候的？答案就在你们的书里，请你们仔细阅读图书，把它找出来。

❋ 幼儿阅读图书，一起完成"运动计划表"，随后教师出示汉字卡片，并展示在磁性板上。

❋ 幼儿认读汉字"一、二、三、四、五、六、日"，并用手指尝试书写笔画。

### 2. 幼儿自己设计国王的"运动计划"表格。

❋ 教师：老师这里也有一张小的"运动计划表"，看看和大表格有什么不一样？

❋ 教师：小朋友们，如果你是国王的医生，你会给国王安排什么运动呢？请你们把自己的想法添加到这个没有完成的"运动计划表"上吧！

❋ 幼儿填写表格。

### 3. 分享幼儿自制的"运动计划表"。

## （三）

## 活动目标

1. 将自己设计的"运动计划表"运用到故事中。

2. 运用完整语言将改编的故事大胆讲述出来。

## 活动准备

1. 自制的"运动计划表"。

2. 小舞台、评分表格。

## 活动过程

### 1. 请幼儿和教师一起制定评分标准。

### 2. 幼儿一边展示自制的"运动计划表"，一边用完整语言将改编故事展示给同伴。

### 3. 幼儿根据评分标准进行评选。

## 活动建议

**重点提示**　该活动可以陆续进行，建议每次邀请 4—5 位幼儿参加。

# （四）

## 活动目标

1. 了解运动有益于健康。
2. 制作自己一周的"运动计划表"。

## 活动准备

1. 事先准备好的空表格。
2. 各种常用的运动项目的图片（带汉字）。
3. 黑板。

## 活动过程

**1. 复习图书内容，问题导入。**

＊ 教师：国王为什么会生病？他是怎样恢复健康的？

＊ 教师：运动能锻炼我们身体的各个部位，让我们的身体更健康。

**2. 幼儿讨论。**

＊ 教师：你们喜欢运动吗？你们平时都会做哪些运动呢？

＊ 教师：运动过后，你们会有什么样的感觉？

**3. 将幼儿所说的运动展示在黑板上，出示空表格，请幼儿根据要求完成表格。**

＊ 教师：请将自己常做的运动填进表格的第一纵列，每天做一次记录，看看接下来的这周自己都做了哪些运动，并在表格里打"√"。

## 活动建议

1. 在活动前略做知识上的铺垫：如何让自己变得健康？
2. 将图书长期投放到阅读区中，加深幼儿对故事内容的了解。
3. 根据本班幼儿的阅读能力设计相应的"运动计划表"。

## 活动材料

杨英蓉/文，柯廷霖/图，《国王生病了》，南京师范大学出版社，2003。

## 附　录

供幼儿填写的 "运动计划表"

| 时间（幼儿用文字表示） | 运动（幼儿绘画，教师文字注解） |
| --- | --- |
| 星期＿＿＿＿ | |
| 星期＿＿＿＿ | |
| 星期＿＿＿＿ | |

续表

| 时间（幼儿用文字表示） | 运动（幼儿绘画，教师文字注解） |
|---|---|
| 星期_____ | |
| 星期_____ | |
| 星期_____ | |
| 星期_____ | |

### 提前准备的"运动计划表"

| | | |
|---|---|---|
| 星期一 | 爬山 | |
| 星期二 | 游泳 | |
| 星期三 | 骑马 | |
| 星期四 | 跑步 | |
| 星期五 | 打棒球 | |
| 星期六 | 做体操 | |
| 星期日 | 休息 | |

## 活动分析

活动（一）在对故事的解读过程中，幼儿能仔细观察图书，较合理地分析画面中人物或情节的明显联系。幼儿会不时发出笑声，他们体验到故事的风趣幽默。另外，放大的"运动计划表"非常必要，它让幼儿学习带着问题去阅读图书。幼儿在聆听熟悉的书面语言内容时，开始尝试识认对应的文字。活动第三、四部分的设置引导幼儿深入正确理解阅读内容，帮助幼儿根据故插图或部分情节预期故事的发展或者结局，通过想象对故事发展进行假设猜想。

在活动（二）中，教师对放大的表格做一些改动，重点是让幼儿对时间引起重视，并积极学认常见汉字，独立地写出一些简单的汉字"一、二、三、四、五、六、日"，并且开始积累这些字词的书写知识，帮助幼儿学习结合书面语言内容与日常生活的经验，依据当前主题或作品、生活经验，独立或和同伴合作用绘画的形式制作图书或表格，并在教师的帮助下配解说词。

活动（三）为持续性活动，可以在每周特定时间开展，意在培养幼儿良好的语言表达能力。只有幼儿对故事原有的内容有了深刻理解，才能将自己改编的内容完整融入进去。因此，前期反复阅读故事不可缺少。

活动（四）为延伸活动，幼儿在讨论的过程中体验运动的乐趣，了解运动的重要性、用家庭活动计划表展现平时一周的运动项目，为后续的统计表做铺垫。

**作　　者：** 罗瑾璟

**工作单位：** 上海维华（世纪花园）幼儿园

# 借你一把伞

## 教学班级

中班

## 活动背景

"伞"在我们的生活中是很普通的生活用具，而故事中动物各自的"伞"是独特的，与动物们的生活环境、习性息息相关。"伞"也是贯穿故事的一根有趣纽带，连接着动物与娜娜的友谊。一个接一个的小动物来了，由小蚂蚁开始，它们都对娜娜说："借你一把伞!"动物们送给娜娜的伞也由小变大，从一片小小的酢浆草到大大的荷叶，当然这些都不是娜娜遮雨的最好雨具。反反复复出现的送伞情景，由小到大的出场顺序，不仅能帮助幼儿很好地理解故事内容，而且逐渐感受故事所渲染的友情和温暖。动物们都愿意把自己的伞借给娜娜，多么感人、多么温馨的场景！让幼儿体验到相互帮助的快乐，是本次教学的重点。此外，通过一次次的送伞也让幼儿明白：适合自己的不一定适合别人，事物之间都有大小、比例关系问题。这一道理的获得是本次活动的难点。

为了提高阅读效果，我们有意安排这样的活动结构：模拟动物们下雨天设法避雨的游戏——体验——集体阅读——交流感受——表演故事情节。在故事表演接近尾声，小朋友手上拿着自己独特的"伞"，大步走在"雨中"时，似乎真正感受到了那种快乐又淘气的美妙气氛，最后让幼儿边大声诵读故事边表演故事情节，进一步加深幼儿对故事的理解，使整个阅读活动充满情趣，充满活力，这也是本次活动的亮点。

## （一）

## 活动目标

1. 仔细观察"借伞"过程中温馨、有趣的画面内容。
2. 大胆讲述故事内容，感受相互帮助的快乐。

## 活动准备

1. 大书一本，小书人手一本。
2. 森林背景，蚂蚁、青蛙、兔子、小山狸、熊的动物头饰若干，小叶子、大叶子、荷叶、树叶、大树叶若干。
3. 录有音响效果的磁带（下雨、打雷）。

## 活动过程

**1. 游戏"熊妈妈带着小动物去郊游"。**

✳ 教师（扮成熊妈妈）：今天，我来当熊妈妈，你们都是小动物。天气真好，我们一起去郊游吧。幼儿随着律动音乐做各种小动物的动作进场，能积极主动地参与到游戏中。

✳ 教师（雷声响起）：不好了！下雨了。小动物们，这里有好多伞，请每位找一把适合自己的伞避避雨吧。幼儿每人找了一把伞，其中有4个小朋友没找到伞。

✳ 教师：没找到伞的小动物到熊妈妈身边来。还有一些小动物没伞，谁来帮帮它们？

✳ 教师：还有我呢？熊妈妈还在淋雨呀！引导部分幼儿立即围了过来，把自己的伞往教师头上遮。

✳ 教师：这样我们就淋不到雨了。小动物真棒，会互相关心和互相帮助。

✳ 教师：咦！雨停了，我们回家吧。幼儿把手中的伞放到一边，找个座位坐下来。

**2. 阅读图书。**

✳ 教师：刚才小动物都有伞遮雨，可还有一位叫做娜娜的小姑娘没有伞呢！她发生了什么事？让我们一起来看书《借你一把伞》。

✳ 教师：封面和扉页上除了有书名，还有文作者、图作者、出版社。

✳ 教师：娜娜在哪里？干什么？她的心情怎样？你们从哪里看出来？图上除了娜娜还有谁？接下来会发生什么样的故事？请小朋友自己阅读小书，等一下告诉大家。

✳ 幼儿自主阅读小书。

**3. 集中交流。**

✳ 教师：刚才小朋友读得很认真。在娜娜没有伞的情况下发生了什么事？

✳ 教师（第4页）：小蚂蚁撑着什么伞？

✳ 教师（第5页）：你从哪里看出小蚂蚁把伞借给娜娜了？这把伞娜娜能用吗？为什么？

✳ 教师（第6—17页）：接着谁来送伞了？以类似的问题让幼儿观察、讨论动物们借伞给娜娜之后人物语言、动作的反应。

✳ 教师（第18—20页）：最后，谁来送伞啦？小狗送来的伞适合娜娜用吗？你从哪里看出来？

✳ 教师（第21页）：大家都有一把适合自己的伞，都很开心。看看小动物们是按什么顺序站成一排的？

✳ 教师：它们的雨伞又是按什么顺序排列的？为什么小动物的伞都不一样？

✳ 教师：因为小动物们身体大小不一样，生活的环境也不一样，所以它们适合的伞也不一样。

✳ 教师（第22—23页）：大家都有适合自己用的伞了，它们怎么样呀？

✳ 教师：它们在回家的路上还会碰到谁没有伞？它们会怎么做？

352

# （二）

## 活动目标

1. 仔细观察画面人物表情，体验表情变化和心情的关系。
2. 尝试用声音、表情和肢体语言进行创造性故事表演。

## 活动准备

教学大书、幼儿用书。

## 活动过程

**1. 回忆故事。**

✹ 出示故事大书，和幼儿一起阅读。

✹ 教师：故事中出现了哪些小动物，他们分别使用什么样的伞。

**2. 再次阅读图画书，仔细观察图书中人物的表情。**

✹ 一起阅读图画书大书，引导幼儿仔细观察小动物在帮助娜娜时的表情以及娜娜从避雨到最后回家的表情变化。

✹ 教师：帮助别人和被别人帮助都是一件很开心、快乐的事，小朋友平常也要互相关心和帮助。

**3. 故事表演。**

✹ 请一位幼儿上台大声讲述故事，渐渐地幼儿自觉地、纷纷地上台表演。

✹ 分小组表演，幼儿自己处理人物对话和表情动作。

✹ 改编故事结尾的表演。

## 活动材料

小出保子/文、图，何奕佳/译，《借你一把伞》，南京师范大学出版社，2003。

## 活动分析

在活动中，我们以游戏情景式的背景吸引幼儿通过提问来引导学习猜想故事情节的发展。游戏结束后讨论"你扮演的是什么小动物？你找了什么伞？这把伞适合你吗？为什么？"等开放性的问题，启发幼儿思考动物与伞的关系。在阅读图画书时，教师引导幼儿仔细观察画面人物的动作、表情，理解人物的心情，仔细观察画面背景中隐藏的小动物，猜测故事发展的情节，激发自主阅读寻找答案的兴趣。在自主阅读时，幼儿边看边相互交流起来。

具体过程中，我采用了导思式的"层层深入"提问，引导幼儿进行有效的经验迁移。提问也体现了由易到难、由表象到本质的层次性与结构性。幼儿读完故事后，配上场景和道具进行表演，幼儿很感兴趣，参与积极性也很高。虽然幼儿不能很好地把握小动物的各种动作特征（如小蚂蚁小步爬行、兔子轻盈地跳、青蛙大步向前跨跳、熊笨重的行动姿态等），但从幼儿的动作可看出，最后的表演与课前的游戏情感情绪表现有很大差别，主要表现在对角色的理解和反映不同。

作　　者：王洁
工作单位：四川省宜宾市市级机关幼儿园

# 陶陶的故事

## 教学班级

中班

## 活动背景

动物是人类的好朋友，幼儿喜闻乐见，百看不厌。"关爱动物、保护动物"更是从小必须重视的问题。随着幼儿兴趣点的深入，主题活动"在动物园里"也应运而生。随着主题深入开展，幼儿都陆陆续续带来和爸爸妈妈一起搜集的动物照片和资料，与好朋友一起分享与讨论。

有一天早晨，乐乐带来了一只可爱的小乌龟。幼儿都好奇地瞪大眼睛看着，激动得不得了，纷纷讨论着。我发现幼儿对小乌龟的关注越来越浓厚，于是开始查找和搜索关于乌龟的一些信息和材料，终于找到一本很适合这个主题的故事书——《陶陶的故事》。故事主要写小乌龟要参加狮王的婚礼，一路上小乌龟陶陶不管别人怎么劝说，怎么嘲笑，都坚持到底，克服种种困难，终于到达目的地。虽然它准备参加狮王的婚礼，却参加了狮王儿子的婚礼，但是这也是它的成功。为了让幼儿充分感受乌龟陶陶执著、坚持不懈的品质，我设计了此次教学活动。

## （一）

## 活动目标

1. 仔细观察图画、理解图意并愿意大胆表达。
2. 感受乌龟陶陶执著、坚持不懈的品质。

## 活动准备

幻灯片、音乐。

## 活动过程

**1. 导入。**

* 教师：看，今天我邀请谁来了？你从哪里看出来它是一只乌龟？
* 教师：它有个很好听的名字叫陶陶。陶陶说："小朋友们，你们好！"我们怎么说？

**2. 完整观看幻灯片。**

* 教师：陶陶遇到了哪些小动物？

✳ 教师：乌龟陶陶遇到了小鸟、蜗牛、蜘蛛、乌鸦，它们之间又发生了什么事情呢？你们想不想知道，让我们听故事。

### 3. 观察图画。

✳ 教师（出示图1）：小鸟带来了一个什么消息？"遥远"是什么意思？

✳ 教师（出示图2）：陶陶行动了，它第一个遇到了谁？蜘蛛的表情是怎么样的？它为什么要大笑？

✳ 教师（出示图3—4）：陶陶第一次的回答和第二次的回答一样吗？陶陶累吗？如果你是陶陶，你会怎么做？已经走了那么久，那么累，还要继续走下去吗？

✳ 教师：如果你是小鸟、蜘蛛、蜗牛，你会怎么做？有什么好办法让陶陶能快一点儿到达皇宫？你们说说，陶陶到底会不会到达婚礼现场啊？

✳ 教师（出示图5）：乌龟陶陶成功到达了狮王的婚礼现场了吗？到达了谁的婚礼现场啊？

✳ 教师：是啊，原本陶陶要参加狮王的婚礼，而最后参加了狮王儿子的婚礼，说明它走了好多年好多年。但不管是狮王的婚礼还是狮王儿子的婚礼，反正陶陶通过自己的努力，坚持不懈地往前走，参加到了婚礼。让我们给陶陶一些掌声。

✳ 教师（出示图6）：让我们一起来仔细看看图片上还有哪些动物参加了狮王儿子的婚礼呀？乌龟陶陶在哪里啊？它看上去怎么样啊？陶陶坐在参加婚礼的客人中间，虽然有些疲劳，但它感到非常幸福。为什么陶陶感到非常幸福啊？

✳ 教师：原来只要我们经过努力，坚持不懈就一定会成功。

### 4. 完整倾听故事。

✳ 教师：你喜欢陶陶吗？为什么？

✳ 教师：你在生活中遇到过哪些困难，你是怎么坚持克服的？

# （二）

## 活动目标

1. 分角色表演故事，愿意大胆创编角色间的对话。
2. 在表演过程中进一步感受乌龟陶陶执著、坚持不懈的品质。

## 活动准备

1. 幻灯片。
2. 头饰若干（乌龟陶陶、蜘蛛、蜗牛、乌鸦、卫兵、狮王儿子、新娘、小鸟）。

## 活动过程

### 1. 导入。

✳ 师幼一起看幻灯片，回忆故事内容。

✳ 教师：《陶陶的故事》中出现了哪些小动物？它们都说了些什么？鼓励幼儿大胆、踊跃地讲述故事大致内容。

**2. 表演故事。**

＊ 教师出示小动物们的头饰，激发幼儿表演的兴趣。

＊ 鼓励幼儿大胆表演，创编角色间的对话。

＊ 教师：你们觉得他们表演的像吗？你认为他们哪些地方表演得最好。幼儿各抒己见，表达自己的观点。

**3. 延伸。**

＊ 教师：想一想，如果你是陶陶，已经走了那么久，那么累，还会继续走下去吗？

＊ 教师：看来无论我们遇到什么困难，只要坚持，不放弃就一定会成功。

＊ 教师：如果蜘蛛、蜗牛像乌鸦那样鼓励陶陶的话，这个故事该怎样编下去呢？鼓励幼儿大胆想象创编。

## 活动分析

　　《陶陶的故事》是"在动物园里"主题中设计的一个教学活动。在这个活动中，我利用多媒体以及各种操作图片进行教学活动，让幼儿先看、再想、然后说，最后听，始终将幼儿放在主体地位，使幼儿的观察能力、思维能力、语言能力和想象能力都得到了发展。在整个活动的三个环节中，第二个环节是重点，也是难点所在。在这一过程中，我让幼儿仔细观察动物的表情，大胆想象小动物们会对乌龟陶陶说什么话，讨论得很热闹，回答也很踊跃。

　　整个活动中，幼儿的注意力始终很集中，积极性和兴趣始终很浓厚。我最大的收获是幼儿能仔细观察图片、带着问题一步一步地理解图片并愿意大胆表达，发展了幼儿的语言能力及提高了表达能力。这个活动也让幼儿感受到了乌龟陶陶执著、坚持不懈的品质。

　　总体来看，本次活动达到以下目的：1. 创造宽松的学习环境，让幼儿在表演的过程中进一步感受乌龟陶陶执著、坚持不懈的品质；2. 善于引导幼儿思维拓展，由课内引导到课外，注重知识延伸，教态亲切，师生互动性好；3. 教学活动很好地体现了"自主、合作、探究"的学习方式；幼儿的兴趣很浓厚，想象力丰富，注意力也很集中；4. 活动中不失时机地把幼儿最感兴趣的"要看、要听、要想、要说"的东西，快速直接地展示出来，使幼儿的兴趣和思维得以连贯、加深、延续。学习气氛浓厚，幼儿很积极，也很踊跃，目标落实也很好。

**作　　者：** 费丽华
**工作单位：** 上海市浦东新区好日子幼儿园

357

# 欢欢和闹闹

## 教学班级

中班

## 活动背景

幼儿在生活中会与小伙伴吵嘴，也容易因为吵嘴而生气，生气的时候就会不理对方，可是我们也看到，不过一会儿，他们就会又说又笑地在一起。

故事中的欢欢和闹闹在一起就会吵个没完，于是妈妈将他们分开，可是因为孤单、难受而重逢，最后竟出乎意料地相聚在一起！故事一波三折，峰回路转，让人羡慕、感动。

小伙伴在幼儿的成长中不可缺少，伙伴对幼儿的成长作用不可替代。

## （一）

## 活动目标

1. 理解故事的主要内容。
2. 感知重点字词：挖、地洞、土豆、墙、碰。

## 活动准备

1. 小图书、小头饰（欢欢、闹闹）。
2. 大图书、大字卡、大头饰（欢欢、闹闹）。

## 活动过程

### 1. 自由阅读。

✳ 教师：你有哥哥姐姐或弟弟妹妹吗？你爱他们吗？你们平时会吵架吗？

✳ 教师（出示欢欢和闹闹的小头饰做成指偶）：田鼠妈妈也有两个调皮的孩子，一个叫欢欢，一个叫闹闹，他们在一起总是吵个没玩，田鼠妈妈只好让他们出去各自安家。欢欢和闹闹走到一棵大树下，决定分手了。他们一个向左走，一个向右走，请你们猜猜后来发生什么事情了？

✳ 教师：我们猜的和故事里一样吗，请你们从小图书中看看吧。

✳ 幼儿阅读故事，可以请幼儿到前面翻阅大图书讲述。

✳ 教师：请小朋友说一说自己看到的是什么事情？

**2. 阅读理解。**

✳ 阅读大图书第2—5页。

✳ 教师：他们之间发生了什么事？那现在这两只小田鼠在干什么呢？（随机出示大字卡"挖""地洞"）

✳ 教师：住在新家里，请你们观察两只小田鼠现在高兴吗？猜猜他们现在在想什么呢？

✳ 阅读大图书第6—9页。

✳ 教师：欢欢和闹闹碰到一起说什么了？你觉得他们见面时开心吗？（随机出示大字卡"碰"）

✳ 教师：你觉得他们应该住在一起吗？为什么？假如这时你是欢欢，你会说什么？

✳ 阅读大图书第10—13页。

✳ 教师：欢欢和闹闹不能出门的时候，是怎样的感受？如果好久不让你和好朋友在一起玩，你的心里会怎样想？

✳ 教师：后来，欢欢和闹闹是怎么碰到一起的？你觉得他们的心情是怎样的？他们会再分开吗？（出示大字卡"土豆""墙"）

**3. 表演故事。**

✳ 教师用大头饰、幼儿用小头饰，分别拿在手中，扮演田鼠妈妈、大树、土豆角色，边表演边讲述故事。

# （二）

**活动目标**

1. 在故事的基础上尝试创编故事。
2. 在集体面前讲述自己的故事。

**活动准备**

大图书、大头饰、若干图片。

**活动过程**

**1. 回忆故事。**

✳ 教师用大头饰演示故事情节，和幼儿一起回顾故事内容。

**2. 创编故事。**

✳ 从故事的开头至"他们一个向左走，一个向右走"，引导幼儿一起往下创编。

**3. 教师小结。**

✳ 教师：每个人都离不开朋友，我们要和自己的好朋友好好相处。

**活动材料**

张明红，王雯/主编，《欢欢和闹闹》，选自《分级阅读·第4级》，武汉出版社，2007。

## 活动分析

　　故事图画形象生动，并且非常注重细节，如：欢欢和闹闹分手后挖洞的情景，适合中班幼儿注重细节的心理。画面的色彩也贴合了故事情节的发展，欢欢和闹闹在一起时画面亮色调，分开时就是暗色调的，所以在教学中让幼儿观看大图书通过画面观察来理解故事，谈自己的想法。

　　故事中的文字非常适合幼儿的年龄特点，如："大大的""宽宽的""又宽又大""又弯又长"等，都是幼儿在生活中常用的语言，所以通过表演让幼儿在讲述过程中更好地体验运用这些语言，并且在创编时也注重幼儿对这些语言的运用。

作　　者：杨文蕊
工作单位：亿童早期教育研究中心

# 爱吃水果的牛

## 教学班级

小班

## 活动背景

图画故事书《爱吃水果的牛》主人公是小动物——牛，故事角色拟人化，情节贴近生活，和孩子能产生共鸣，非常符合小班幼儿的年龄特点，于是我选用这本书在班上进行教学活动。

我班幼儿非常喜欢有故事情节的图画书，语言表达完整，有一定想象力，于是第一个活动设计为根据图意猜测故事内容，让幼儿对故事有一定了解。后面的系列活动结合这只可爱、爱吃水果的小牛，衍生出了各种活动，如：美工、音乐等，让幼儿得到各方面的能力提高。

# （一）

## 活动目标

1. 理解故事内容，知道水果、牛奶有营养，多吃水果身体好。
2. 初步尝试根据图意猜测故事内容。

## 活动准备

1. 大图书《爱吃水果的牛》一本。
2. 小图书《爱吃水果的牛》人手一本。
3. 奶牛手偶。

## 活动过程

**1. 肚子大大的牛。**

❋ 教师：今天老师请来了我的好朋友和你们一起学本领，一种可爱的小动物，你们猜猜看是谁呀？

❋ 教师：这只奶牛的肚子怎么那么大，你们觉得里面可能都有些什么呢？

❋ 教师：它的肚子里有那么多水果，所以它能挤出那么多水果牛奶，原来它是一只爱吃水果的牛。

**2. 爱吃水果的牛。**

✳ 教师：在封面上看到了什么呢？

✳ 教师（第1—17页）：突然刮起了一阵冷风，好冷呀，会发生什么事情呢？

✳ 教师：只有爱吃水果的牛没有生病，它想了什么办法来照顾主人和邻居呢？

✳ 教师：这只爱吃水果的牛有没有帮助它的主人和邻居身体好起来呢？它用了什么方法呢？

✳ 教师（第18—23页）：主人的感冒渐渐好了。邻居们吃了水果，也都不生病了。大家变成爱吃水果的人了。

**3. 爱吃水果的宝宝。**

✳ 教师：你平时爱吃水果吗？喜欢吃什么水果？为什么？

✳ 教师：每种水果都有着丰富的营养，让我们身体变得更强壮。所以我们要和爱吃水果的牛一样，样样水果都爱吃。

**4. 游戏：水果变变变。**

✳ 教师：今天老师也带来了好多好吃的水果，请你们一起来尝一尝。

✳ 教师：有那么多好吃的水果，我们回教室和我们的好朋友一起分享吧。

# （二）

## 活动目标

1. 用故事中的语言大胆讲述故事。
2. 在音乐游戏中学习 $\underline{\times\times\ \times\times}\ |\ \underline{\times\times}\ \times$ 的节奏型。

## 活动准备

1. 奶牛手偶（肚子是活动窗口，里面有各种水果）。
2. 魔袋（里面有各种水果玩具）。
3. 水果和牛的头饰。
4. 画笔人手一份。
5. 图画大书。

## 活动过程

**1. 出示手偶牛，回忆故事内容。**

✳ 教师：它的肚子鼓鼓的，你猜猜里面都有什么？有哪些水果？

✳ 教师：这只牛的肚子里怎么有这么多水果，原来这就是故事《爱吃水果的牛》中那只可爱的小牛啊。

✳ 出示大图画书，请幼儿边阅读边大胆讲述故事内容，鼓励幼儿使用图画书中的语言，引导幼儿使用"请喝杯……吧"的句型。

**2. 游戏：爱吃水果的牛。**

✳ 幼儿围成圆圈当牛，配班教师在圈中，蒙上眼，手拿魔袋当主人。幼儿边唱边做牛的样子走，唱到"哞"时停下，圈中人指到谁，谁出来。

❋ 出来的幼儿，到魔袋里摸出一个水果说："我爱吃××。"然后，给他戴上一个相同的水果头饰，这名幼儿就成了水果。

❋ 变成水果的幼儿，蹲在圈中，其他幼儿围着他走，边走边说儿歌，如："苹果、苹果，我爱吃，大家快来尝一尝!"（学习×× ××｜××× ×｜的节奏）儿歌说完，幼儿跑到圈中吃水果一口，并说："我们爱吃大苹果"。

❋ 幼儿按水果和牛两种角色围成两个同心圆，做找朋友的游戏。每次歌曲结束时，"牛"和他的水果朋友拥抱一下并吃掉水果。

### 3. 延伸活动：爱吃水果的我。

❋ 幼儿自主操作，用自己喜欢的形式表现出爱吃水果的我。

❋ 幼儿选自己喜欢的水果图片剪好粘贴，可自己做一幅作品，也可一组做一幅作品。

## （三）

### 活动目标

1. 按顺序阅读图画书。
2. 喜欢用肢体动作表现各种水果特征。

### 活动准备

自带水果。

### 活动过程

#### 1. 回忆故事。

❋ 教师：还记得《爱吃水果的牛》这本好看的图书吗？

❋ 教师：爱吃水果的牛吃了哪些水果？吃了水果有什么好处呢？

❋ 教师：原来爱吃水果的牛爱吃每一样水果，因为不一样的水果有不一样的好处，爱吃每一样水果才能让我们身体变得棒棒的!

#### 2. 自主阅读图画书。

❋ 幼儿每人一本图画书，按顺序阅读图画书。

❋ 请幼儿找出自己最喜欢的图页，讲给大家听。

#### 3. 你说我猜。

❋ 教师：听说今天你们也带来了平时爱吃的水果，是真的吗？那请你们来介绍一下今天带来的水果好吗？

❋ 介绍的幼儿大声地告诉小朋友你带来的水果特征，如颜色、形状、口感等。听的小朋友要认真仔细地听，根据提示猜测是什么水果。

❋ 教师（出示水果）：我们来看看是你们猜的水果吗？你们真聪明，都能根据水果的形状、颜色、口感来猜出是什么水果。

**4. 表现水果。**

✳ 教师：哎呀，水果都吃完了，这可怎么办呀？那我们一起来变水果吧。

✳ 教师：我们变成什么水果了？是什么样子的？

✳ 教师：现在你们每个人变成一种不一样的水果，在这个大大的水果盘里不动，我来帮你们这盘水果拍张集体照。

# （四）

## 活动目标

1. 尝试用添画的方式制作图书。
2. 愿意和同伴一起分享自己的作品。

## 活动准备

1. 彩色笔、油画棒。
2. 画有大肚子的奶牛轮廓，人手一份。

## 活动过程

**1. 回忆故事。**

✳ 教师：昨天我们讲了一个好听的故事，故事的名字叫做什么？故事里的奶牛喜欢吃什么？它挤出来几种水果牛奶？你喜欢吃哪些水果牛奶？

✳ 教师：如果这只神奇的奶牛还喜欢吃别的好东西，那会发生什么事情呢？

✳ 教师：如果你拥有这么一只神奇的奶牛，你会让它吃下什么好东西，挤出什么牛奶呢？

**2. 添画奶牛。**

✳ 教师：我这里有好多空着肚子的神奇奶牛，它们也想吃一些你们为它准备的好东西，这样它们就能挤出各种牛奶了，你们愿意吗？

✳ 引导幼儿用水彩笔勾线条画简笔画，用油画棒涂色；添画食物在相对应的牛奶杯上方，并注意画在奶牛的肚子里；吃下的食物颜色要和牛奶杯中的牛奶色一致，重点观察画画的方法以及食物与牛奶的颜色是否一致。

**3. 分享作品。**

✳ 教师：你的奶牛吃的是什么？挤出来的是什么牛奶？

## 活动材料

汤姆牛/文、图，《爱吃水果的牛》，南京师范大学出版社，2003。

## 活动分析

　　四个活动的目标制定贴切，达成度高，活动设计也比较完整，如第一个活动中，我以图书中第20—21页被遮盖了肚子的奶牛作为引子，让幼儿大胆猜测肚子里可能藏了什么，调动了幼儿的积极性，并激发了他们对大肚子牛的好奇心，使整个活动一直持续着有趣、新鲜的味道。直到结尾部分还是同样吸引幼儿，以游戏形式，和幼儿一起变各种水果，很形象地把水果"吃了"，幼儿都沉浸于游戏的快乐中。

活动中的提问比较开放，给予幼儿一定的想象空间，适时的追问又推动了幼儿思考，使活动层层递进。同时，我也非常注重与幼儿之间的互动，在语言上不仅给予幼儿肯定和鼓励，并不断地使用丰富词汇、完整语句给予幼儿经验的提升。肢体语言、动作表现在活动中运用得当，形成和幼儿间亲密愉快的互动，如：用手偶和幼儿亲亲抱抱、一起变水果等。

每个活动都沉浸在活泼气氛中，我的情绪感染力与肢体动作表现力，也带动了幼儿的情绪与表现欲望，活动轻松而又愉悦。

**作　　者：** 林岑燕
**工作单位：** 上海市张江经典幼儿园

# 果儿找家

## 教学班级

大班

## 活动背景

　　大班的主题教育活动"我爱我家"，旨在教育幼儿爱自己的家人、爱自己的家，让幼儿懂得家是最安全、最温暖、最惬意的地方。在这样一个温暖的地方，我们可以随心所欲，让人感到最轻松、最快乐，所以我们应该爱自己的家。《果儿找家》这个故事，正是契合这一主题，它通过小动物瓢虫果儿执著找玫瑰花家的情节，生动地表现了果儿对自己家的热爱之情！

　　《纲要》指出，教育活动"既适合幼儿的现有水平，又有一定的挑战性"。本班幼儿喜欢看图书，且有良好的阅读习惯，具有一定的阅读基础和能力，对认读汉字的兴趣颇大，已有一定的识字量。《果儿找家》是单页多图的形式，有很多细节可以挖掘，这就使阅读有了一定难度，具有一定的挑战性。《纲要》同时还指出，选材要"既贴近幼儿的生活来选择幼儿感兴趣的事物和问题，又有助于拓展幼儿的经验和视野"。家是幼儿最熟悉、最喜欢的地方，《果儿找家》正是从"家"切入并展开，贴近幼儿的生活，孩子可以在既有体验的基础上有话说，对故事比较感兴趣。故事语言生动、对植物的描写抓住特点等一系列细节的挖掘，有助于拓展幼儿的经验和视野。

## （一）

## 活动目标

1. 关注画面细节，理解画面表达的内容。
2. 识认汉字：家。
3. 学习使用叠词：香喷喷、干干净净、红艳艳。

## 活动准备

1. 大图书《果儿找家》一本，小图书《果儿找家》人手一本。
2. 汉字：家、果儿找家、香喷喷、干干净净、红艳艳、五颜六色。
3. 图片：金龟子家、菊花、郁金香、玫瑰花、瓢虫。

## 活动过程

**1. 出示汉字"家"，引入主题。**

✻ 教师：谁认识这个字？请你读给大家听！请个别幼儿来念，大家一起认读汉字"家"。

✻ 教师：我们每个小朋友都有一个自己的家，你的家是怎么样的呢？

✻ 教师：有个小动物瓢虫果儿，它也有自己的家，可是有一天，它工作回来发现家没有了，于是就去找自己的家。那么果儿的家是什么样的呢？它到底有没有找到呢？我们来看看图画书《果儿找家》吧。

**2. 自由阅读。**

✻ 幼儿自由、安静地阅读，教师巡回，及时纠正不良的阅读习惯，个别询问。

✻ 教师：果儿的家是什么？你认为果儿找到家了吗？你从哪里看出来的？

**3. 集体阅读大图书。**

✻ 引导幼儿观察玫瑰花的样子并进行描述，出示词语：香喷喷、干干净净。

✻ 教师：瓢虫的家其实是什么？它的家是怎么样的？你是从哪里看出来的？带领幼儿共同讲述图1、图2。

✻ 教师：这两幅图片你读懂了吗？说了什么事呢？找不到家，果儿心里会怎么样？你怎么知道的？请个别幼儿连起来讲述图3、图4。

✻ 教师：金龟子让果儿住在它家，果儿答应了吗？它为什么不答应呢？引导幼儿观察果儿的表情并根据幼儿回答，在黑板上出示相应的金龟子家图片。

✻ 教师：小兔看到了什么花？这朵花怎么样？果儿愿意把菊花当成自己的家吗？出示菊花，引导幼儿仔细观察菊花并进行描述。

✻ 请个别孩子讲述图6，根据幼儿回答相应出示"郁金香"。

✻ 教师讲述图7，提问：快天黑了，果儿还找不到家，它心里会怎么样？

✻ 教师讲述图8，引导幼儿观察玫瑰花并进行描述并相应出示玫瑰花和汉字：红艳艳。

✻ 教师：果儿发现了什么？这朵玫瑰花怎么样？引导幼儿观察图9。

✻ 教师：这玫瑰花真的是果儿的家吗？那是谁的？你从哪里看出来的？跟着教师一起讲述图10、图11。

✻ 教师：小松鼠会对果儿怎么说？引导幼儿观察细节：小松鼠拿着铲子在铲土。

✻ 教师：果儿喜欢自己的新家吗？你怎么看出来的？引导幼儿观察图12果儿的表情。

✻ 教师：它为什么喜欢自己的新家？

**4. 体验。**

✻ 教师：菊花、郁金香那么美，邻居金龟子家也很舒服，可果儿为什么不想待在那些地方？

✻ 教师：小朋友都喜欢自己的家，说说你喜欢它的理由。

**5. 在轻音乐中一起阅读、讲述图书。**

# （二）

## 活动目标

1. 大胆讲述自己的家及一家人在一起的快乐场景。
2. 使用叠词来描述自己的图画。

## 活动准备

1. 范例 3 张（一家人围坐在桌子边聊天的场景、一家人坐在沙发上看电视的场景、一家人在家做游戏的场景）、画纸、勾线笔、油画棒。
2. 萨克斯曲《家》的背景音乐，歌曲《会飞的心》。

## 活动过程

**1. 引题。**

＊ 教师：小朋友都喜欢自己的家，老师也喜欢自己的家，看看老师的家是怎么样的？我们一家人在干什么？

＊ 出示三张范例，分别请幼儿说说画中的一家人在干什么。

＊ 教师：画中是老师的家，你们的家是什么样的呢？那么我们今天就来画自己的家吧！

＊ 教师：你想画一家人什么样的场景？

**2. 幼儿作画，教师巡回，个别指导。**

**3. 展示作品并请个别幼儿做介绍，教师评价。**

＊ 作品展示，幼儿自由欣赏。

＊ 请个别幼儿在集体面前表述自己的画面，鼓励幼儿使用叠词来讲述画面中的内容，比如：餐桌上有香喷喷的米饭，客厅打扫得干干净净，桌子上有红彤彤的苹果等。

＊ 请幼儿自由地和好朋友说说自己的画面内容。

＊ 教师：每个小朋友都爱自己的家，所以每个小朋友画的家都很漂亮，很舒服，很温暖。

**4. 在《会飞的心》的音乐声中，幼儿在自己的画展面前翩翩起舞。**

## 活动材料

刘旻/文，《果儿找家》，选自《幼儿智力世界》，2006 年第 11 期。

## 活动分析

活动一开始，我通过认读汉字"家"引出相关问题，先让幼儿说自己的家，让幼儿初步感受、体会家的温暖与美好，然后提出果儿的家没有了，它去找家，到底有没有找到呢？带着对果儿的同情和好奇，幼儿产生了想要阅读图书的兴趣。

在幼儿自由阅读过程中，教师及时发现个别幼儿不良的阅读习惯并进行指正，有效培养了幼儿的良好阅读习惯。阅读时书面上一些已经认识的文字可以帮助幼儿理解故事内容，同时师幼互动中交流、互相提问，使幼儿对阅读更有兴趣、更有目标。通过提问，幼儿对故事有初步大体理解，进一步激发详细了解故事的兴趣。

在集体分析画面时，我比较注重让幼儿关注细节，所以经常会问："你是怎么知道的？你从哪里看出来的？"这些提问可以让幼儿学会观察细节，并能帮助幼儿进一步正确理解故事内容。通过自身的体验，幼儿提升了经验和感情，使他们能够真切感受到家的美好与温馨，这是任何事物不能替代的，幼儿进一步懂得珍惜与热爱自己的家。最后，幼儿在轻音乐中阅读图书，进一步领略文学作品的优美。

总之，幼儿通过阅读既开拓了经验和视野，同时对家的理解和感受有了进一步提升，效果很好。

作　　者：袁斌
工作单位：浙江省湖州市南浔镇中心幼儿园

# 天生一对

### 教学班级

大班

### 活动背景

　　爱，是一门学问，它需要我们用一生来学习，用一生来传授，用一生来表达。在如今的独生子女时代，如何让爱在幼儿身上传承和延续？如何让幼儿学会爱自己、爱家人、爱社会？图画书《天生一对》就是一份很好的教育资源。鳄鱼和长颈鹿彼此之间的爱，对社会、他人的爱，都能触动孩子心底的情感之弦，产生共鸣，并激发幼儿情感表达愿望，从而使"爱的教育"潜移默化地一代代延续。

　　本班幼儿从小班起就生活在充满阅读氛围的园区里，班级也一直开展每周一次的早期阅读教学活动，幼儿接触了较多的图画书，喜欢阅读，有良好的阅读习惯和较强的语言表达能力。同时，幼儿对"爱"也有了一些朦胧的感知体验，积累了一些经验。因此，根据本班幼儿特点，以图画书《天生一对》为载体，我设计了一系列阅读活动，使语言和社会领域有效地整合，互相渗透，有助于提高幼儿的语言表达、阅读能力、思维能力，促进幼儿亲社会行为的进一步发展。

## （一）

### 活动目标

　　1. 理解内容，体会故事角色的感情，初步感知爱的真谛。
　　2. 大胆想象，学习用完整的语言表述故事情节。

### 活动准备

　　1. 图画书《天生一对》幻灯片。
　　2. 图画书《天生一对》人手一本。
　　3. 图片（如地震中的爱、救援灾区、灾后重建及其他感人图片）。
　　4. 背景音乐。

### 活动过程

　　**1. 阅读导入。**

　　＊ 出示幻灯片第一幅。

✳ 教师：谁来了？他们两个看起来怎样？你觉得他们可能是什么关系？

✳ 出示幻灯片第二幅。

✳ 教师：什么叫爱人？在家里，谁和谁是爱人？

### 2. 自由阅读图画书。

✳ 幼儿自由阅读《天生一对》，找一找书中鳄鱼和长颈鹿身高的差异给他们生活带来的麻烦。

✳ 教师：你在哪页看出他们相亲相爱？根据幼儿的回答播放相应的幻灯片，引导集体观察，讲述。

✳ 教师：他们看起来怎么样？做了哪些快乐的事情？其他鳄鱼和长颈鹿是怎么对待他们的？

✳ 教师：后来发生了件什么事？他们会怎么做？鳄鱼和长颈鹿为什么要救鳄鱼城的小鳄鱼们？

✳ 出示"爱"字。

✳ 教师：孩子们，你们说得很对，这就是爱，鳄鱼和长颈鹿不但彼此相亲相爱，也很爱身边的朋友，非常愿意去帮助别人。

### 3. 情感迁移。

✳ 教师：在我们的生活中，哪里还有爱？对那些爱我们的人，你会怎么表示？你最爱谁？

✳ 出示 4—6 幅图片。

✳ 教师：这里有爱吗？你从哪里感觉到了爱？你愿意爱他们，帮助他们吗？

✳ 引导幼儿用多种方式表达自己对灾区小朋友，对他人的爱。

## （二）

### 活动目标

1. 理解图画，发现长颈鹿和鳄鱼的长处，能进行比较讲述。
2. 大胆讲述自己的优点和同伴的长处，学会赏识别人和增强自信。

### 活动准备

1. 幻灯片（选择图画书中几幅能突出鳄鱼及长颈鹿特点的图片）。
2. 图画书《天生一对》人手一本。
3. 记录表一张。

### 活动过程

#### 1. 回忆故事。

✳ 教师：你最喜欢书中的哪一页？找一找，说一说书中有趣的地方或奇怪的地方。

#### 2. 细读图画书，比较鳄鱼和长颈鹿的不同，并记录下来。

✳ 出示幻灯片第一幅，比较鳄鱼和长颈鹿的明显不同。

* 教师：长颈鹿长得怎么样？它有什么本领？鳄鱼呢？它有什么长处？
* 出示幻灯片第二幅，教师讲述"突然，他们听到有人在喊救命……向出事现场飞奔而去"。
* 教师：听到救命声，它们是怎么做的？为什么是长颈鹿抱着鳄鱼？这样有什么好处？
* 阅读图3至图8（原来是一幢鳄鱼的房子——正好跳进了长颈鹿的怀抱）。
* 教师：来到出事现场，它们是怎么做的？为什么是鳄鱼冲进着火的房子？长颈鹿为什么留在外面？她摆的梯子造型有什么作用？
* 出示记录表，师幼共同小结鳄鱼和长颈鹿的不同优势。

**3. 情感延伸。**

* 教师：长颈鹿和鳄鱼都有自己的优点，你的优点是什么？
* 教师：你有喜欢的朋友吗？请你说说你的朋友有什么优点？

## 活动材料

[德] 达妮拉·库洛特/文、图，方素珍/译，《天生一对》，少年儿童出版社，2007。

## 活动分析

爱毕竟是一种抽象的东西，幼儿并不容易理解。在本次活动中，根据大班幼儿的年龄特点，让幼儿在图画书中寻找长颈鹿和鳄鱼相亲相爱的场景，通过与同伴交流，体验爱就是关心、分享、商量、帮助、宽容等一系列思想和行动组成的，幼儿从中悄悄地学到很多，获得很大的快乐。

幻灯片运用和图画书阅读相结合，增强了幼儿对画面的理解，极大地激发了幼儿的学习积极性。幼儿看得很仔细，想象力和语言表述力较为丰富，同时，教师对幼儿与众不同的想法和表达方式持接纳、支持的态度，有利于幼儿积极的自我意识的形成，有利于幼儿的自信心、发散思维的进一步发展。

幼儿已经养成了初步的阅读习惯，整个自由阅读、观察画面内容的过程比较井然有序。在阅读过程中，幼儿能有序地翻书，认真观察画面内容，大胆完整地表述自己的想法，进行积极的情感体验，整个活动效果较好。特别是幼儿的发散性思维、语言表述能力、倾听能力都有了较大提高，能较仔细倾听同伴的发言，并在此基础上进行一些补充，或提出自己的发现和见解。

**作　　者：** 石琼瑛
**工作单位：** 浙江省杭州市新华实验幼托园

# 小机械立大功

## 教学班级

大班

## 活动背景

我们班幼儿入园时间短，年龄参差不齐，有的没满四岁，有的刚满四岁，有的快五岁。幼儿接触早期阅读的时间并不长，但通过上学期的学习，幼儿的阅读习惯初步形成，阅读兴趣得到培养，可部分阅读能力弱的幼儿对阅读没有多大的兴趣。

有一次，我在家发现自己刚满六岁的儿子把老虎钳、开瓶器、剪刀、钳子、锤子、扳手、锯子这些工具拿出来撒了一地，还把自己的玩具拿出来拆了一地，东敲敲西拧拧，模样还挺像一个修理师傅。我发现这些机械对幼儿挺有吸引力的。生活中一些成人认为很简单的事情，对正在成长的幼儿而言是好奇和深奥的。我们要善于利用幼儿的求知欲和好奇心，引导他们在生活中观察、探索、思考、发现，向幼儿展示生活中常见的各种工具，介绍正确的使用方法，让他们了解这些工具的名称、用途和使用方法。

基于以上因素，我选择了《小机械立大功》让幼儿阅读。

## （一）

## 活动目标

1. 发展良好的阅读习惯和阅读兴趣。
2. 通过阅读活动了解一些工具的名称。

## 活动准备

1. 老虎钳、开瓶器、剪刀、钳子、锤子、扳手、锯子。
2. 图画书《小机械立大功》人手一本。

## 活动过程

### 1. 活动导入。

＊ 将事先准备的工具用一个神秘包包装好。

＊ 教师：摸一摸，提一下，沉不沉？猜猜看是什么东西？

＊ 出示神秘包里的神秘朋友。

＊ 教师：这些神秘朋友非常的能干，他们有许多了不起的本领。

**2. 阅读图书。**

✳ 教师：老师已经把神秘朋友请到书宝宝家做客了，你们想看看这本书吗？

✳ 教师：给书宝宝取个好听的名字吧。

✳ 带领幼儿认识书名、文、图作者、出版社。

✳ 请幼儿自主阅读图画书的画面。

✳ 教师：你看到了什么？你最喜欢哪一页？

✳ 教师：你想知道书宝宝里面的故事内容吗？老师明天继续给你们讲书宝宝里面的故事好吗？

# （二）

## 活动目标

1. 了解一些工具的名称和用途。
2. 学会使用简单的工具。

## 活动准备

1. 老虎钳、开瓶器、剪刀、钳子、锤子、扳手、锯子。
2. 图画书《小机械立大功》人手一本。
3. 核桃若干。

## 活动过程

**1. 和幼儿一起阅读图画书，回忆故事内容。**

✳ 教师：小朋友们，上节课老师带来的神秘朋友你们还记得吗？请幼儿说出它们的名字。

**2. 了解各种工具的用途。**

✳ 引导幼儿把书翻到第 2—3 页，请幼儿观察图中所出示的各种工具并说出它们的名称。

✳ 教师：除了小朋友们说的工具外，书上还向我们介绍了滑轮、独轮车、螺丝钉、搓衣板、开瓶器。

✳ 请幼儿仔细观察这些简单机械的外形，猜测它们的功用。

✳ 教师：有些工具我们平时没见过，所以不知道它们的用途。现在，我们就跟着书本一起来了解它们的用途吧。

✳ 幼儿把书翻到偶数页猜想。

✳ 教师：图中的人物遇到什么困难了？有什么工具能够帮上忙？

✳ 幼儿翻到奇数页，了解正确的答案。

✳ 教师拿出事先准备好的各种常用的工具、核桃，让幼儿选择和学会使用工具。

✳ 教师：除了运用这些工具能打开核桃壳，还有哪些方法能打开核桃壳？看看教室里有什么东西能够帮助我们打开核桃壳？

# （三）

## 活动目标

1. 大胆想象并勾勒画出未来工具的外形构造。
2. 能在集体面前介绍自己所画工具的特殊功能。
3. 体验创作的乐趣。

## 活动准备

1. 教师事先创作一些想象的未来工具。
2. 画笔、画纸。

## 活动过程

**1. 幼儿出示自己的作品。**

＊ 教师：讲讲自己创作的工具叫什么名字，它有什么特殊的功能。

**2. 鼓励幼儿大胆地想象和讲述。**

＊ 教师：你知道自己发明的未来工具有哪些基本特征？

**3. 设计工具。**

＊ 鼓励幼儿大胆创作设计。教师巡回指导幼儿清楚地画出工具轮廓，要求设计的工具既方便实用，又安全可靠。

**4. 介绍工具。**

＊ 幼儿介绍自己发明工具的特殊功能。对大胆想象创造出外形新颖别致、功能奇特工具的幼儿给予鼓励。

## 活动材料

李爱卿/文，严凯信/图，《小机械立大功》，南京师范大学出版社，2004。

## 活动分析

《小机械立大功》教学活动主要是培养幼儿良好的阅读习惯和兴趣，让幼儿认识各种各样的工具，了解它们的外形，掌握它们的性质，知道它们的用途，并且通过实际的操作学会使用简单的工具，在此基础上充分发挥幼儿的主观能动性，让幼儿大胆想象并勾勒出各种未来工具的外形构造，能大胆地在集体面前介绍自己所画工具的特殊功能体验创作的乐趣。

在教学过程中，我用浅显形象的语言、形象直观的游戏让幼儿们了解一些常用的工具。活动中，大部分幼儿能够跟着教师的引导，很快地认识各种工具以及它们的用途，并能勾勒出自己设计的未来的工具，但少许幼儿不太明白其中的道理，这是因为我引导幼儿认知的力度不够，也是我在教学过程中没有做好幼儿的个别辅导工作。

**作　　者：周维静**
**工作单位：贵州省玉屏县实验幼儿园**

# 喷火龙丹丹

## 教学班级

大班

## 活动背景

　　故事《喷火龙丹丹》中的丹丹是一个打起嗝来没完没了的可怜家伙。故事情节逗趣，画面热闹有趣，这是选择该素材的原因。同时，幼儿在生活中，时不时会遇到打嗝的事情，但孩子对于打嗝又好气又好笑。本活动旨在通过采访、阅读、家长参与等活动，让幼儿了解打嗝的原因以及止嗝的简单方法，鼓励幼儿想办法应对突发的身体反应。

## （一）

## 活动目标

　　1. 运用采访的方式了解打嗝的原因及止嗝的方法。
　　2. 设计调查表并记录调查内容。

## 活动准备

　　幼儿打嗝录像。

## 活动过程

### 1. 导入。

＊ 教师：有位小朋友最近碰到了个小麻烦，你们愿意来帮帮他吗？（播放录像）

＊ 教师：他碰到了什么麻烦？你们有没有打嗝的经历？打嗝时有什么感觉？

＊ 教师：当我们吃东西不注意噎着或胃内积存大量气体时，都会刺激膈肌痉挛，于是我们就打嗝。打嗝是身体的一种正常反应，想停却停不下来，让人又好气又好笑。

### 2. 采访调查。

＊ 教师：有什么办法可以立即止住打嗝呢？你们想通过什么办法去了解？

＊ 教师：采访是一个不错的方法，我有两个要求：第一，设计好调查表以后再去调查；第二，想一想，采访谁更有效？采访三个人后就马上回教室。

### 3. 幼儿采访。

### 4. 回教室整理采访记录。

# （二）

## 活动目标

1. 根据画面，合理解读喷火龙止嗝的发展情节。
2. 感受故事的滑稽可笑。

## 活动准备

故事幻灯片、图画书《喷火龙丹丹》人手一本、故事 CD、采访录像。

## 活动过程

**1. 谈话导入。**

❋ 教师：今天老师带来了一个有趣的故事，故事中的主人公是一只喷火龙，名字叫丹丹。丹丹也遇到了打嗝的麻烦，森林里的好朋友都来帮它的忙。那么，丹丹到底有没有止住打嗝，又是用什么办法止住的呢？答案就在我带来的画面中。

**2. 阅读理解。**

❋ 集体阅读幻灯片。

❋ 教师：朋友们帮丹丹想了什么办法？这些办法有用吗？你从哪里看出来的？引导幼儿关注画面中的符号及动物的神情。

❋ 教师：朋友们想了这么多办法，都没有止住丹丹的打嗝，那可怎么办呢？你们能为丹丹想个办法吗？幼儿结合自己的生活经验想办法。

❋ 教师：猫头鹰想了什么办法？

❋ 教师：丹丹嘴巴里喷出了什么？为什么会这样？

**3. 完整欣赏。**

❋ 教师：这是一个非常有趣的故事，老师把它完整地讲一遍。

❋ 教师：每个小朋友都有一本小图书，你们可以听着故事录音轻声阅读。

# （三）

## 活动目标

1. 了解简单的止嗝方法。
2. 记录并根据记录大胆讲述。

## 活动准备

纸、笔。

377

## 活动过程

**1. 回忆故事。**

＊ 教师：喷火龙丹丹遇到了打嗝的麻烦，森林里的好朋友都来帮它的忙。它们是怎么帮它的呢？

＊ 教师：丹丹尝试了好多办法，受尽折磨，最后成功了吗？

**2. 分组讨论。**

＊ 教师：除了丹丹用的方法，你还知道哪些更简单、更有效的止嗝方法呢？请幼儿分组讨论，并用自己的方式记录讨论结果。

**3. 保健老师为大家介绍好办法。（远程采访：保健老师）**

**4. 帮助幼儿梳理八种止嗝方法。**

＊ 包括：快速喝水弯腰法、憋气法、惊吓法、深呼吸法、纸袋呼气法、舌下放糖法、伸拉舌头法、喷嚏止嗝法。

## 活动建议

1. 在幼儿一日活动中，当有幼儿发生打嗝现象时，教师应及时捕捉并用摄像机录下这个过程，为活动做准备。

2. 在阅读活动中，教师围绕画面中的语言符号以及动物神情、动作等，鼓励幼儿关注细节，推进幼儿对整个故事的了解。

## 活动材料

陈冠华/文，林传宗/图，《喷火龙丹丹》，信谊基金出版社，1990。

## 活动分析

一系列活动以"打嗝"为线索，引出采访成人、阅读图画书等活动。教师引导幼儿从单幅画面阅读到完整欣赏故事，帮助幼儿解读画面中所蕴涵的符号、人物神态、动作等。远程采访是一种现代信息交流和获取的途径，教师创造性地把这种方式运用在阅读活动中。

**作　者：** 孙蔚茹　龚凤丽
**工作单位：** 上海市浦东新区六一幼儿园